RESPONSABILIDADE E CORRUPÇÃO

CONTRACORRENTE

RENATO ROMERO POLILLO

RESPONSABILIDADE E CORRUPÇÃO

São Paulo

2020

CONTRACORRENTE

Rua Dr. Cândido Espinheira, 560 | 3º andar
São Paulo - SP - Brasil | CEP 05004 000
www.editoracontracorrente.com.br
contato@editoracontracorrente.com.br

Dados Internacionais de Catalogação na Publicação (CIP)
(Ficha Catalográfica elaborada pela Editora Contracorrente)

R895 POLILLO, Renato Romero.
Responsabilidade e corrupção | Renato Romero Polillo - São Paulo: Editora Contracorrente, 2020.

ISBN: 978-65-991612-1-6

1. Direito brasileiro. 2. Lei Anticorrupção. 3. Legislação. 4. Responsabilidade civil. I. Título. II. Autor.

CDD: 3328.3
CDU: 342

Impresso no Brasil
Printed in Brazil

À minha amada esposa, Luana,
e aos meus filhos, Luca e Nicolas,
por todo apoio e carinho nesta jornada.

SUMÁRIO

AGRADECIMENTOS

Esse livro é fruto de trabalho desenvolvido durante a elaboração da tese de doutorado em Direito Civil no Programa de Pós-Graduação da Faculdade de Direito da Universidade de São Paulo. Nesse sentido, o primeiro agradecimento é para o meu estimado orientador, Professor Dr. Carlos Alberto Dabus Maluf, pela disponibilidade de me orientar, pelo conhecimento transmitido e pelo exemplo de seriedade e rigor acadêmico.

O mesmo agradecimento é endereçado aos demais membros da banca, os quais, durante a defesa da tese, fizeram observações e críticas relevantes sobre o trabalho, que foram, em grande parte, incorporadas à versão que originou esse livro. A despeito de ter sido aprovada com distinção e com recomendação para publicação, a tese foi – e certamente continuará sendo – objeto de aperfeiçoamento decorrente do debate. Assim, agradeço aos Professores Dr. Álvaro Villaça Azevedo, Dr. Jorge Shiguemitsu Fujita e Dr. Rogério Donnini e às Professoras Dra. Maria Ligia Coelho Mathias e Dra. Ana Paula Patiño pelas suas valiosas contribuições.

Também registro o meu agradecimento ao time do Warde Advogados, em especial aos meus sócios e amigos Walfrido Warde e Valdir Moysés Simão, pelo apoio fundamental durante a elaboração desse trabalho.

Agradeço à minha esposa e companheira de vida, Luana, e aos nossos filhos, que sempre estiveram ao meu lado ao longo do árduo processo de elaboração deste trabalho. E também aos meus pais, Edson e Sueli, grandes incentivadores, pelo apoio e amor incondicionais. Sem vocês, nada disso seria possível.

LISTA DE ABREVIATURAS

AgRg	Agravo Regimental
AGU	Advocacia-Geral da União
AP	Ação Penal
CGU	Controladoria-Geral da União
CNEP	Cadastro Nacional de Empresas Punidas
Conpes	Conselho Nacional de Política Econômica e Social da Colômbia
CPI	Comissão Presidencial de Integridade do Peru
DJe	Diário da Justiça Eletrônico
DOF	Diário Oficial da Federação do México
DOJ	*U.S. Department of Justice*
DPA	*Deferred Prosecution Agreement*
FCPA	*U.S. Foreign Corrupt Practices Act*
GAFI	Grupo de Ação Financeira Internacional
ICC	*International Chamber of Commerce*
IPC	Índice de Percepção de Corrupção
MS	Mandado de Segurança
MPF	Ministério Público Federal
NPA	*Non-Prosecution Agreement*
OCDE	Organização para a Cooperação e Desenvolvimento Econômico
OEA	Organização dos Estados Americanos
ONU	Organização das Nações Unidas
PAR	Processo Administrativo de Responsabilização

PPIA	Política Pública Integral Anticorrupção da Colômbia
Petrobras	Petróleo Brasileiro S.A.
SEC	*U.S. Securities and Exchange Commission*
SNA	Sistema Nacional Anticorrupção do México
SRA	*Sentencing Reform Act*
STF	Supremo Tribunal Federal
STJ	Superior Tribunal de Justiça
SUS	Sistema Único de Saúde
SVM	Superintendência de Mercado de Valores do Peru
UIF	Unidade de Informação Financeira
USSG	*U.S. Sentencing Guidelines*

APRESENTAÇÃO

Renato Polillo é um dos advogados que melhor transita entre o direito da conformidade, como se estabelece no Brasil desde o advento da Lei Anticorrupção, e a prática norte-americana, que se escora sobre um evidente projeto de jurisdição global, drasticamente ampliada pela posição hegemônica que este país ainda ocupa no mundo. Os EUA exportam integridade como guerra comercial, sob a premissa de que as suas organizações empresariais de projeção transnacional, mais eficientes, prevalecerão num ambiente expurgado de relações promíscuas entre agentes públicos e empresariado nacional. Também o fazem para influenciar, e têm influenciado, a conjuntura política dos países. E, nesse sentido, o direito da conformidade, no Brasil, deve se organizar sob afetações internas, em atenção aos interesses nacionais, jamais para instrumentar ataques à nossa soberania.

Uma interpretação da infraestrutura jurídica de conformidade e combate à corrupção, inserta no aparato de controle do estado brasileiro, não pode se desenvolver de modo estéril, asséptico e indiferente aos interesses.

É imprescindível que essa infraestrutura jurídica produza empresas mais eficientes e capazes de vencer a dura concorrência, de expurgar culturas arraigadas de corrupção e compadrio, mas sem fazer terra arrasada, sem destruir renda, empregos e conteúdo nacional. É possível expurgar sujidades, sem enrijecer ao ponto de fratura as organizações, e, ao mesmo tempo, pugnar para que o Estado as sirva também, porque são imprescindíveis ao desenvolvimento sustentável do nosso país.

E essas dificuldades paradoxais, que combinam integridade com maximização de lucros, não prescindem de leis adequadas, que se desincumbam da tarefa de prover segurança, de ensejar um diálogo profícuo, sereno e objetivo entre os interesses públicos e privados, entre empresa e Estado. Não é possível fazê-lo sem divisar com clareza o lícito do ilícito, sem compreender que o capital não prescinde do Estado e que, sob essa necessidade, o capital está à mercê de achaques e é incentivado, pela concorrência que o capitalismo exacerba, à corrupção ativa.

A frouxidão da disciplina jurídica das relações entre Estado e empresa, no Brasil em especial, de uma regulação do *lobby*, continua a criminalizar e a destruir. E não se trata de institucionalizar a corrupção e o tráfico de influência, mas de bem compreender que num país de dimensões continentais não se faz política sem dinheiro, assim como não se encontra dinheiro, nas quantidades necessárias à política, senão nas empresas.

Precisamos estabelecer uma razão aceitável entre dinheiro privado, no financiamento da política, e a influência das empresas nos desígnios do país. O modelo norte-americano, que submeteu o Estado à *corporate America*, é indecente, todavia não mais indecente do que o nosso, em que prevalece, com a proibição das doações empresariais, o financiamento empresarial sub-reptício. Lá se sabe quem é quem, quem serve a quem. Aqui não há transparência, com o que se vota às cegas, com base em penteados, nós de gravata e palavras de ordem, sem que se saiba se o beneficiário do voto responde aos comandos dos antagonistas do votante.

O livro de Renato Polillo atende a tudo isso, na medida em que traz clareza para problemas dogmáticos dessa nova rama do direito, quando se propõe a analisar a Lei Anticorrupção, em especial o seu regime de imputação de responsabilidade às pessoas jurídicas que atentam contra Administração Pública.

O livro explica os dois sistemas de imputação de responsabilidade estabelecidos na Lei, o civil e o administrativo. E o faz sempre em comparação à legislação norte-americana de exportação, o *Foreign Corrupt Practices Act* (FCPA), marco no combate à corrupção corporativa transnacional, que atribui às empresas o papel de partícipe na detecção, denúncia e combate à desconformidade.

É, sem dúvida, livro de referência sobre o assunto, que deve ser lido e estudado nas escolas e pelos profissionais da área.

Walfrido Warde

Presidente do Instituto para a Reforma das Relações entre Estado e Empresa – IREE

PREFÁCIO

A Lei n. 12.846, promulgada em 1º de agosto de 2013, mais conhecida como "Lei Anticorrupção" ou "Lei da Empresa Limpa", ou ainda "Lei da Probidade Empresarial", materializa a atuação do Brasil no enfrentamento à corrupção, fazendo jus a compromissos internacionais há anos firmados pelo país.

A Convenção sobre o Combate da Corrupção de Funcionários Públicos Estrangeiros em Transações Comerciais Internacionais, concluída em Paris em 17 de dezembro de 1997, no âmbito da Organização para a Cooperação e Desenvolvimento Econômico; a Convenção Interamericana contra a Corrupção, firmada em 29 de março de 1996 pela Organização dos Estados Americanos; e a Convenção das Nações Unidas contra a Corrupção, assinada em 9 de dezembro de 2003 na cidade de Mérida, no México, todas elas incorporadas ao ordenamento jurídico pátrio, são apenas algumas referências que, desde a década de 90, já apontavam para a necessidade de implementação de sistemas efetivos que prezassem pela conformidade de procedimentos com as leis e regulamentos aplicáveis.

Em que pese ser relativamente jovem, o referido normativo trouxe avanços importantes na luta contra a corrupção, incorporando novidades consideráveis ao Direito Administrativo Sancionador. A exemplo, cite-se o estabelecimento de penas bastante severas para as infrações de corrupção e de fraudes em licitações e contratos públicos, que podem resultar em multa pecuniária de até 20% do faturamento anual da pessoa jurídica ou, até mesmo, em sua dissolução compulsória e, igualmente, a criação do acordo de leniência como instrumento de solução negociada do litígio administrativo.

Outra dimensão importante da nova legislação, especialmente em decorrência do Decreto n. 8.420, de 18 de março de 2015, que regulamentou a Lei no âmbito do poder executivo federal, foi o estímulo à adoção de mecanismos internos de integridade, auditoria e incentivo à denúncia. Os chamados "programas de integridade" ou "programas de *compliance*", quando efetivos, previnem a prática de ilícitos e, na ocorrência desses, atenuam as sanções pecuniárias a serem impostas à empresa. Trata-se de verdadeira revolução na disciplina das pessoas jurídicas e na governança das organizações empresariais, atribuindo-se a elas funções exercidas até então somente pelo Estado, na tutela do interesse público e detecção e punição de práticas lesivas à Administração Pública.

Não é exagero dizer que a Lei Anticorrupção faz emergir no ordenamento jurídico brasileiro uma nova disciplina: o Direito da Conformidade.

Além das inovações supramencionadas, um dos pontos de maior relevo, e dos mais debatidos sobre a Lei Anticorrupção, é a previsão de responsabilidade objetiva da pessoa jurídica – isto é, a possibilidade de responsabilização de empresas e entidades equiparadas em casos de ilícitos administrativos estabelecidos na Lei, independentemente da comprovação de dolo ou culpa sobre os atos praticados em seu benefício por administradores, empregados ou intermediários.

É em meio a esse debate que Renato Polillo traz, na presente obra, um magistral estudo crítico sobre o tema.

As páginas que seguem marcam não são apenas uma análise da Lei Anticorrupção e da responsabilidade objetiva nela prevista, mas também uma ampla e coesa investigação do próprio instituto de responsabilização da pessoa jurídica em nosso sistema jurídico.

Para tanto, nos capítulos introdutórios, Polillo cuida da definição do conceito de responsabilidade civil, realizando um minucioso estudo sobre o instituto, que contempla sua classificação, suas teorias e, especificamente, o que se entende atualmente no ordenamento jurídico brasileiro sobre a responsabilidade das pessoas jurídicas; em seguida, contextualiza a prática da corrupção na História, com registros que vão desde os tempos medievais até os dias de hoje.

Em um segundo momento, dedica-se à análise de institutos e normas internacionais relevantes ao combate à corrupção, como o *Foreign Corrupt Practices Act* (FCPA), que deu ensejo a um vasto movimento internacional, resultando, inclusive, nas Convenções acima mencionadas. Junto disso, traz caríssimos exemplos de tratados internacionais que reafirmam o compromisso mundial de escassear atos corruptivos, esmiuçando, especialmente, a legislação latino-americana sobre o tema.

A partir daí, adentra no âmago do conteúdo, tratando dos pontos controversos sobre a responsabilização da pessoa jurídica na Lei Anticorrupção, que compreende, de forma aprofundada, seu histórico legislativo e seu regime jurídico. Com isso, passa a expor as discussões que permeiam a responsabilidade administrativa instituída pelo diploma legal (suas sanções, atos lesivos e instrumentos como o acordo de leniência), bem como a responsabilidade civil propriamente dita, abordando as medidas cabíveis no âmbito judicial, preconizadas em seus artigos 19 e seguintes.

Há de se destacar a gravidade das penas estabelecidas nesse dispositivo, que compreendem a devolução dos bens, direitos ou valores auferidos direta ou indiretamente da infração cometida, a suspensão ou interdição parcial das atividades empresariais, a dissolução compulsória da pessoa jurídica e a proibição de receber incentivos, subsídios, doações ou empréstimo de órgãos ou entidades públicas e de instituições financeiras públicas ou controladas pelo Poder Público por determinado período.

Sob a égide do Direito da Conformidade, que tem por vocação afastar a desobediência aos preceitos jurídicos, apta a causar danos à Administração Pública e às próprias empresas, mostra-se de rigor admitir que a luta contra a corrupção deve sopesar as consequências quando da penalização de empresas. Deve se ter em mente que, para estancar o problema, não se pode exceder as medidas do tratamento.

Em síntese, a concatenação dos capítulos facilita o entendimento sobre o funcionamento da Lei Anticorrupção através de um diálogo entre o Direito Civil e o Direito Administrativo, passando pelas bases históricas da criação da norma e do próprio combate internacional à corrupção, com análises críticas relevantes que estimulam a reflexão do leitor sobre o modo com o qual o Brasil vem combatendo os atos de corrupção aqui praticados, decorrentes de uma relação bastante complexa e ainda pouco transparente entre os sistemas corporativo empresarial e de governo.

Polillo alicerça sua obra em doutrina especializada, revisão acurada da legislação brasileira e elementos preciosos do Direito Internacional. Além disso, faz uso de jurisprudência atualizada dos Tribunais Superiores brasileiros, resultando em um material completo e de leitura indispensável para os que, de alguma forma, trabalham ou se interessam pela temática de combate à corrupção e responsabilidade empresarial.

Este livro consiste, portanto, em verdadeiro holofote sobre os aspectos obscuros que circundam a responsabilidade civil na Lei Anticorrupção, que ainda não conta com entendimentos jurisprudenciais sólidos ou mesmo com literatura vasta, auxiliando na interpretação de seus dispositivos.

É de se concluir que a presente obra é essencial não apenas aos que procuram, pela primeira vez, conhecer e estudar a Lei Anticorrupção e a questão da responsabilidade da pessoa jurídica nela prevista, mas destina-se também aos já entendidos da matéria, lançando luz a pontos delicados presentes na legislação e trazendo uma análise fresca sobre tópicos controvertidos envolvendo o tema.

Valdir Moysés Simão

Ex-Ministro-Chefe da Controladoria-Geral da União – CGU. Ex-Ministro do Planejamento, Orçamento e Gestão. Advogado e Consultor.

INTRODUÇÃO

A corrupção representa um limitador de crescimento a qualquer país tanto do ponto de vista social quanto econômico. O custo da corrupção afeta diretamente setores cruciais da sociedade, como educação, saúde, infraestrutura e atividades produtivas em geral, pois recursos que seriam destinados para esses setores acabam sendo ilicitamente desviados para práticas corruptas. E é exatamente este cenário que o Brasil vem enfrentando nas últimas décadas, sendo, por isso, classificado como uma das nações mais corruptas do mundo.

Essa lamentável constatação é demonstrada ano após ano por meio de um relatório denominado Índice de Percepção de Corrupção (IPC),[1] elaborado pela Transparência Internacional, a mais prestigiosa organização global de combate à corrupção com presença em mais de cem países, incluindo o Brasil. O IPC adota uma escala de 0-100 para classificar o nível de corrupção em cada país, no qual 0 ponto significa que o país é considerado altamente corrupto e a pontuação máxima (100 pontos) representa o mais elevado nível de integridade.

---

[1] O IPC existe desde 1996 e, atualmente, é a mais abrangente e duradora ferramenta de medição de corrupção no mundo, cobrindo mais de 180 países. O resultado da pesquisa mais recente realizada em 2019 está disponível em: <https://comunidade.transparenciainternacional.org.br/asset/67:indice-de-percepcao-da-corrupcao-2019?stream=1>. Acesso em: 21 jun. 2020.

O mais recente IPC foi divulgado no início de 2020 e apresentou o resultado da pesquisa realizada em mais de 180 países no decorrer de 2019. A conclusão do estudo não poderia ter sido mais constrangedora para o nosso país, que, com um total de 35 pontos, repetiu a mesma nota do ano anterior (2018) e passou a figurar na 106ª posição entre as nações mais corruptas do mundo, ficando atrás de países como Burkina Faso, Sri Lanka, Ruanda, Omã, Namíbia e Suazilândia (isso sem contar a Dinamarca e a Nova Zelândia, as duas nações líderes do ranking com 87 pontos). Além disso, a atual posição ocupada pelo Brasil denota a quarta queda seguida do país no ranking do IPC e representa sua pior nota desde 2012.

Outro estudo interessante sobre a corrupção no Brasil foi disponibilizado em março de 2010 pela Federação das Indústrias do Estado de São Paulo (FIESP),[2] o qual conseguiu traduzir em dinheiro o custo da corrupção, isto é, a quantia total de recursos desviada das atividades produtivas para a prática de atos corruptivos. E o resultado desse levantamento foi alarmante: naquele momento, estimava-se que o custo médio da corrupção equivaleria entre 1,38% e 2,3% do Produto Interno Bruto (PIB) em 2008, ou seja, entre R$ 41,5 bilhões e R$ 69,1 bilhões.

Diante desses números exorbitantes, é inevitável a reflexão sobre como um país com uma das maiores economias do mundo pode tolerar o custo tão elevado da corrupção, capaz de resultar em um baixo índice de desenvolvimento humano[3] e em uma desigualdade social extrema, considerada uma das maiores do mundo.[4] No Brasil, a corrupção

---

[2] FIESP. Federação das Indústrias do Estado de São Paulo. Relatório. "Corrupção: custos econômicos e propostas de combate". São Paulo, mar. 2010. Disponível em: <https://www.fiesp.com.br/indices-pesquisas-e-publicacoes/relatorio-corrupcao-custos-economicos-e-propostas-de-combate/>. Acesso em: 09.01.2019.

[3] Atualmente o Brasil está na 79ª posição no ranking IDH Global atrás de países como Sri Lanka Irã e Cazaquistão. ONU. "Human Development Indices and Indicators: 2019 Statistical Update". New York, 2019. Disponível em: < http://hdr.undp.org/sites/default/files/hdr_2019_overview_-_english.pdf >. Acesso em: 21.06.2020.

[4] ALVAREDO, Facundo, et al. (Coord.). "World Inequality Report 2018". Disponível em: <https://wir2018.wid.world/files/download/wir2018-full-report-english.pdf>. Acesso em: 09.01.2019.

desenfreada é facilmente perceptível e tem se manifestado em diferentes formas: na redução da renda *per capita*, na queda do bem-estar social da população, na diminuição do crescimento econômico e da competitividade do país no mercado internacional, na instabilidade do ambiente de negócios, dentre outras.

O combate à corrupção e o aperfeiçoamento de instrumentos de fiscalização do Estado revelam-se, portanto, essenciais para permitir que o país possa crescer e se desenvolver de maneira plena e eficiente. Segundo o estudo da FIESP citado anteriormente,[5] se o dinheiro desviado para a corrupção fosse aplicado, por exemplo, em educação, a rede pública poderia atender mais 16,4 milhões de alunos do ensino fundamental, um aumento de 48%. Caso o montante fosse aplicado no Sistema Único de Saúde (SUS), seria possível manter mais 327 mil leitos de internação em funcionamento. No que concerne à infraestrutura, o Brasil poderia aumentar a sua malha ferroviária em 13.230km ou então construir 277 novos aeroportos ou 184 portos com o dinheiro ilicitamente desviado. Não há dúvida de que o Brasil passaria a ser uma verdadeira potência econômica capaz de fazer frente às principais potências do mundo, como Estados Unidos da América (EUA) e China, apenas estacando a sangria causada aos cofres públicos pela corrupção.

Os países desenvolvidos já haviam percebido essa necessidade de mudança há alguns anos, com destaque para os EUA, que, conforme veremos, foram os precursores no combate à corrupção corporativa transnacional por meio da edição do "Foreign Corrupt Practices Act" (FCPA) em 1977. Desde então, diversos tratados internacionais com o mesmo propósito foram assinados por diferentes países, incluindo o Brasil. A título de exemplo, em dezembro de 1997, o nosso país assinou a Convenção sobre o Combate da Corrupção de Funcionários Públicos Estrangeiros em Transações Internacionais da Organização para a Cooperação e Desenvolvimento Econômico (Convenção da OCDE),

[5] FIESP. Federação das Indústrias do Estado de São Paulo. "Relatório – Corrupção: custos econômicos e propostas de combate". São Paulo, mar. 2010. Disponível em: <https://www.fiesp.com.br/indices-pesquisas-e-publicacoes/relatorio-corrupcao-custos-economicos-e-propostas-de-combate/>. Acesso em: 09.01.2019.

que foi ratificada em 15 de junho de 2000 e promulgada no mesmo ano pelo Decreto n. 3.678/2000.

Somente dez anos depois o Brasil passou a se mover para adotar as medidas necessárias à responsabilização de pessoas jurídicas pela corrupção de funcionários públicos estrangeiros nos seus artigos previstas na Convenção da OCDE. Em 2010, o Governo Federal enviou ao Congresso um anteprojeto de lei (posteriormente convertido no Projeto de Lei n. 6.826/2010) que dispunha sobre a responsabilização administrativa e civil das pessoas jurídicas pela prática de atos ilícitos contra a Administração Pública, nacional ou estrangeira, notadamente aqueles relacionados com corrupção e fraude em licitações e contratos administrativos.

O Projeto de Lei n. 6.826/2010 tramitava lentamente na Câmara dos Deputados, quando durante a realização da Copa das Confederações, em junho de 2013, deu-se início a diversas manifestações populares em todo o país contra a corrupção, que, naquele momento, evidenciavam-se pelos gastos públicos excessivos com os estádios construídos e reformados para os jogos da Copa do Mundo organizada pela FIFA.

Em resposta aos anseios da população, o Congresso acelerou o trâmite do referido Projeto, o qual, depois de ter sido aprovado em tempo recorde pelo Senado Federal, foi convertido na Lei n. 12.846/2013, também denominada Lei Anticorrupção, promulgada em 1º de agosto de 2013 com alguns vetos, em especial aquele que tratava da necessidade de perquirição de culpa ou dolo das pessoas jurídicas nas hipóteses de responsabilização civil na esfera judicial, como poderemos examinar no decorrer deste trabalho.

De qualquer forma, a Lei n. 12.846/2013 constitui relevante avanço do Brasil no combate à corrupção doméstica e internacional, na medida em que, pela primeira vez, o Estado brasileiro passou a compartilhar com as empresas a responsabilidade pela repressão aos atos corruptivos praticados contra a Administração Pública mediante a imposição de pesadas sanções civis e administrativas.

Dentre as novidades inseridas pela Lei Anticorrupção, destaca-se a possibilidade de a pessoa jurídica ser objetivamente responsabilizada pela conduta dos seus dirigentes, empregados ou prepostos que tenham gerado algum dano ao erário. Em outros termos, bastará a Administração Pública demonstrar o nexo causal entre o ato do agente e o dano causado, sem a necessidade de demonstrar a existência de culpa, para que a pessoa jurídica seja obrigada a ressarcir os prejuízos e/ou arcar com as sanções previstas na lei. Como veremos, esta inovação normativa configura exceção à regra da responsabilização subjetiva consagrada no Direito Civil brasileiro e tem sido objeto de controvérsia nos meios acadêmico e empresarial.

Esta e outras modificações introduzidas no sistema jurídico pela Lei n. 12.846/2013 serão objeto de detida análise, dando-se especial enfoque às questões relativas à responsabilidade civil da pessoa jurídica pela prática dos atos lesivos enumerados no artigo 5º da lei contra a Administração Pública.

Contudo, antes de se aprofundar no assunto de maior atenção deste livro, no primeiro capítulo, será abordada a evolução da responsabilidade civil sob a perspectiva tanto de direito interno quanto de direito internacional, bem como as suas principais classificações e teorias de modo a estabelecer noções fundamentais sobre o tema necessárias ao desenvolvimento deste estudo.

O segundo capítulo, por sua vez, traçará um breve histórico da corrupção, desde a Antiguidade até a Idade Contemporânea, a fim de compreendermos as suas raízes e implicações, além de analisarmos a evolução das estratégias desenvolvidas pelas diferentes nações para combater a corrupção.

Superadas as questões introdutórias concernentes à responsabilidade civil e à corrupção, no terceiro capítulo, examinar-se-á a primeira lei do mundo a tratar especificamente da corrupção corporativa transnacional: o FCPA editado pelos EUA no ano de 1977. Esta lei foi uma resposta do governo americano aos escândalos de corrupção enfrentados pelo referido país naquele período, notadamente o caso Watergate, que culminou com a renúncia do então Presidente Richard Nixon.

Como será exposto com maior profundidade no decorrer deste trabalho, o FCPA inovou ao transferir para as empresas americanas a responsabilidade pelo combate à corrupção transnacional, criando um arcabouço jurídico capaz de incentivá-las a adotar sofisticados mecanismos de prevenção sob pena de sofrerem pesadas sanções administrativas, civis e criminais. Tendo em vista que naquele momento as principais potências econômicas (com exceção naturalmente dos EUA) não estavam engajadas no combate à corrupção internacional – quando não a estimulavam –, o FCPA demorou a ser aplicado de forma ampla e efetiva sob a justificativa de que ele poderia afetar a competitividade das companhias americanas no comércio internacional. Entretanto, no final da década de 1990, este cenário começou a mudar por meio da edição de tratados internacionais que passaram a regular a matéria, especialmente a Convenção da OCDE.

Considerando que alguns desses tratados internacionais foram ratificados pelo Brasil, o quarto capítulo analisará de forma pontual o conteúdo e o objetivo dos aludidos tratados, bem como as legislações dos principais países da América Latina, incluindo o Brasil, que regulam o combate à corrupção tanto no âmbito doméstico quanto internacional. Entendemos que essa comparação de sistemas jurídicos, mesmo que superficial, ganha ainda relevo em um cenário no qual é cada vez mais comum o aumento de investimentos e a redução de barreiras comerciais entre os países latino-americanos, sem mencionar o gradativo surgimento de multinacionais locais com forte presença na região.

No quinto capítulo, será abordado o histórico legislativo da Lei Anticorrupção desde o seu anteprojeto confeccionado pelo Governo Federal em 2010 até a sua promulgação em 1º de agosto de 2013, visando analisar os seus principais pontos controvertidos, quais sejam, o regime jurídico ao qual a Lei está inserida e a responsabilidade objetiva nela prevista, à luz da razão da lei (*ratio legis*). O estudo crítico sobre esses pontos fundamentais da Lei n. 12.846/2013 também será feito com base nos princípios jurídico-constitucionais, os quais certamente deverão nortear a interpretação e a aplicação da norma pelos operadores do direito.

Sem a pretensão de esgotar toda a discussão relativa à responsabilidade administrativa estabelecida na Lei Anticorrupção, o sexto capítulo fará uma análise sucinta sobre os seus principais aspectos, com destaque para as condutas tipificadas no artigo 5º da Lei, o sistema sancionador adotado na esfera administrativa, a relevância da adoção dos programas de integridade e de *compliance* pelas empresas e o acordo de leniência.

No sétimo e último capítulo, será examinada a responsabilidade civil da pessoa jurídica no âmbito do processo judicial. Para tanto, analisaremos os seguintes fatores indicados na Lei Anticorrupção: (i) a reparação dos danos causados à Administração Pública com fulcro no princípio à vedação do enriquecimento sem causa previsto no Direito Civil; (ii) as sanções civis previstas no artigo 19 da Lei Anticorrupção e as suas consequências, como a suspensão, interdição parcial e dissolução da pessoa jurídica; e (iii) o rito processual da ação que se destina a apurar a responsabilidade civil da pessoa jurídica.

Diante do atual cenário político do país, no qual o combate à corrupção tem recebido cada vez mais atenção da população, da mídia especializada e, também, do Governo Federal, o estudo dogmático jurídico da responsabilidade civil das pessoas jurídicas na Lei Anticorrupção demonstra ser importante para a sua interpretação e efetiva aplicação pelos operadores do direito.

Assim, esperamos que, ao final deste estudo, possamos ter colaborado com o debate sobre as relevantes inovações inseridas pela Lei n. 12.846/2013 no complexo sistema de combate à corrupção brasileiro.

Capítulo I

RESPONSABILIDADE CIVIL

1.1 Conteúdo e definições

A doutrina tem se dedicado a estudar o tema da responsabilidade civil enquanto meio para reparação de danos. Uma análise atualizada do tema não pode ignorar os princípios da doutrina tradicional. Etimologicamente, a palavra "responsabilidade" deriva do latim *responsus*, que, por sua vez, vem de *respondere*, composto por *re-* (de volta, para trás) e *-spondere* (garantir, prometer).[6] A partir disso, o conceito contido em "responsabilidade" se conecta com a ideia de reparação, cujo sentido está em atribuir a responsabilidade ao autor do dano, e não à vítima.

Em sentido estrito, a responsabilidade se refere ao dever de reparar um dano juridicamente previsto causado por descumprimento de determinada obrigação ou simplesmente por descumprimento do dever de não causar dano ao outro. A responsabilidade, em termos gerais, expressa uma ideia relacional, ou seja, a responsabilidade está sempre relacionada a um sujeito. O dano se manifesta de modos diferentes e em condições distintas conforme o comportamento do sujeito em si e em relação ao outro, seja o outro um sujeito ou uma coisa.

---

[6] CUNHA, Antônio Geraldo da. *Dicionário etimológico da língua portuguesa*. Rio de Janeiro: Lexikon, 2011.

O conteúdo da palavra "responsabilidade" pressupõe a liberdade do sujeito. Isso significa que, por meio do conceito de responsabilidade, o direito pode imputar a um sujeito as consequências danosas de seus atos ou omissões. A ação por meio da qual o sujeito expressa seu comportamento diante de um dever ou uma obrigação resulta em responsabilidade. A definição de responsabilidade enquanto uma forma de garantia corresponde à obrigação de arcar com os danos e prejuízos causados pelo eventual descumprimento da obrigação.

Em outras palavras, ser responsável significa assumir as consequências do descumprimento de uma obrigação. Ao contrário da responsabilidade moral, a responsabilidade civil exige necessariamente que exista um prejuízo. Para que a responsabilidade tenha uma natureza jurídica, seu elemento distintivo é o prejuízo a ser reparado. Aquele que causa dano se obriga a repará-lo. A responsabilidade jurídica pode ser civil ou penal, sendo que a responsabilidade civil se relaciona à obrigação de um sujeito de indenizar os danos ou prejuízos que causou. A responsabilidade civil pode significar também as consequências sobre o patrimônio do sujeito infrator.

1.1.1 Responsabilidade jurídica e moral

Nas *Institutas* de Justiniano estava previsto o dever de não lesar, cuja natureza era tanto jurídica como moral. O dever de não lesar o outro, se descumprido, cria a responsabilidade e permite que o prejudicado exija judicialmente a reparação do dano sofrido. Essa norma romana dizia respeito à responsabilidade civil e também à responsabilidade penal. O preceito "não lesar outrem" se aplicava a uma multiplicidade de situações, desde prejuízos concretos até prejuízos mais abstratos como o dano à honra.

O aspecto abstrato desse preceito romano exigia que o sujeito da relação jurídica em questão indicasse quais obrigações foram violadas e quais danos foram causados para que surgisse o dever de reparação. Considerando que mesmo atualmente a responsabilidade civil repousa no ato ilícito e na obrigação de indenizar, havia desde o direito romano uma orientação bastante abstrata sobre a responsabilidade civil, complementada pela jurisprudência e pelos operadores do Direito.

Dentre as fontes das obrigações, aquelas que levam ao ressarcimento, caso descumpridas, são as leis (relacionadas à responsabilidade extracontratual ou extranegocial) e os negócios jurídicos (relacionados à responsabilidade contratual ou negocial). Qualquer ordem jurídica, por definição, ocupa-se da vedação de condutas danosas e do retorno ao *status quo ante*, quando aplicável. A base da reparação está na compensação a que a vítima tem direito e que o causador do dano tem o dever de pagar.

A responsabilidade jurídica, portanto, surge como uma forma de coerção a uma responsabilidade moral violada. O princípio romano *suum cuique tribuere* reconhece a responsabilidade jurídica ao impor o dever de reparação e, em sentido amplo, ao compreender a noção do justo.[7] Assim sendo, a responsabilidade civil se caracteriza pela noção de justiça e pela ideia de coesão social (ao prever as consequências dos danos causados por um agente).

A separação entre responsabilidade jurídica e moral se faz necessária na medida em que as particularidades da moral, da religião, das normas sociais, entre outros, impõem deveres distintos. Uma conduta pode gerar consequências diversas em diferentes âmbitos da responsabilidade, no entanto, somente a responsabilidade jurídica possui o elemento distintivo da coercibilidade, ou seja, o direito de fazer cumprir uma obrigação. A responsabilidade moral, por sua vez, sendo uma das formas da responsabilidade extrajudicial (ao lado das responsabilidades religiosa, social, entre outras), gera consequências no campo psicológico sem o elemento da coercibilidade.

O direito, por meio da responsabilidade jurídica, estabelece parâmetros mínimos para a coesão social; já a moral se ocupa de parâmetros mais amplos a fim de realizar o bem comum. Por isso, consequentemente

---

[7] NADER, Paulo. *Curso de direito civil*: responsabilidade civil, 6ª ed, vol. 7. Rio de Janeiro: Forense, 2016.

os deveres morais são considerados mais amplos do que os deveres jurídicos. A moral se relaciona ao desenvolvimento do sujeito em si, enquanto o direito visa garantir o equilíbrio social por meio da sistematização de condutas. No entanto, tal raciocínio permite contrapontos, especialmente com o advento da pós-modernidade.

O cerne da moral está na própria noção de bem, enquanto conduta humana que orienta a vida e a liberdade. A responsabilidade moral surge quando há uma conduta consciente contra os valores norteadores da noção de bem. A análise da conduta por meio da moral parte da premissa de que a conduta foi livre, portanto, o pressuposto é a liberdade do agente. Logo, para se avaliar a responsabilidade moral é necessário questionar a intenção do agente e também a liberdade ao preferir agir de modo contrário à noção de bem. Em outros termos, a moral está na esfera psicológica da consciência e o direito, na esfera social.

No campo da moral, a intenção possui um peso que não se observa no direito, pois para a responsabilidade jurídica em algumas situações basta o fato, sendo desnecessário se investigar a intenção. No entanto, mesmo no campo do direito há a teoria da responsabilidade civil subjetiva, cujo elemento central é a culpa, conforme será melhor analisado no item 1.1.2 abaixo. Vale notar que, na responsabilidade civil, é possível o ilícito involuntário; já na responsabilidade penal, o ilícito implica dolo ou culpa. Portanto, uma conduta ilícita não necessariamente configura responsabilidade civil, uma vez que tal responsabilidade pressupõe dano ao patrimônio ou à pessoa.

Uma vez que seria impraticável antecipar todos os fatos ensejadores de dano moral, por exemplo, a avaliação desse dano depende de ato discricionário do julgador orientado pela moral a fim de ser capaz de identificar a existência de uma lesão relevante passível de indenização ou a existência de um simples dissabor. Se não houver dano à pessoa ou ao patrimônio, não poderá haver responsabilidade civil, no entanto, é possível haver responsabilidade civil sem a correspondente responsabilidade moral, pois o descumprimento de uma norma legal não necessariamente implica a violação de um princípio moral. Portanto, a responsabilidade jurídica, seja ela baseada na culpa ou no risco, apoia-se na moral.

1.1.2 Responsabilidade subjetiva e objetiva

A atividade que implicar prejuízo gera responsabilidade ou dever de indenizar. No entanto, a esta regra se opõem as denominadas excludentes, que dificultam a indenização. Conforme dito anteriormente, "responsabilidade" é um termo que se aplica a situações nas quais uma pessoa natural ou jurídica deve responder por um ato, fato ou negócio danoso. Nesse sentido, qualquer atividade humana pode levar ao dever de indenizar. Estudar a responsabilidade civil, portanto, significa estudar o conjunto de normas que regulam o dever de indenizar.

A responsabilidade civil se rege por princípios cujo objetivo está em reparar o prejuízo patrimonial e moral decorrente de determinada atividade. Mesmo permeados por um conteúdo moral, social, ético ou religioso, os danos a serem reparados devem ter natureza jurídica, ou seja, somente são passíveis de reparação as transgressões realizadas sob a égide dos princípios obrigacionais.[8] No item anterior foi analisada a esfera moral e a correspondente responsabilidade. Ao lado do exame da culpa, no caso da responsabilidade subjetiva, há também a desnecessidade da perquirição do elemento culpa, no caso da responsabilidade objetiva.

A responsabilidade civil, via de regra, remete à responsabilidade extranegocial (ou extracontratual), contudo, o horizonte é sempre o da reparação de danos. O estudo da responsabilidade civil tradicionalmente se insere no direito das obrigações. Assim sendo, a reparação de danos é consequência da transgressão de uma determinada obrigação, dever ou direito. A violação de um dever jurídico primário pode gerar um dever jurídico secundário, qual seja, o dever de indenizar o prejuízo.[9]

Conforme analisado anteriormente, a palavra "responsabilidade" é empregada para situações diversas no contexto jurídico. *Lato sensu*, responsabilidade diz respeito ao dever de arcar com as consequências de

---

[8] VENOSA, Sílvio de Salvo. *Direito civil:* obrigações e responsabilidade civil, 17ª ed. São Paulo: Atlas, 2017.

[9] GONÇALVES, Carlos Roberto. *Direito civil brasileiro:* responsabilidade civil, 12ª ed., vol. 4. São Paulo: Saraiva, 2017.

um ato. Responsabilidade pode significar também capacidade. Para o presente trabalho, responsabilidade consiste na avaliação da conduta de um agente cujas consequências geram o dever de indenizar. Interessa, portanto, a identificação da conduta que implique obrigação de indenizar. Assim, a responsabilidade pode ser direta ou indireta.

A responsabilidade é direta quando se refere ao sujeito causador do dano e indireta quando se refere a um terceiro relacionado ao causador do dano. Idealmente, o ordenamento jurídico pretende reparar todos os danos, no entanto, a amplitude de situações geradoras de danos é crescente e ilimitada. No campo do Direito Civil, um terceiro deve indenizar somente se expressamente previsto em lei. Logo, a responsabilidade civil sempre trata de uma obrigação de reparar danos (à pessoa, ao patrimônio, aos interesses coletivos, assim por diante).

A indenização por ato ilícito, previsto no artigo 186 do Código Civil,[10] constitui a base da responsabilidade extranegocial. Já a responsabilidade contratual, ou negocial, refere-se ao inadimplemento contratual, objeto de outro campo de estudo. O dever de indenizar, deste modo, decorre de uma ação ou omissão voluntária, relação de causalidade, dano e culpa.[11]

A teoria da responsabilidade objetiva nasce para desconsiderar a culpabilidade e nesse contexto não se pode confundir a responsabilidade objetiva com a culpa presumida. Conforme explicam Arnoldo Wald e Brunno Pandori Giancoli,[12] a culpa presumida tem um aspecto meramente processual por atribuir ao demandado o ônus de provar que não agiu com culpa (presunção *juris tantum*).

A *teoria da culpabilidade*, por sua vez, ao se mostrar insuficiente, propiciou o desenvolvimento da *teoria do risco*, conforme a qual o agente

---

[10] Art. 186. Aquele que, por ação ou omissão voluntária, negligência ou imprudência, violar direito e causar dano a outrem, ainda que exclusivamente moral, comete ato ilícito.

[11] VENOSA, Sílvio de Salvo. *Direito civil:* obrigações e responsabilidade civil, 17ª ed. São Paulo: Atlas, 2017.

[12] WALD, Arnoldo; GIANCOLI, Brunno Pandori. *Direito civil:* responsabilidade civil, 3ª ed, vol. 7. São Paulo: Saraiva, 2015.

se responsabiliza por riscos decorrentes de seus atos ainda que atue diligentemente para impedir o dano.

O caminho percorrido pelos teóricos da responsabilidade objetiva tornou a teoria da responsabilidade civil mais relacionada ao ato causador do dano do que exclusivamente relacionada ao ato ilícito em si. O objetivo comum é impedir um dano injusto, assim sendo, apenas os danos categoricamente inevitáveis não são passíveis de reparação. O estudo da responsabilidade sem a lente da culpa se ocupa das situações em que a comprovação da culpa tornaria a indenização impraticável.

A responsabilidade objetiva, prevista no artigo 927 do Código Civil,[13] aplica-se quando a atividade desenvolvida pelo autor do dano gerar riscos para os direitos de terceiro. Nesses casos, o legislador brasileiro claramente optou pela responsabilidade objetiva, ao destacar as atividades de alto risco ou perigo de dano. Para Silvio de Salvo Venosa,[14] tal alargamento da noção de responsabilidade, constituiu a maior inovação do novo Código Civil em matéria de responsabilidade. O autor sublinha também que a maioria das atividades de risco já é regulada pela responsabilidade objetiva.

Na pós-modernidade, a análise da teoria do risco considera a potencialidade de causar dano, ou seja, considera o perigo envolvido na natureza da atividade do causador do dano. O desenvolvimento da ideia de responsabilidade civil vem acompanhado da teoria da responsabilidade objetiva, o que amplia o campo da responsabilidade sem culpa e também a ideia de causalidade e reparação do dano (em oposição à culpabilidade do agente causador do dano). A ideia de responsabilidade com culpa se mostrou insuficiente principalmente pela dificuldade de se provar a culpa.

---

[13] Art. 927. Aquele que, por ato ilícito (arts. 186 e 187), causar dano a outrem, fica obrigado a repará-lo.

Parágrafo único. Haverá obrigação de reparar o dano, independentemente de culpa, nos casos especificados em lei, ou quando a atividade normalmente desenvolvida pelo autor do dano implicar, por sua natureza, risco para os direitos de outrem.

[14] VENOSA, Sílvio de Salvo. *Direito civil:* obrigações e responsabilidade civil, 17ª ed. São Paulo: Atlas, 2017.

A norma contida no artigo 927 do Código Civil, citado acima, é considerada aberta para a responsabilidade objetiva, o que dependerá da discricionariedade do juiz. No âmbito da responsabilidade objetiva, a jurisprudência tem construído a doutrina da responsabilidade objetiva agravada, a qual se relaciona a riscos específicos cuja indenização é punitiva, especialmente no âmbito da responsabilidade da Administração Pública. Nesse sentido, a responsabilidade extracontratual tradicional não equivale simplesmente à reparação de atos ilícitos. No entanto, ressalta-se que a responsabilidade extracontratual no Código Civil se baseia essencialmente no princípio da responsabilidade subjetiva (responsabilidade com culpa), sendo a aplicação da responsabilidade objetiva exceção à regra.

Por sua vez, a responsabilidade objetiva ou sem culpa deve ser aplicada de forma restrita nos casos previstos expressamente em lei que a autorize ou na forma prevista no parágrafo único do artigo 927 do Código Civil. Em outros termos, quando não houver lei expressa, aplica-se a regra geral do direito brasileiro, qual seja, a responsabilidade pelo ato ilícito é subjetiva. A responsabilidade do causador do dano poderá ser classificada como objetiva quando o dano vier de atividade normalmente desenvolvida pelo sujeito causador do dano. Por isso, cabe ao juiz analisar o caso concreto para verificar se a atividade do causador do dano não é uma atividade eventual, mas sim prática normalmente desenvolvida.

Portanto, a teoria da responsabilidade objetiva somente se aplica aos casos previstos em lei ou nos termos do parágrafo único do artigo 927 supracitado. Não se pode ignorar, conforme ensina Silvio de Salvo Venosa,[15] que "a responsabilidade civil é matéria viva e dinâmica na jurisprudência". No percurso jurisprudencial da responsabilidade subjetiva para a responsabilidade objetiva, notou-se que a noção estrita de culpa acarretaria a ausência de ressarcimento de situações diversas. Vale notar que presunção de culpa se difere de responsabilidade objetiva, na medida em que presunção de culpa se refere à existência de culpa na

---

[15] VENOSA, Sílvio de Salvo. *Direito civil:* obrigações e responsabilidade civil, 17ª ed. São Paulo: Atlas, 2017, p. 445.

qual se inverte somente os ônus da prova; já a responsabilidade objetiva ou sem culpa se refere à desnecessidade da culpa para o dever de indenizar.

No mesmo sentido, Carlos Roberto Gonçalves entende que "a inovação constante do parágrafo único do art. 927 do Código Civil é significativa e representa, sem dúvida, um avanço, entre nós, em matéria de responsabilidade civil. [...] se houve dano, tal ocorreu porque não foram empregadas as medidas preventivas tecnicamente adequadas".[16] Assim como José de Aguiar Dias, que já defendia que "a teoria objetiva, [...], vingou amplamente em alguns terrenos, como nos acidentes de trabalho, nos transportes ferroviários e urbanos e nos acidentes causados pelos aviões a terceiros na superfície".[17]

A fim de substituir o conceito de culpa, as ideias de risco e garantia se fortalecem. As primeiras noções da teoria objetiva (ou teoria do risco) datam do final do século XIX. Nesse sentido, aquele que causa um risco, por meio de sua atividade, deve responder pelos prejuízos decorrentes de seus atos, especialmente porque tal atividade de risco oferece também benefícios. Com isso, a dificuldade passa a residir na produção de provas para demonstrar tais benefícios decorrentes da atividade em questão. Na história do Direito, a teoria do risco surge com base no exercício de uma atividade cujo agente que a exerce e que dela se aproveita direta ou indiretamente deve responder pelos danos decorrentes de tal atividade, independentemente de comprovação de culpa.

Pode-se afirmar também que o princípio da responsabilidade sem culpa se relaciona inclusive com o princípio de equidade, ou seja, uma atividade que represente risco obriga o agente a indenizar os danos causados, já que recebe também os benefícios da mesma atividade. Atualmente a teoria da responsabilidade objetiva se justifica com base no risco e no dano. A indenização cabe quando houver dano e não somente risco de dano. O risco profissional se relaciona diretamente à teoria

---

[16] GONÇALVES, Carlos Roberto. *Responsabilidade civil,* 13ª ed. São Paulo: Saraiva, 2011. p. 58.

[17] DIAS, José de Aguiar. *Da responsabilidade civil*, 6ª ed, vol. 1. Rio de Janeiro: Forense, 1979, p. 82.

da responsabilidade objetiva, já que o dever de indenizar pode decorrer de uma atividade profissional, por exemplo, a responsabilidade objetiva nos acidentes de trabalho.

As teorias acerca da responsabilidade objetiva procedem da seguinte ideia: quando a prova da culpa não for possível, ela será dispensada. O princípio do risco se relaciona à segurança jurídica e à necessidade de responsabilizar o agente, seja por culpa (na responsabilidade subjetiva), seja pelo risco de sua atividade (na responsabilidade objetiva). É necessário se imputar a responsabilidade para que haja indenização. O dever de indenizar surge em decorrência do dano e, a depender da teoria adotada, tal dever surge mesmo quando houver culpa exclusiva da vítima, fato de terceiro, caso fortuito ou força maior. Wilson Melo da Silva explica:

> Afastada a indagação psicológica atinente ao fator culpa pela teoria do risco ou da responsabilidade objetiva, teríamos, então, como elementos configuradores da obrigação de indenizar, apenas o dano em si e a relação de causa e efeito entre ele e o agente. E se difícil não é estabelecer-se esse nexo causal entre o dano e seu antecedente, na hipótese da causa singular, que sói acontecer na hipótese das causas múltiplas ou, mais tecnicamente, das "concausas"? É aí que surge o reparo de Ripert, para quem, dentro da teoria, clássica, da culpa, a questão fosse uma questão de somenos. Bastaria que se deparasse com a culpa num dos antecedentes para que se deixassem de lado as outras causas que, então, poderiam ser consideradas indiferentes ou absorvidas pela culpa.[18]

Via de regra, na responsabilidade objetiva considera-se o dano e não o dolo ou a culpa. Assim sendo, o dever de indenizar depende do dano e do nexo causal, sem a necessidade de se provar a culpa. Ainda que a responsabilidade subjetiva seja a regra geral norteadora do Direito brasileiro em matéria de responsabilidade civil, as situações às quais se aplica a responsabilidade objetiva são crescentes.

---

[18] SILVA, Wilson Melo da. *Responsabilidade sem culpa e socialização do risco*. Belo Horizonte: Ed. Bernardo Álvares S.A., 1962, p. 200.

1.1.3 Responsabilidade contratual e extracontratual

Em matéria de responsabilidade contratual e extracontratual deve-se identificar se o ato danoso foi derivado de obrigação, contrato ou negócio jurídico unilateral. Vale notar que as responsabilidades contratual e extracontratual não se diferem muito ontologicamente, pois o sujeito que infringe um dever de conduta pode ser obrigado a reparar o dano, com ou sem negócio jurídico. Independentemente de haver ou não uma relação contratual, o dever violado é o cerne da questão.

Na culpa contratual costuma-se analisar o inadimplemento e os limites da obrigação; já na culpa extracontratual a conduta do agente é considerada e a culpa em sentido amplo. A culpa contratual também é observada, por exemplo, quando um contratante comete um ato doloso na execução do contrato. É interessante observar também que a responsabilidade contratual pode alcançar terceiros, o que se reflete no valor e nos limites da indenização previstos no contrato. Carlos Roberto Gonçalves[19] aponta para as seguintes diferenças entre as duas espécies de responsabilidade: a primeira se refere ao ônus da prova, a segunda às fontes e a terceira à capacidade do agente causador do dano.

A responsabilidade civil em geral abrange as regras que obrigam o autor de um dano a indenizá-lo. Os atos ilícitos equivalem aos atos

---

[19] "A primeira, e talvez mais significativa, diz respeito ao ônus da prova. Se a responsabilidade é contratual, o credor só está obrigado a demonstrar que a prestação foi descumprida. O devedor só não está obrigado a demonstrar que a prestação foi descumprida. [...], no entanto se a responsabilidade for extracontratual, a do art. 186 (um atropelamento, por exemplo), o autor da ação é que fica com o ônus de provar que o fato se deu por culpa do agente (motorista). [...] outra diferenciação que se estabelece entre a responsabilidade contratual e extracontratual diz respeito às fontes de que promanam. Enquanto a contratual tem a sua origem na convenção, a extracontratual a tem na inobservância do dever genérico de não lesar, de não causar dano a ninguém (*neminem laedere*), estatuído no art. 186 do Código Civil. Outro elemento de diferenciação entre as duas espécies de responsabilidade civil refere-se à capacidade do agente causador do dano. Josserand entende que a capacidade sofre limitações no terreno da responsabilidade simplesmente contratual, sendo mais ampla no campo da responsabilidade extracontratual" (GONÇALVES, Carlos Roberto. *Responsabilidade civil*, 13ª ed. São Paulo: Saraiva, 2011, p. 61).

que geram efeitos jurídicos contrários ao ordenamento. A vontade também é o elemento central, sendo o ato voluntário o pressuposto básico da responsabilidade civil. A voluntariedade, por sua vez, relaciona-se diretamente à noção de imputabilidade, pois quando o agente for juridicamente incapaz a voluntariedade se torna ineficaz. Vale notar que a imputabilidade não impede o ressarcimento, conforme previsto no artigo 928 do Código Civil.[20]

No âmbito da responsabilidade civil, o ato de vontade deve ser ilícito para ser considerado. O ato ilícito deriva de um comportamento voluntário que viola um dever. Na responsabilidade subjetiva, o ato ilícito constitui o núcleo a ser analisado, pois o dever de indenizar resulta da violação do dever de conduta (ato ilícito). Já na responsabilidade objetiva, o ato ilícito não pressupõe a culpa. Quanto à responsabilidade civil contratual, vale lembrar da clássica concepção alemã dualista da obrigação (*Schuld/Haftung*). Quando a obrigação não é cumprida nasce a responsabilidade (*Haftung*).

A responsabilidade civil contratual surge quando houver inadimplemento da obrigação, inexecução ou descumprimento, conforme os artigos 389 a 391 do Código Civil.[21] O dever de indenizar as perdas e os danos também surge daí, de acordo com os artigos 402 a 404 do Código Civil.[22] O inadimplemento, em sentido amplo, pode ser: (i) inadimplemento relativo ou parcial (caso de descumprimento

---

[20] Art. 928. O incapaz responde pelos prejuízos que causar, se as pessoas por ele responsáveis não tiverem obrigação de fazê-lo ou não dispuserem de meios suficientes.

Parágrafo único. A indenização prevista neste artigo, que deverá ser equitativa, não terá lugar se privar do necessário o incapaz ou as pessoas que dele dependem.

[21] Art. 389. Não cumprida a obrigação, responde o devedor por perdas e danos, mais juros e atualização monetária segundo índices oficiais regularmente estabelecidos, e honorários de advogado.

Art. 390. Nas obrigações negativas o devedor é havido por inadimplente desde o dia em que executou o ato de que se devia abster.

Art. 391. Pelo inadimplemento das obrigações respondem todos os bens do devedor.

[22] Art. 402. Salvo as exceções expressamente previstas em lei, as perdas e danos devidas ao credor abrangem, além do que ele efetivamente perdeu, o que razoavelmente deixou de lucrar.

parcial da obrigação, possível de ser cumprida em algum momento); (ii) inadimplemento total ou absoluto (não é mais possível cumprir a obrigação).

Nesse sentido, ensina Flávio Tartuce que "o critério para distinguir a mora do inadimplemento absoluto da obrigação é a *utilidade* da obrigação para o credor".[23] Além disso, atualmente a doutrina tem desenvolvido como tipos de inadimplemento a *violação positiva do contrato* e o *cumprimento inexato ou defeituoso*. A violação positiva do contrato diz respeito ao descumprimento da obrigação justamente porque a prestação foi concretizada, e não porque a prestação não foi realizada no momento acordado ou absolutamente não realizada. Quando a violação não se basear na mora, uma vez que houve a realização da prestação, e nem no inadimplemento, já que não houve impossibilidade de cumprir a prestação, configura-se caso denominado pela doutrina de cumprimento defeituoso ou violação positiva do contrato.

No conceito de violação contratual positiva está contida a quebra dos deveres anexos, laterais ou secundários de conduta, relacionados diretamente ao conceito de boa-fé objetiva. Tais deveres anexos são passíveis de serem examinados durante a relação jurídica e também após o adimplemento da obrigação principal, conforme o caso. Em outros termos, a partir dos deveres anexos emana uma colaboração entre as partes envolvidas em um contrato e obrigações correspondentes. Logo, o conceito de obrigação pode ser entendido como um processo. Isso significa que a violação dos deveres anexos também conduz à violação

---

Art. 403. Ainda que a inexecução resulte de dolo do devedor, as perdas e danos só incluem os prejuízos efetivos e os lucros cessantes por efeito dela direto e imediato, sem prejuízo do disposto na lei processual.

Art. 404. As perdas e danos, nas obrigações de pagamento em dinheiro, serão pagas com atualização monetária segundo índices oficiais regularmente estabelecidos, abrangendo juros, custas e honorários de advogado, sem prejuízo da pena convencional.

Parágrafo único. Provado que os juros da mora não cobrem o prejuízo, e não havendo pena convencional, pode o juiz conceder ao credor indenização suplementar.

[23] TARTUCE, Flávio. *Direito civil*. Direito das obrigações e responsabilidade civil, 12ª ed. Rio de Janeiro: Forense, 2017, p. 247.

positiva do contrato, como via de responsabilizar civilmente a parte que infringir a boa-fé objetiva.

Tendo em vista o princípio da boa-fé objetiva previsto no artigo 422 do Código Civil,[24] a violação dos deveres anexos implica inadimplemento, a despeito de culpa. O princípio da boa-fé objetiva se aplica ao direito obrigacional como seu fundamento, na medida em que os deveres anexos se originam da boa-fé objetiva, inclusive quando expressamente previstos em lei ou contrato. A natureza jurídica dos deveres anexos é, portanto, obrigacional, e seus efeitos quando do inadimplemento observam as normas sobre responsabilidade civil. Os efeitos podem ser de duas ordens, quais sejam: *obrigacional* e *contratual*.

No primeiro caso está a responsabilidade civil, segundo a qual o causador do dano se torna responsável pelos deveres anexos que infringir, geralmente por culpa. No segundo caso, o descumprimento dos deveres anexos leva à resolução ou oposição da exceção do contrato não cumprido. O conceito de inadimplemento como um processo, a partir do ponto de vista da relação obrigacional, considera os deveres de prestação e os deveres de conduta. Da violação das prestações obrigacionais é possível derivar o inadimplemento absoluto, a mora ou a violação positiva do contrato.

Dentre as funções da boa-fé objetiva, Flávio Tartuce[25] destaca as seguintes: *função de interpretação*, *função de controle* e *função de integração*. A função de interpretação do negócio jurídico (artigo 113 do Código Civil)[26] consagra a boa-fé objetiva como instrumento de interpretação, especialmente dos contratos. Adicionalmente com o artigo 112 do Código Civil,[27] a ideia de intenção das partes contém o conceito de boa-fé

---

[24] Art. 422. Os contratantes são obrigados a guardar, assim na conclusão do contrato, como em sua execução, os princípios de probidade e boa-fé.

[25] TARTUCE, Flávio. *Direito civil.* Direito das obrigações e responsabilidade civil, 12ª ed. Rio de Janeiro: Forense, 2017.

[26] Art. 113. Os negócios jurídicos devem ser interpretados conforme a boa-fé e os usos do lugar de sua celebração.

[27] Art. 112. Nas declarações de vontade se atenderá mais à intenção nelas consubstanciada do que ao sentido literal da linguagem.

subjetiva. A função de controle, por sua vez, conforme o artigo 187 do Código Civil,[28] estabelece que o sujeito que contraria a boa-fé objetiva comete abuso de direito. A responsabilidade civil decorrente do abuso de direito é objetiva (independe de culpa), assim a quebra da boa-fé objetiva implica responsabilidade independente de culpa. Como a norma contida no mencionado artigo 187 se aplica ao âmbito contratual, tal artigo também fundamenta a proposição de que a violação contratual positiva leva a outra forma de inadimplemento. Por fim, a função de integração da boa-fé (vide artigo 422 do Código Civil supracitado) indica que a boa-fé deve compor todas as fases do contrato. A violação contratual positiva pode ocorrer em qualquer fase contratual, sendo que o inadimplemento total somente ocorre se a violação positiva do contrato se der na fase pré ou pós-contratual.

1.2 Classificação e teorias

Conforme analisado anteriormente, o descumprimento obrigacional origina a responsabilidade civil contratual ou negocial (quando uma regra estabelecida em contrato é violada) e a responsabilidade civil extracontratual ou extranegocial (quando um preceito normativo é desobedecido). A responsabilidade civil extracontratual (também conhecida como responsabilidade civil aquiliana) garante à vítima de um dano o direito à indenização, pago pelo causador do dano, sendo indiferente a relação obrigacional preexistente. Isso significa que a penalidade imposta ao causador do dano passou a ser pecuniária e não mais uma retribuição do mesmo dano causado.

No período em que a Lei Aquilia nasceu no Direito Romano, a regra era configurar a responsabilidade sem culpa e o agente causador do dano era punido conforme a pena de talião prevista na Lei das XII Tábuas. É importante observar que a culpa no Direito Romano possuía uma semântica diferente da atual, pois no período romano a culpa era meramente um

[28] Art. 187. Também comete ato ilícito o titular de um direito que, ao exercê-lo, excede manifestamente os limites impostos pelo seu fim econômico ou social, pela boa-fé ou pelos bons costumes.

pressuposto do dever de indenizar, desvinculado da ideia de punição, decorrente especialmente da dominação da Igreja Católica. Já com o advento do Código Napoleônico, a conduta do agente, a culpa em sentido amplo, o nexo de causalidade e o dano causado se tornaram os elementos centrais da responsabilidade civil. Conforme ensina Alvino Lima:

> O Código Civil francês, que é o padrão das legislações modernas e cuja influência nos códigos civis das nações cultas e nas legislações sem codificação, cada vez mais se estuda e se ressalta, seguindo a tradição de seu direito e os ensinamentos de Domat e Pothier, proclamou, no preceito genérico do art. 1.382, a responsabilidade extracontratual, tendo como fundamento a culpa efetiva e provada. São ensinamentos e conceitos provindos do direito romano, que constituem o fundamento da responsabilidade aquiliana do direito moderno. O princípio da responsabilidade aquiliana continua, em sua essência, a ser o mesmo em todas as codificações dos povos cultos.[29]

Na mesma linha, o Direito Civil brasileiro considera a culpa como a regra da responsabilidade civil, conhecida como responsabilidade civil subjetiva. No entanto, como visto anteriormente, a responsabilidade civil sem culpa também tem sido admitida, principalmente sob a influência do Direito Civil francês. A partir do final do século XIX, a teoria do risco emergiu com as primeiras reflexões sobre a responsabilidade civil objetiva. Sobretudo devido à segunda Revolução Industrial, a teoria do risco foi desenvolvida para responsabilizar quem realiza uma atividade com consequências coletivas. Dentre as causas do aumento da aplicação da teoria da responsabilidade objetiva, destaca-se: o aumento da atividade estatal e o aumento da exploração em massa da atividade econômica.[30]

No contexto brasileiro, vale lembrar do artigo 15 do Código Civil de 1916[31] que positivou a responsabilidade civil do Estado pelos

---

[29] LIMA, Alvino. *Culpa e risco*. São Paulo: Editora Revista dos Tribunais, 1960, p. 29.

[30] TARTUCE, Flávio. *Direito civil*. Direito das obrigações e responsabilidade civil, 12ª ed. Rio de Janeiro: Forense, 2017.

[31] Art. 15. Rege a competência, a forma do processo e os meios de defesa a lei do lugar,

atos comissivos de seus agentes, representando uma das primeiras formas de aplicar a teoria da responsabilidade objetiva. No mesmo sentido, a Constituição Federal também aplica a responsabilidade civil objetiva do Estado.[32] Com a Lei n. 6.938/1981, que dispõe sobre a Política Nacional do Meio Ambiente, seus fins e mecanismos de formulação, consagra-se a responsabilidade objetiva dos causadores de danos ao meio ambiente. Com o desenvolvimento da sociedade de consumo, a teoria do risco foi incorporada à esfera privada ao presumir a responsabilidade civil objetiva dos prestadores de serviços e fabricantes de mercadorias por danos causados aos consumidores.

Simultaneamente ao dever de indenizar independentemente da prova de culpa, foram desenvolvidos também a tutela coletiva dos direitos, a prevenção de danos sociais e o reconhecimento dos direitos difusos, coletivos e individuais homogêneos. No Brasil, tais mudanças foram absorvidas pela Constituição Federal de 1988, por exemplo: a defesa dos consumidores (art. 5.º, XXXII),[33] a reparação de danos morais (art. 5.º, V e X),[34] o direito ao meio ambiente (art. 225),[35] e a solidariedade social (art. 3º, I),[36] entre outros.

---

onde se mover a ação; sendo competentes sempre os tribunais brasileiros nas demandas contra as pessoas domiciliadas ou residentes no Brasil, por obrigações contraídas ou responsabilidades assumidas neste ou noutro país.

[32] Art. 37. A Administração Pública direta e indireta de qualquer dos Poderes da União, dos Estados, do Distrito Federal e dos Municípios obedecerá aos princípios de legalidade, impessoalidade, moralidade, publicidade e eficiência e, também, ao seguinte: (Redação dada pela Emenda Constitucional n. 19, de 1998)

§ 6º As pessoas jurídicas de direito público e as de direito privado prestadoras de serviços públicos responderão pelos danos que seus agentes, nessa qualidade, causarem a terceiros, assegurado o direito de regresso contra o responsável nos casos de dolo ou culpa.

[33] XXXII – o Estado promoverá, na forma da lei, a defesa do consumidor;

[34] V – é assegurado o direito de resposta, proporcional ao agravo, além da indenização por dano material, moral ou à imagem;

X – são invioláveis a intimidade, a vida privada, a honra e a imagem das pessoas, assegurado o direito a indenização pelo dano material ou moral decorrente de sua violação;

[35] Art. 225. Todos têm direito ao meio ambiente ecologicamente equilibrado, bem de uso comum do povo e essencial à sadia qualidade de vida, impondo-se ao Poder Público e à coletividade o dever de defendê-lo e preservá-lo para as presentes e futuras gerações.

[36] Art. 3º Constituem objetivos fundamentais da República Federativa do Brasil:

I – construir uma sociedade livre, justa e solidária.

A responsabilidade civil independente de culpa implica uma questão material de acesso à Justiça, sobretudo quando considerada a realidade socioeconômica brasileira e os desequilíbrios nela existentes. Sem a figura da responsabilidade civil objetiva dificilmente haveria a possibilidade de um particular vencer o Estado em uma ação judicial, ou mesmo um consumidor lesado contra a empresa responsável pelo bem ou serviço danoso. A partir do Código Civil, a responsabilidade civil objetiva passou a ser positivada no artigo 927, parágrafo único, supracitado, ao lado de outras previsões legais sobre a responsabilidade civil independentemente de culpa.

1.2.1 Evolução da responsabilidade civil

Em matéria de responsabilidade, o direito moderno brasileiro emprega a terminologia romana. O artigo 186 guarda uma longa história. A própria Lei de Talião já revela uma forma de reparar o dano: esse relaciona intimamente à natureza humana de reagir a uma situação de injustiça, mesmo que primitivamente tal reação se desse com base na violência. Em outras palavras, a vontade de obrigar o causador do dano a repará-lo nasce do próprio sentimento de justiça.

Nesse sentido, a *Lex Aquilia* constituiu um marco em matéria de responsabilidade civil, ao atingir uma amplitude considerável no período de Justiniano como instrumento jurídico que reconhecia a autonomia do ato ilícito (de onde advém a concepção de responsabilidade extracontratual cuja base está na culpa).[37] A partir do século XVII, o conceito da Lei Aquilia foi ampliado e a teoria da reparação de danos passou a ser melhor empregada quando os juristas identificaram como fundamento da responsabilidade civil a quebra do equilíbrio patrimonial decorrente de dano.

Com isso, o centro do dever de indenizar passou da culpa para o dano. Para que o direito acompanhe a realidade social, os instrumentos

---

[37] VENOSA, Sílvio de Salvo. *Direito civil:* obrigações e responsabilidade civil, 17ª ed. São Paulo: Atlas, 2017, p. 445.

jurídicos devem ser permanentemente atualizados. Para que as necessidades práticas dos cidadãos sejam atendidas, o dever de indenizar tem sido reconstruído. Assim, o direito deve se apresentar como um sistema aberto e dinâmico capaz de acompanhar e agir nas evoluções sociais. Os princípios norteadores da responsabilidade extracontratual encontrados na Lei Aquilia estavam especialmente em seu terceiro capítulo, referente ao "dano causado ilicitamente".[38]

Sob a Lei Aquilia, o valor da indenização era calculado conforme o comportamento do causador do dano, por exemplo, se admitisse a culpa, a condenação corresponderia ao valor calculado com base no dano; já se negasse a culpa e depois fosse confirmada sua participação no dano, o valor da condenação seria calculado em dobro. Os romanos, portanto, não estabeleceram um princípio geral para a responsabilidade civil, vinculado ao conceito de ato ilícito e ao dever de reparação de danos. Já na atualidade, a responsabilidade civil extracontratual se baseia nas teorias da culpa e do risco. No entanto, até o século XIX a reparação de um dano era somente possível em caso de culpa *lato sensu*, ou seja, era preciso que a conduta dolosa decorresse de negligência, imperícia ou imprudência.

Com o desenvolvimento das teorias da responsabilidade civil, novas dimensões surgiram, inclusive distantes da questão da culpa. Por exemplo, a tese da responsabilidade pressuposta, desenvolvida pela professora Giselda Maria Fernandes Novaes Hironaka,[39] defende o dever

---

[38] NADER, Paulo. *Curso de direito civil:* responsabilidade civil, 6ª ed., vol. 7. Rio de Janeiro: Forense, 2016.

[39] "Segundo a nossa visão, e a partir da incansável reflexão acerca do assunto, até aqui, uma *mise en danger otimizada* tenderia a corresponder ao que chamamos de *responsabilidade pressuposta* e poderiam ser descritos assim os traços principais que ela contém: 1) *risco caracterizado* (fator qualitativo): é a *potencialidade*, contida na atividade, de se realizar um dano de *grave intensidade*, potencialidade essa que não pode ser inteiramente eliminada, não obstante toda a diligência que tenha sido razoavelmente levada a cabo, nesse sentido; 2) *atividade especificamente perigosa* (fator quantitativo): subdivide-se em: probabilidade elevada: corresponde ao caráter inevitável do risco (não da ocorrência danosa em si, mas do risco da ocorrência). A impossibilidade de evitar a ocorrência nefasta acentua a periculosidade, fazendo-a superior a qualquer hipótese que pudesse ter sido evitada pela

de atender a situações não reparáveis ou novas situações de danos, desvinculadas da culpa. Outra recente dimensão da responsabilidade civil envolve o princípio da precaução, o qual, conforme Teresa Ancona Lopez, "contém a ideia de prevenção de riscos não definidos, não avaliáveis de maneira precisa pela comunidade científica, riscos que são hipotéticos, mas que podem vir a acontecer [...]".[40]

Em termos gerais, conforme explica Flávio Tartuce,[41] "deve-se buscar, em um primeiro plano, reparar a vítima, para depois verificar-se de quem foi a culpa, ou quem assumiu o risco". Deste modo, o papel ocupado historicamente pela culpa nas teorias da responsabilidade civil tem sido gradualmente substituído pelo dano. A responsabilidade surge sempre que um dever jurídico, relacionado a um direito, for infringido. Conforme o artigo 186 do Código Civil,[42] haverá ato ilícito quando existir uma lesão e o dano correspondente. Desde o Direito Romano, com o princípio do *pacta sunt servanda*, impõe-se o respeito às cláusulas

---

diligência razoável; b) *intensidade elevada*: corresponde ao elevado índice de ocorrências danosas advindas de uma certa atividade (as sub-espécies deste segundo elemento podem, ou não, aparecerem juntas; não obrigatoriamente)" (HIRONAKA, Giselda Maria Fernandes Novaes. "Responsabilidade pressuposta: evolução de fundamentos e de paradigmas da responsabilidade civil na contemporaneidade". *In:* HIRONAKA, Giselda Maria Fernandes Novaes; FALAVIGNA, Maria Clara Osuna Diaz. *Ensaios sobre responsabilidade civil na pós-modernidade.* Porto Alegre: Magister, 2007, p. 173). "Ao longo do século XX, teorias foram desenvolvidas para explicar ou para criar parâmetros fundantes de um sistema de responsabilidade civil distinto daquele que até o anterior século pareceu bastar. Os pensadores do direito, jusfilósofos e jus-sociológos, buscaram critérios de identificação para as novas ocorrências e exigências da vida dos homens, como se buscassem um padrão de fundamentação, ou uma tábua de pressupostos, ou, enfim, um denominador comum que fosse capaz de se expressar, como fonte ou matriz do velho dever de indenizar o dano que alguém injustamente sofra" (HIRONAKA, Giselda Maria Fernandes Novaes. *Responsabilidade pressuposta.* Belo Horizonte: Del Rey, 2005, p. 347).

[40] LOPEZ, Teresa Ancona. *Princípio da Precaução e Evolução da Responsabilidade Civil.* São Paulo: Quartier Latin, 2010, p. 87.

[41] TARTUCE, Flávio. *Direito civil.* Direito das obrigações e responsabilidade civil, 12ª ed. Rio de Janeiro: Forense, 2017, p. 377.

[42] Art. 186. Aquele que, por ação ou omissão voluntária, negligência ou imprudência, violar direito e causar dano a outrem, ainda que exclusivamente moral, comete ato ilícito.

contratuais, sendo o descumprimento sanado por meio da responsabilidade da parte que descumprir o contrato. A partir do desenvolvimento da doutrina da função social dos contratos e da boa-fé objetiva, a força obrigatória do contrato tem sido atenuada.

Conforme a teoria clássica, a responsabilidade civil depende de três requisitos, quais sejam: *dano, culpa* e *relação de causalidade*. Contudo, nos primeiros registros conhecidos sobre responsabilidade civil na Antiguidade, o fator culpa não estava necessariamente presente. A princípio o homem primitivo reagia imediatamente de forma instintiva contra o ofensor, sem regras ou limitações à conduta do ofendido. Quando ainda não havia o direito, o meio que o homem se utilizava para reparar o mal sofrido era a vingança privada, uma solução percebida em diversos povos primitivos.

Nesse contexto emergiu a supracitada Lei de Talião, como instrumento para regular a vingança privada quando a reação do ofendido não pudesse ser concretizada imediatamente ao mal sofrido. Com o passar do tempo, o ofendido passou a compreender os benefícios da possibilidade de compensação econômica pelo dano sofrido em vez de fazer uso da vingança privada em um círculo interminável de revanches. Assim, a vingança passou a ser substituída pela composição conforme vontade da vítima, no entanto, permaneceu como base na reparação do mal sofrido, sendo a culpa ainda um fator alheio à perspectiva de compensação financeira.

Posteriormente, com a edificação das primeiras autoridades soberanas, a vítima passou a ser proibida de realizar justiça privada conforme as regras impostas pelo legislador. A voluntariedade da composição econômica foi então substituída pela obrigatoriedade. Além disso, passou-se também a aplicar uma taxa sobre o valor da composição, sendo possível estabelecer um paralelo histórico às atuais indenizações por acidente de trabalho, já que o ofensor passou a ser obrigado a pagar uma compensação ao ofendido por lesar um membro do corpo, um escravo, assim por diante.

A Lei das XII Tábuas surgiu nesse período, assim como o Código de Ur-Nammu, no entanto, os conceitos de pena e reparação ainda se confundiam nessas legislações. Somente a partir dos legisladores romanos é que a ideia de pena se distanciou da noção de reparação. Sob o governo romano, houve uma diferenciação conceitual entre delitos públicos e delitos privados. Os primeiros consistiam em ofensas de maior grau de gravidade e de afetação da ordem pública, sendo a pena econômica imposta aos delitos públicos juntada ao erário público. Já no caso de delitos privados, a pena pecuniária era paga à vítima.

Desse modo, a função de punir foi assumida exclusivamente pelo Estado e a ação de indenização surgiu exatamente quando a ação regressiva passou a vincular o Estado.[43] Finalmente com a Lei Aquilia surge o princípio regulador da reparação do dano, conforme explicado nos itens anteriores. Apesar de não haver na Lei Aquilia uma ideia de regras de conjunto, não se pode negar que foi o início da noção jurídica de injúria, diretamente relacionada ao conceito moderno de culpa.

Avançando no decorrer da história da humanidade, já durante o Estado-Nação francês, foi estabelecido um princípio geral da responsabilidade jurídica e a enumeração de casos de composição obrigatória foi posta de lado. Princípios derivados do princípio geral da responsabilidade jurídica passaram a emergir e a influenciar o direito de outros Estados, como o direito à reparação, a separação entre responsabilidade civil e responsabilidade penal e a culpa contratual, relacionada aos casos de imprudência ou negligência. Tais desdobramentos do princípio geral da responsabilidade jurídica foram responsáveis pela generalização da ideia de que a culpa, independentemente do grau, gera a obrigação de indenizar. Por exemplo, no Código de Napoleão se encontra a noção de culpa *in abstracto*, assim como a diferenciação entre culpa em delitos e culpa em contratos. O princípio francês exportado para outros países foi justamente este: *a responsabilidade civil se baseia na culpa.*

Em Portugal, durante o período do Brasil Colônia, as Ordenações do Reino não distinguiam reparação, pena e multa.[44] Já na atualidade, o Código Civil português de 1966 assim prevê a responsabilidade civil:

---

[43] GONÇALVES, Carlos Roberto. *Direito civil brasileiro:* responsabilidade civil, 12ª ed., vol. 4. São Paulo: Saraiva, 2017.

[44] GONÇALVES, Carlos Roberto. *Direito civil brasileiro:* responsabilidade civil, 12ª ed., vol. 4. São Paulo: Saraiva, 2017.

> Artigo 483. 1. Aquele que, com dolo ou mera culpa, violar ilicitamente o direito de outrem ou qualquer disposição legal destinada a proteger interesses alheios fica obrigado a indemnizar o lesado pelos danos resultantes da violação. 2. Só existe obrigação de indemnizar independentemente de culpa nos casos especificados na lei.[45]

No Brasil, o Código Civil de 1916 se alinhou com a teoria da responsabilidade subjetiva, conforme a qual é necessária a prova de culpa ou dolo do causador do dano a fim de gerar o dever de reparação.

Com o desenvolvimento econômico e o aumento exponencial de danos, tornou-se indispensável a construção de novas teorias em matéria de responsabilidade civil. Por exemplo, a teoria do risco, como substituta da teoria da culpa para guiar os casos em que os conceitos tradicionais não bastam para proteger o ofendido. Sob a teoria do risco, a responsabilidade se torna objetiva, ou seja, o direito à indenização independe de culpa. A concepção de atividade de risco se tornou o fundamento da responsabilidade civil objetiva. Conforme a teoria do risco, o exercício de uma atividade perigosa pode obrigar o causador do dano a ressarcir a vítima.

O princípio sobre o qual a responsabilidade objetiva se apoia é o princípio da equidade, conforme o qual a parte que aufere lucros com uma determinada situação é responsável pelos riscos resultantes. A teoria da responsabilidade objetiva se fundamenta em duas outras teorias, quais sejam: a teoria do risco e a teoria do dano objetivo. De acordo com a teoria do dano objetivo, o dano deve ser ressarcido independentemente de culpa. No direito moderno, verifica-se uma tendência para converter a ideia de responsabilidade em ideia de reparação, a culpa em risco e a responsabilidade subjetiva em responsabilidade objetiva.

Isso não significa que as ideias de culpa e responsabilidade subjetiva sejam completamente substituídas, mas sim que as ideias de risco e

---

[45] PORTUGAL. *Código Civil*. Disponível em: <http://www.pgdlisboa.pt/leis/lei_mostra_ articulado.php?nid=775&tabela=leis>. Acesso em: 30.09.2018.

responsabilidade objetiva sejam empregadas nas situações em que a culpa não seria suficiente para responsabilizar o causador do dano e atender às novas formas de dano. Por exemplo, no direito brasileiro atual, a teoria da responsabilidade subjetiva pode ser encontrada nos artigos 186 e 927 do Código Civil, supracitados. O pressuposto da reparação de um dano é a prática de um ato ilícito. Já a responsabilidade objetiva se encontra prevista nos artigos 933,[46] 936,[47] 937,[48] 938[49] e 1.299[50] do Código Civil, entre outras normas em que é evidente a escolha do legislador pela responsabilidade objetiva.

Anteriormente, para uma atividade ser considerada perigosa ou de risco era necessário que houvesse previsão em lei especial, e caso não houvesse previsão expressa a atividade se submeteria à regra geral da responsabilidade subjetiva. Conforme Carlos Roberto Gonçalves,[51] a principal inovação do Código Civil de 2002, em matéria de responsabilidade civil, reside no parágrafo único do artigo 927 que permite à jurisprudência definir como de risco as atividades existentes, ou aquelas que vierem a existir, além de não revogar as leis especiais e ressalvar as futuras leis sobre o tema.

É importante investigar se a sanção imposta pelo ordenamento jurídico objetiva punir o causador do dano, por ação ou omissão, ou se pretende ressarcir o ofendido. Anteriormente, o princípio da responsabilidade se relacionava ao agente causador do dano. O princípio

---

[46] Art. 933. As pessoas indicadas nos incisos I a V do artigo antecedente, ainda que não haja culpa de sua parte, responderão pelos atos praticados pelos terceiros ali referidos.

[47] Art. 936. O dono, ou detentor, do animal ressarcirá o dano por este causado, se não provar culpa da vítima ou força maior.

[48] Art. 937. O dono de edifício ou construção responde pelos danos que resultarem de sua ruína, se esta provier de falta de reparos, cuja necessidade fosse manifesta.

[49] Art. 938. Aquele que habitar prédio, ou parte dele, responde pelo dano proveniente das coisas que dele caírem ou forem lançadas em lugar indevido.

[50] Art. 1.299. O proprietário pode levantar em seu terreno as construções que lhe aprouver, salvo o direito dos vizinhos e os regulamentos administrativos.

[51] GONÇALVES, Carlos Roberto. *Direito civil brasileiro:* responsabilidade civil, 12ª ed., vol. 4. São Paulo: Saraiva, 2017.

contido em *pas de responsabilité sans faute* influenciou os ordenamentos jurídicos da Europa e também foi exportado para a América Latina. Parte-se da premissa de que todo dano deve ser indenizado. Uma vez que a reparação de danos se converteu em uma questão de justiça e segurança, a responsabilidade civil passou a ser fundamentada não apenas na culpa, mas também no risco de danos a serem causados durante o exercício de atividades perigosas. Assim sendo, aquele responsável pela criação de riscos deve responder por eventuais danos.

A responsabilidade civil, conjuntamente com as funções clássicas de ressarcimento e compensação, caracteriza-se também pela função punitiva, também denominada de pena privada. A função punitiva tem se destacado na doutrina devido à insuficiência da reparação pecuniária em alguns casos, como nos danos ambientais e danos em massa contra consumidores. Em tais casos, o custo social dos prejuízos supera o dano sofrido individualmente por cada vítima, daí a necessidade da função punitiva da responsabilidade civil enquanto instrumento de combate à impunidade. Conforme Arnoldo Wald:

> Dessa forma, pode-se afirmar que a função punitiva da responsabilidade civil tem uma dupla finalidade. A primeira garante uma conscientização do comportamento danoso do ofensor através da aplicação de uma sanção, que diminui o seu patrimônio. A segunda gera um efeito de dissuasão, ou seja, que a conduta do ofensor sirva de exemplo para outros.[52]

Consoante ensina Carlos Roberto Gonçalves,[53] a responsabilidade civil provém de uma conduta voluntária que desobedece a um dever jurídico; em outros termos, a responsabilidade civil decorre da prática de um ato jurídico, lícito ou ilícito. Atualmente, os atos ilícitos são

---

[52] WALD, Arnoldo. *Direito civil:* responsabilidade civil, 2ª ed., vol. 7. São Paulo: Saraiva, 2012, p. 90.

[53] GONÇALVES, Carlos Roberto. *Direito civil brasileiro:* responsabilidade civil, 12ª ed., vol. 4. São Paulo: Saraiva, 2017.

considerados integrantes da categoria dos atos jurídicos conforme os respectivos efeitos produzidos. Conforme a doutrina, os atos lícitos se subdividem em: (i) ato jurídico em sentido estrito, (ii) negócio jurídico e (iii) ato-fato jurídico. No ato jurídico em sentido estrito e no negócio jurídico é necessária a manifestação de vontade. Há também ações humanas consideradas fatos desassociados da vontade, intenção ou consciência do agente – tais ações são denominadas atos-fatos jurídicos (ou fatos jurídicos em sentido estrito).

O ato ilícito também consiste em uma fonte de obrigação na medida em que nasce a obrigação de indenizar ou ressarcir o dano causado. Caso o prejuízo não ocorra, não haverá o dever de indenizar, ainda que se observe a violação de um dever jurídico com culpa ou inclusive dolo pelo agente. Por outro lado, mesmo atos lícitos podem gerar a obrigação de indenizar, por exemplo, os atos praticados em estado de necessidade, conforme previsto nos artigos 929[54] e 930[55] do Código Civil.

Álvaro Villaça Azevedo ensina que "mesmo na excludente de iliceidade do art. 188, inc. II, diz o art. 929 do CC que, se a pessoa lesada ou o dono do objeto 'não forem culpados do perigo', terá direito à indenização pelos danos sofridos".[56]

---

[54] Art. 929. Se a pessoa lesada, ou o dono da coisa, no caso do inciso II do art. 188, não forem culpados do perigo, assistir-lhes-á direito à indenização do prejuízo que sofreram.

[55] Art. 930. No caso do inciso II do art. 188, se o perigo ocorrer por culpa de terceiro, contra este terá o autor do dano ação regressiva para haver a importância que tiver ressarcido ao lesado.

Parágrafo único. A mesma ação competirá contra aquele em defesa de quem se causou o dano (art. 188, inciso I).

[56] "De início, pode parecer uma contradição, dizendo o primeiro dispositivo que não se considera ato ilícito a deterioração ou destruição da coisa alheia ou a lesão a pessoa, desde que para remoção de perigo iminente, e o segundo que a pessoa lesada, ou o dono da coisa, nessas condições, têm direito à indenização. Quem remove o perigo, a tanto autorizado por lei, deve indenizar o proprietário do objeto perecido, total ou parcialmente, se o dono deste não for culpado. A responsabilidade do indenizador é objetiva" (AZEVEDO, Álvaro Villaça. *Teoria geral das obrigações e responsabilidade civil,* 10ª ed. São Paulo: Atlas, 2004. p. 294).

1.2.2 Teoria da culpa e crítica

O legislador brasileiro que produziu o Código Civil de 1916 se inspirou no Código Civil francês. Para os fins do presente trabalho, vale destacar o artigo 1.382[57] do Código Civil francês anterior (equivalente ao artigo 1.240[58] do atual Código Civil francês), pelo qual a *faute* fundamenta o dever de reparar o dano. O termo *faute*[59] causou muito debate entre os doutrinadores franceses. Gabriel Marty e Pierre Raynaud[60] explicam as razões da dificuldade para definir culpa devido à ambiguidade contida em *faute*, o que gera certa imprecisão entre as responsabilidades jurídica e moral.

A confusão entre responsabilidade jurídica e responsabilidade moral pode ser observada na doutrina francesa na medida em que a definição de culpa se relacionava intimamente a uma percepção moral de culpa por alguns juristas, como Rene Savatier,[61] que definia culpa como o descumprimento de um dever que poderia ser previsto pelo agente a fim de evitar o dano. Por outro lado, Henri Mazeaud e Léon Mazeaud[62] empregaram um juízo objetivo para definir culpa, conforme o qual a ação do causador do dano deveria ser comparada ao comportamento de um homem padrão e a culpa seria verificada se o dano causado resultasse de imperícia, imprudência ou negligência do agente causador do dano.

---

57 Article 1382 du Code Civil (ancien): "Tout fait quelconque de l'homme, qui cause à autrui un dommage, oblige celui par la faute duquel il est arrivé à le réparer".

58 Article 1240 – Modifié par Ordonnance nº 2016-131 du 10 février 2016 – art. 2. "Tout fait quelconque de l'homme, qui cause à autrui un dommage, oblige celui par la faute duquel il est arrivé à le réparer".

59 Acte ou omission qui cause un dommage à autrui. (La faute peut être contractuelle, délictuelle ou quasi délictuelle.) Disponível em: <https://www.larousse.fr/dictionnaires/francais>. Acesso em: 23.09.2018.

60 MARTY, Gabriel; RAYNAUD, Pierre. *Droit civil.* 2ème éd. Paris: Sirey, 1967.

61 SAVATIER, Rene. *Traite de la responsabilite civile en droit francais:* civil, administratrif, professionnel, procedural, 2ª ed. Paris: Libr Gen Droit Jurisp, 1951.

62 MAZEAUD, Henri; MAZEAUD, Léon; TUNC, André. *Traité théorique et pratique de la responsabilité civile délictuelle et contractuelle.* Paris: Montchrestien, 1958.

Para não incorrer no mesmo debate causado pelo termo *faute*, o legislador brasileiro identificou o ato ilícito como causa da responsabilidade civil. Em outras palavras, o legislador brasileiro acertou ao submeter o dever de reparação à ação ou omissão voluntária, negligência ou imprudência. A previsibilidade e o comportamento do "homem médio" são fundamentais para definir culpa. O conceito de culpa contido no artigo 186 do Código Civil compreende o dolo (intenção de causar dano) e a culpa aquiliana (violação de um dever que poderia ser evitada). O vocábulo negligência, mencionado no artigo 186 supracitado, contém também a noção de imperícia, porque *lato sensu* implica omissão ao cumprimento de um dever.[63] A previsibilidade da culpa deve ser ponderada conforme o comportamento padrão do "homem médio", ou seja, conforme o estado de diligência normal do ponto de vista ético. Por isso, a culpa não pode ser presumida e demanda análise precisa para cada caso.

1.2.3 Teoria do risco e crítica

Quando as concepções tradicionais referentes à teoria da culpa passaram a ser insuficientes para proteger o ofendido, foi necessário elaborar um novo aparato teórico a fim de garantir a proteção da vítima. Assim, foi desenvolvida a teoria do risco, como uma via de substituição à teoria da culpa. Conforme a teoria do risco, a responsabilidade é examinada de movo objetivo, por exemplo, o empregado vítima de acidente de trabalho tem garantido o direito à indenização, independentemente de culpa do empregador. Logo, o empregador é responsável pelo pagamento da indenização, pois é o proprietário dos meios de produção, pelos quais aufere lucro, e assim deve arcar também com os prejuízos decorrentes da atividade empresária.

A premissa da teoria do risco está no exercício de atividade considerada perigosa, ou seja, aquela atividade que representa um risco assumido pelo agente. Se o exercício da atividade perigosa causar dano,

---

[63] GONÇALVES, Carlos Roberto. *Direito civil brasileiro*: responsabilidade civil, 12ª ed., vol. 4. São Paulo: Saraiva, 2017.

haverá a obrigação de ressarcimento. Vale lembrar que a teoria da responsabilidade objetiva é composta pela teoria do risco e pela teoria do dano objetivo. A responsabilidade objetiva, portanto, pode ser fundamentada pela teoria do risco, conforme a qual aquele que praticar uma atividade gera risco de dano para terceiros e se obriga a reparar em caso de dano, independentemente de culpa.

Nesse sentido, a responsabilidade civil se deslocou da ideia de culpa e passou a tratar também da ideia de risco cujo fundamento está na reparação do dano causado a um terceiro devido a uma atividade perigosa praticada. Conforme explicado anteriormente neste capítulo, a responsabilidade objetiva poderia ser encontrada no início do direito romano, no entanto, a ideia de risco atual não estava contida na responsabilidade objetiva romana. A ideia de culpa, por sua vez, representou um progresso no direito da Antiguidade, pois foi responsável por substituir a vingança privada. Com o progresso histórico da humanidade, a ideia de culpa passou a ser insuficiente para regular todas as situações nas quais houvesse dano e responsabilidade.

Desde a segunda metade do século XIX, a responsabilidade objetiva passou a ser entendida como um sistema autônomo em matéria de responsabilidade civil, especialmente na França, onde a teoria da responsabilidade objetiva se consolidou de modo mais concreto.[64] A responsabilidade objetiva, baseada na teoria do risco, foi desenvolvida a fim de suprir as dificuldades enfrentadas pela teoria subjetiva, pois muitas vezes a prova do dolo ou culpa *stricto sensu* é muito difícil de ser obtida. Como a responsabilidade objetiva se baseia na teoria do risco, é pertinente a afirmação de que o exercício de atividade de risco fundamenta a responsabilidade civil. Logo, os danos causados a terceiros devem ser ressarcidos pelo agente que assumiu o risco decorrente do exercício de uma atividade perigosa. Orlando Gomes entende que a obrigação de indenizar sem culpa surge por duas causas:

---

[64] JOSSERAND, Louis. De la responsabilité du fait des choses inanimées. Paris: A. Rosseau, 1897. SALEILLES, Raymond. *Étude sur la théorie générale de l'obligation*. Paris: Librairie Générale de Droit & de Jurisprudence, 1925.

> 1ª) a consideração de que certas atividades do homem criam um risco especial para os outros; 2ª) a consideração de que o exercício de determinados direitos deve implicar a obrigação de ressarcir os danos que origina. Na primeira categoria incluem-se os casos de *responsabilidade objetiva* propriamente dita, que se explicam pela *teoria do risco*. Entre nós, alguns estão previstos no Código Civil; outros, em *leis especiais*. Dado que a responsabilidade objetiva há de estar firmada em texto expresso de lei, não há dificuldade em apontá-los.[65]

No âmbito da responsabilidade objetiva, o princípio da responsabilidade por culpa cede espaço ao princípio da responsabilidade por risco, também denominado socialização dos riscos.[66] Assim, em matéria de responsabilidade objetiva, as possibilidades de ressarcimentos são limitadas, por exemplo, o caso fortuito é absorvido sendo insignificante provar o caso fortuito ou força maior como causa excludente de responsabilidade civil por dano ambiental.

A finalidade da Lei n. 6.938/1981,[67] que regula a Política Nacional do Meio Ambiente, seus fins e mecanismos de formulação e aplicação, relaciona-se diretamente à responsabilidade objetiva, pois o agente poluidor é obrigado a assumir absolutamente todos os riscos resultantes de sua atividade, constituindo um exemplo da socialização do risco. O dever de indenizar do agente poluidor existe mesmo quando o dano resultar de caso fortuito ou força maior. Portanto, no caso de dano ambiental, a coletividade é a titular da indenização. Como a adoção da teoria do risco integral ainda não foi realizada de modo satisfatório, os danos causados ao meio ambiente ainda não têm sido completamente ressarcidos por meio da responsabilidade objetiva. Outro exemplo, ainda no âmbito dos danos ambientais, pode ser observado nas atividades

---

[65] GOMES, Orlando. *Responsabilidade civil*. Rev., atual. e ampl. por Edvaldo Brito. Rio de Janeiro: Forense, 2011, p. 113.

[66] GONÇALVES, Carlos Roberto. *Direito civil brasileiro:* responsabilidade civil, 12ª ed, vol. 4. São Paulo: Saraiva, 2017.

[67] BRASIL. *Lei n. 6.938,* de 31 ago. 1981. Disponível em: <http://www.planalto.gov.br/ccivil_03/Leis/L6938.htm>. Acesso em: 30.09.2018.

nucleares, reguladas por convenções internacionais que preveem a responsabilidade objetiva com base na teoria do risco.

A noção de justiça se alinha com os resultados apresentados pela aplicação da teoria do risco, uma vez que estaria distante do conceito de justo[68] obrigar a vítima a arcar com o dano sofrido porque o agente causador do dano demonstrou ter agido fazendo uso de todos os recursos disponíveis para impedir o resultado danoso. A realidade atual é melhor apreendida pela teoria do risco, já que seria injusto impor à vítima a responsabilidade pelo dano causado pelo agente. No caso de agentes que causam danos de modo indireto, também se aplica a teoria do risco, que obriga tais agentes a responder solidariamente com os causadores diretos dos danos que estiverem sob sua responsabilidade.

No caso de risco administrativo, explica Paulo Nader[69] que, "ao desenvolver a sua atividade, os órgãos públicos geram riscos, capazes de traduzirem danos aos particulares; daí o imperativo de ressarcimento das lesões provocadas, independentemente do elemento culpa, bastando a prova do nexo etiológico". Isso significa que o risco administrativo não implica necessariamente indenização, uma vez que não foi adotada pelo ordenamento jurídico brasileiro a teoria do risco integral. Haverá responsabilidade objetiva da Administração Pública enquanto não for demonstrada a culpabilidade do lesionado. Caso seja provada a culpa da vítima, a responsabilidade da Administração Pública é extinta. Já caso a culpa da vítima seja parcial, o valor da indenização deve ser repartido também com a Administração.

A teoria do risco integral ou risco administrativo determina que o Estado se responsabilize diante da vítima, sendo irrelevante a culpa do

---

[68] Sobre o conceito de justo, Rogério Donnini explica que "viver honestamente" implica não lesar a outrem e "dar a cada um o que é seu" evita um comportamento desleal, incorreto ou desproporcional. As medidas de justiça como a boa-fé, a dignidade humana, a solidariedade e a liberdade fundamentam a responsabilidade civil. Cf. DONNINI, Rogério. *Responsabilidade civil na pós-modernidade* – felicidade, proteção, enriquecimento com causa e tempo perdido. Porto Alegre: Sergio Antonio Fabris Ed., 2015.

[69] NADER, Paulo. *Curso de direito civil:* responsabilidade civil, 6ª ed., vol. 7. Rio de Janeiro: Forense, 2016, p. 399.

servidor, o qual responde ao Estado somente se for provada a culpa ou dolo do servidor. A teoria do risco social, por sua vez, fundamenta o princípio da responsabilidade do Estado pela atividade do Legislativo.[70]

A partir da Revolução Industrial e dos consequentes acidentes de trabalho, houve um aumento crescente de risco em determinadas atividades industriais, o que demandou uma proteção mais efetiva aos trabalhadores vítimas de acidentes. Nesse contexto, a teoria tradicional da responsabilidade civil baseada na culpa já não atendia às necessidades de ressarcimento da classe trabalhadora. Dessa forma, foi necessário desenvolver a responsabilidade objetiva fundada na teoria do risco conforme a qual aquele que causar dano em razão de determinada atividade deverá indenizar a vítima, sendo irrelevante a verificação ou não de culpa.

A máxima romana *Ubi emolumentum, ibi onus; ubi commoda, ibi incommoda* é retomada pela teoria objetiva da responsabilidade civil moderna ao fundar a responsabilidade objetiva no princípio de equidade, presente também no direito romano. Em outros termos, tal viés do princípio da equidade impõe a responsabilidade pelo risco, pois aquele que aufere lucros de uma atividade deve também arcar com os prejuízos decorrentes do exercício dessa atividade. A doutrina tem tratado da responsabilidade resultante do exercício de atividade perigosa referente à utilização de diversos objetos de produção e também de outra responsabilidade relacionada a bens estáticos.

No primeiro caso, as atividades submetidas à responsabilidade objetiva são legítimas, no entanto, recorrentemente causam danos devido à sua natureza ligada ao risco. Por isso, os agentes que exercem atividade perigosa se sujeitam à responsabilidade pela possibilidade de gerar risco relacionado ao exercício da atividade perigosa. Também no direito português é possível observar essa vertente teórica, por exemplo, no artigo 493 do Código Civil Português, que trata dos danos causados por coisas, animais ou atividades.[71] No cenário brasileiro, vale lembrar

---

[70] BRUNET, Jean-F. *De la responsabilité de l'État législateur.* Paris: Ed. de Boccard, 1963.

[71] PORTUGAL. *Código Civil.* Artigo 493º (Danos causados por coisas, animais ou actividades) 1. Quem tiver em seu poder coisa móvel ou imóvel, com o dever de a

que a teoria do risco, apesar de admitida em hipóteses específicas, ainda não é a regra geral, uma vez que ainda prevalece a teoria da culpa.

Conforme ensina Carlos Roberto Gonçalves,[72] a teoria do risco foi adotada pelo ordenamento jurídico brasileiro nos seguintes casos: (i) Decreto n. 2.681, de 7 de dezembro de 1912, que regula a responsabilidade civil das estradas de ferro; (ii) Decreto n. 24.637, de 10 de julho de 1934, que estabelece as obrigações resultantes dos acidentes do trabalho; (iii) Lei n. 7.565, de 19 de dezembro de 1986, que dispõe sobre o Código Brasileiro de Aeronáutica; (iv) Lei n. 6.453, de 17 de outubro de 1977, que dispõe sobre a responsabilidade civil por danos nucleares e a responsabilidade criminal por atos relacionados com atividades nucleares; (v) artigos 937 e 938 do Código Civil; (vi) parágrafo único do artigo 927 do Código Civil; (vii) artigo 933 do Código Civil; (viii) Lei n. 6.938/1981, de 31 de agosto de 1981, que dispõe sobre a Política Nacional do Meio Ambiente, seus fins e mecanismos de formulação e aplicação; (ix) artigo 37, §6º da Constituição Federal; e (x) Lei n. 8.078, de 11 de setembro de 1990, que dispõe sobre a proteção do consumidor; entre outras.

Como para a teoria do riscoa questão da culpa é irrelevante, é preciso demonstrar a relação de causalidade entre a conduta do agente e o dano causado. Porém, há na doutrina uma concepção radical da teoria do risco, denominada teoria do risco integral, conforme a qual tanto o elemento culpa como a prova do nexo de causalidade (entre a conduta do causador do dano e o prejuízo material ou moral gerado) são dispensados. O risco integral se aplica a situações de exceção em que

---

vigiar, e bem assim quem tiver assumido o encargo da vigilância de quaisquer animais, responde pelos danos que a coisa ou os animais causarem, salvo se provar que nenhuma culpa houve da sua parte ou que os danos se teriam igualmente produzido ainda que não houvesse culpa sua. 2. Quem causar danos a outrem no exercício de uma actividade, perigosa por sua própria natureza ou pela natureza dos meios utilizados, é obrigado a repará-los, excepto se mostrar que empregou todas as providências exigidas pelas circunstâncias com o fim de os prevenir. Disponível em: <http://www.pgdlisboa.pt/leis/lei_mostra_ articulado.php?nid=775&tabela=leis>. Acesso em: 30.09.2018.

[72] GONÇALVES, Carlos Roberto. *Direito civil brasileiro:* responsabilidade civil, 12ª ed., vol. 4. São Paulo: Saraiva, 2017, p. 387.

as vítimas encontram dificuldades em comprovar o nexo causal em virtude da natureza da atividade exercida pelo agente. A teoria do risco criado, por sua vez, está positivada no parágrafo único do artigo 927 do Código Civil que determina a obrigação de reparar o dano com base na atividade de risco praticada pelo causador do dano.[73]

Nos casos em que se aplica a responsabilidade civil devido a acidente de trânsito, a jurisprudência emprega o critério da culpa para resolver a demanda, porém, em casos de atropelamento sem culpa da vítima ou de colisão com veículos parados, a teoria do risco objetivo tem sido aplicada para responsabilizar o condutor ou proprietário do veículo para afastar o argumento de caso fortuito. Em suma, o risco como noção jurídica utilizada por cláusulas gerais de responsabilização segue sendo elemento fundamental na aplicação da responsabilidade objetiva, no entanto, não é um elemento exclusivo, pois, em algumas hipóteses, não basta invocar o risco como único vínculo entre o dever de indenizar e o agente.

Anderson Schreiber explica que:

> em tais situações, a responsabilidade objetiva parece revelar a sua verdadeira essência na contemporaneidade: não a de uma responsabilidade por risco, mas a de uma responsabilidade independente de culpa ou de qualquer outro fator de imputação subjetiva [...].[74]

1.3 Responsabilidade das pessoas jurídicas

A doutrina moderna segue a teoria da ficção elaborada por Friedrich Karl von Savigny no fim do século XVIII, quando este publica o clássico *System des heutigen römischen rechts*[75], no qual concebe as pessoas

---

[73] NADER, Paulo. *Curso de direito civil:* responsabilidade civil. 6ª ed., vol. 7. Rio de Janeiro: Forense, 2016.

[74] SCHREIBER, Anderson. *Novos paradigmas da responsabilidade civil:* da erosão dos filtros da reparação à diluição dos danos, 3ª ed. São Paulo: Atlas, 2011, p. 30-31.

[75] SAVIGNY, Friedrich Karl von. *System des heutigen römischen rechts.* Berlin: Veit und comp., 1840.

jurídicas como fruto de um artifício legal baseado em uma ficção. Assim, o conceito de pessoas jurídicas como entes fictícios com capacidade se dividia em personalidade jurídica com existência necessária (como o Estado) e personalidade jurídica dependente de autorização estatal (como as sociedades empresárias).

Conforme a teoria da ficção, o Estado detém o poder de conceder existência à pessoa jurídica, e a personalidade jurídica foi reconhecida para associações, fundações, sociedades civis e sociedades comerciais, por exemplo. As críticas à teoria da ficção se baseiam essencialmente na subordinação da existência da personalidade jurídica ao poder público, na subordinação da capacidade jurídica também ao poder público e determinadas contradições com as normas de direito internacional do período em que a teoria da ficção surgiu. O aspecto sociológico das pessoas jurídicas não foi ignorado por Savigny, no entanto, sua teoria focou demonstrar que sua capacidade jurídica deriva de uma qualidade atribuída pelo direito positivo.

Por outro lado, a teoria da realidade, elaborada por Otto Friedrich von Gierke,[76] considera a pessoa moral um ente não fictício, mas sim real como uma pessoa física, ou seja, apresenta uma personalidade real com vontade própria, capacidade de agir e praticar ilícitos. Consequentemente, a responsabilidade pode ser civil e penal conforme a teoria da realidade. A teoria da realidade se opõe, portanto, à teoria da ficção e apresenta algumas derivações, como a teoria da vontade de Zitelmann,[77] a teoria individualista de Ihering[78] e a teoria do direito subjetivo de Michoud.[79]

O Código Civil francês de 1804 estabelecia como sujeito de direito somente a pessoa natural, ou seja, não era reconhecida a existência

[76] GIERKE, Otto Friedrich von. *Deutsches Privatrecht*. Leipzig: Duncker & Humblot, 1895.

[77] ZITELMANN, Ernst. *Das Recht des bürgerlichen Gesetzbuchs:* System zum selbstudium und zum Gebrauch bei Vorträgen. Leipzig: Duncker & Humblot, 1900.

[78] IHERING, Rodolpho von. *Kampf ums recht*. Wien: Universitats-Buchhandung, 1897.

[79] MICHOUD, Léon. *La théorie de la personnalité morale*. Paris: Librairie Générale de Droit & de Jurisprudence, 1924.

de outros sujeitos de direito. Quando havia referência a determinadas formas primárias de pessoas jurídicas, como estabelecimentos públicos, somente era prevista uma existência limitada, condicionada à vigilância do Estado. Na França havia uma desconfiança em relação às organizações de pessoas, e a Revolução Francesa havia extinguido todas as corporações existentes, inclusive o Código Penal vigente à época previa como crime qualquer associação não autorizada pelo Estado.

Somente em 1884 o termo "pessoa civil" foi empregado na Lei Municipal de 5 de abril, em sentido equivalente à "pessoa jurídica". Também denominada de "pessoa moral" na França, a pessoa jurídica foi finalmente positivada em 1901 quando a constituição de associações foi autorizada por meio da Lei de Associações que admitiu a liberdade de associação e revogou as sanções previstas no Código Penal contra as associações constituídas sem autorização do Estado. A partir deste momento as associações passaram a adquirir personalidade através de uma mera declaração.[80] Em suma, Alvino Lima explica:

> As teorias sobre a responsabilidade civil da pessoa jurídica de direito privado oscilam entre a teoria subjetiva, clássica, tradicional, baseada num elemento moral, o dolo ou a culpa, e a teoria objetiva, que assenta a responsabilidade no simples fato causa do dano. No sistema de ficção legal da pessoa jurídica, é muito difícil sustentar-se a responsabilidade das pessoas jurídicas de direito privado. [...] Os sistemas negativos da personalidade das pessoas jurídicas, que se apresentam sob formas diversas, oferecem fundamentos também diferentes, justificativos da responsabilidade aquiliana.[81]

Atualmente, as pessoas jurídicas não são consideradas simples ficção, pois possuem realidade própria e distinta das pessoas naturais. Isso significa que a vontade das pessoas naturais que integram a pessoa jurídica é atribuída à própria pessoa jurídica. Portanto, a teoria da realidade é a

---

[80] PEZO, Víctor Guevara. *Personas Naturales*. Lima: Gaceta Jurídica, 2004.

[81] LIMA, Alvino. *A responsabilidade civil pelo fato de outrem*, 2ª ed. rev. e atual. por Nelson Nery Jr. São Paulo: Editora Revista dos Tribunais, 2000, pp. 153-154.

dominante na atualidade e, assim sendo, os atos praticados pelas pessoas naturais a fim de organizar, administrar e gerir a pessoa jurídica devem ser imputados à própria pessoa jurídica.

Uma vez analisadas as principais teorias acerca do surgimento e da natureza da pessoa jurídica, cabe tratar das espécies de responsabilidade às quais pode se submeter a pessoa jurídica no direito brasileiro.

Por exemplo, a ideia de responsabilidade da pessoa jurídica surge em 1988 no Brasil. Conforme ensina Sérgio Salomão Shecaira, a conclusão de que até 1988 não era possível falar em responsabilidade da pessoa jurídica se deve à "própria análise contextual do sistema de produção de bens aqui predominante, a partir da segunda metade do século XIX, que consagrava o individualismo e as ideias libertárias trazidas ao mundo de forma mais enfática pela Revolução Francesa de 1789".[82]

No ordenamento jurídico francês atual, a responsabilidade penal da pessoa jurídica existe e observa o princípio da igualdade na medida em que todo elemento dotado de personalidade jurídica pode ser responsabilizado penalmente e a responsabilidade penal da pessoa jurídica não impede que as pessoas físicas (autoras ou partícipes) também sejam responsabilizadas penalmente pelos mesmos acontecimentos. O Código Penal francês fundamenta a responsabilidade penal da pessoa jurídica por duas razões principais, quais sejam: evitar a presunção de responsabilidade penal obedecer ao princípio da equidade (como as pessoas jurídicas podem causar danos graves ao meio ambiente, à saúde pública e à sociedade em geral, elas devem responder penalmente). A responsabilidad penal da pessoa jurídica no ordenamento jurídico francês depende de dois fatores: a infração deve ser cometida por um órgão ou representante legal da pessoa jurídica[83] e a infração deve ser praticada

---

[82] SHECAIRA, Sérgio Salomão. *Responsabilidade penal da pessoa jurídica*. Rio de Janeiro: Elsevier, 2011, p. 17.

[83] "Pendant longtemps, la responsabilité pénale des personnes morales ne fut consacrée que dans les pays appartenant au common law (Royaume-Uni, États-Unis et Canada,

devido à existência da pessoa jurídica.[84]

No Brasil, por sua vez, a responsabilidade penal das pessoas jurídicas em crimes ambientais está prevista constitucionalmente, no artigo 225, §3º,[85] e também por lei específica, a Lei n. 9.605/1998.[86]

---

notamment). Or en quelques années, les droits d'Europe continentale en viennent à admettre eux aussi cette idée: les Pays-Bas en 1952, la France en 1994, la Finlande en 1995, l'Estonie en 1998, la Belgique en 1999 ..., sans parler de l'Allemagne qui a consacré une responsabilité administrative, punitive et non pénale, et de l'Espagne qui permet au tribunal d'appliquer à la personne morale des «conséquences accessoires» de la condamnation comme la fermeture d'établissement. Sans doute dans les droits ayant reconnu expressément ce nouveau type de responsabilité, le régime n'est-il pas identique alors que, par exemple en France, la personne morale n'est responsable que si un dirigeant a lui-même commis une infraction (théorie du ricochet), les Pays-Bas et la Belgique admettent la responsabilité de l'être moral, même si aucune personne physique n'est convaincue d'avoir commis personnellement une infraction. De même, le législateur est-il beaucoup plus prolixe ici qu'ailleurs: on comparera la sécheresse des droits français, belge et hollandais avec le luxe de détails du Code pénal finlandais qui va jusqu'à énumérer les fondements de la sentence quand le principe de la responsabilité est admis. Il n'en reste pas moins que le rapprochement entre pays de common law et pays d'Europe continentale est significatif" (PRADEL, Jean. La mondialisation du droit pénal: enjeux et perspectives. *Revue juridique Thémis,* vol. 35, n. 1-2, p. 250-251, jan. 2001).

[84] Article 121-2 (Modifié par Loi nº 2004-204 du 9 mars 2004 – art. 54 JORF 10 mars 2004 en vigueur le 31 décembre 2005). Les personnes morales, à l'exclusion de l'Etat, sont responsables pénalement, selon les distinctions des articles 121-4 à 121-7, des infractions commises, pour leur compte, par leurs organes ou représentants. Toutefois, les collectivités territoriales et leurs groupements ne sont responsables pénalement que des infractions commises dans l'exercice d'activités susceptibles de faire l'objet de conventions de délégation de service public. La responsabilité pénale des personnes morales n'exclut pas celle des personnes physiques auteurs ou complices des mêmes faits, sous réserve des dispositions du quatrième alinéa de l'article 121-3. Disponível em: <https://www.legifrance.gouv.fr/>. Acesso em: 05.10.2018.

[85] Art. 225. Todos têm direito ao meio ambiente ecologicamente equilibrado, bem de uso comum do povo e essencial à sadia qualidade de vida, impondo-se ao Poder Público e à coletividade o dever de defendê-lo e preservá-lo para as presentes e futuras gerações. [...] § 3º As condutas e atividades consideradas lesivas ao meio ambiente sujeitarão os infratores, pessoas físicas ou jurídicas, a sanções penais e administrativas, independentemente da obrigação de reparar os danos causados.

[86] BRASIL. *Lei n. 9.605,* de 12 fev. 1998. Dispõe sobre as sanções penais e administrativas derivadas de condutas e atividades lesivas ao meio ambiente, e dá outras providências. Disponível em: <http://www.planalto.gov.br/ccivil_03/LEIS/L9605.htm>. Acesso em: 05.10.2018.

Alguns autores, como Guilherme de Souza Nucci,[87] entendem que a Constituição Federal brasileira autoriza também a responsabilidade penal das pessoas jurídicas em crimes econômicos e contra a economia popular, observado o artigo 173, §5º. Para essa linha doutrinária, se a pessoa jurídica pode responder penalmente por crimes ambientais e receber sanções, não haveria impedimento lógico para deixar de puni-la penalmente por outros crimes, como crimes de corrupção, que podem ser considerados crimes contra a ordem econômica e social. No mesmo sentido, Renato Silveira[88] defende que a responsabilidade penal das pessoas jurídicas seja ampliada. No entanto, como a responsabilidade penal da pessoa jurídica depende de previsão legal, no sistema jurídico brasileiro, ela ainda se aplica apenas a casos de crimes ambientais.

A responsabilidade administrativa da pessoa jurídica também é permitida pelo ordenamento jurídico brasileiro, como se vê na Lei n. 8.429/1992[89] (conhecida como Lei de Improbidade Administrativa) e na Lei n. 12.846/2013.[90] A natureza da responsabilidade administrativa, contida na Lei n. 8.429/1992, está no ilícito da improbidade administrativa, observada a Constituição Federal.

A professora Maria Sylvia Zanella Di Pietro[91] explica que a natureza das medidas administrativas dispostas na Constituição revela que a

---

[87] NUCCI, Guilherme de Souza. *Corrupção e anticorrupção.* Rio de Janeiro: Forense, 2015, p. 88.

[88] SILVEIRA, Renato de Mello Jorge. "A ideia penal sobre a corrupção no Brasil: da seletividade pretérita à expansão de horizontes atuais". *Revista Brasileira de Ciências Criminais*, vol. 89. São Paulo, RT, mar./abr. 2011.

[89] BRASIL. *Lei n. 8.429*, de 2 jun.1992. Dispõe sobre as sanções aplicáveis aos agentes públicos nos casos de enriquecimento ilícito no exercício de mandato, cargo, emprego ou função na Administração Pública direta, indireta ou fundacional e dá outras providências. Disponível em: <http://www.planalto.gov.br/ccivil_03/LEIS/L8429.htm>. Acesso em: 05.10.2018.

[90] BRASIL. *Lei n. 12.846*, de 1º ago. 2013. Dispõe sobre a responsabilização administrativa e civil de pessoas jurídicas pela prática de atos contra a Administração Pública, nacional ou estrangeira, e dá outras providências. Disponível em: <http://www2.camara.leg.br/legin/fed/lei/2013/lei-12846-1-agosto-2013-776664-publicacaooriginal-140647-pl.html>. Acesso em: 05.10.2018.

[91] DI PIETRO, Maria Sylvia Zanella. *Direito administrativo.* Rio de Janeiro: Forense, 2016.

improbidade administrativa é um ilícito de natureza civil e política, além de poder implicar consequências no âmbito penal, com instauração de processo conforme o caso, e no âmbito administrativo, também com instauração de processo administrativo simultaneamente a depender do caso.

No mesmo sentido, José Roberto Pimenta Oliveira[92] esclarece que a improbidade administrativa adquire autonomia formal por meio da previsão constitucional do artigo 37, §4º,[93] que estabelece uma relação entre bem jurídico tutelado, ato ilícito, sanções e vias processuais. Por sua vez, a Lei n. 12.846/2013 dispõe sobre a responsabilidade administrativa e civil de pessoas jurídicas, cujo artigo 1º estabelece o seguinte: "Art. 1º Esta Lei dispõe sobre a responsabilização objetiva administrativa e civil de pessoas jurídicas pela prática de atos contra a Administração Pública, nacional ou estrangeira".

Para que a prática de um ilícito seja imputada à pessoa jurídica, é necessária a comprovação de que o ato ilícito tenha trazido benefícios à pessoa jurídica ou que tenha sido praticado para garantir a organização, o funcionamento ou os objetivos da pessoa jurídica.

Conforme citado anteriormente, o artigo 1º da Lei n. 12.846/2013 expressamente afirma a responsabilização objetiva administrativa e também civil de pessoas jurídicas pelos atos ilícitos previstos. No entanto, como a Lei n. 12.846/2013 é um instrumento de Direito Civil e de Direito Administrativo Sancionador, com tipificação dos atos contra a Administração Pública, faz-se necessário analisar o componente subjetivo do ato, se houve culpa ou dolo, e também a culpabilidade da pessoa jurídica, relacionada ao juízo de reprovação. O viés subjetivo da responsabilidade jurídica contida na Lei Anticorrupção será retomado no Capítulo 5 deste livro.

---

[92] OLIVEIRA, José Roberto Pimenta. *Improbidade administrativa e sua autonomia constitucional*. Belo Horizonte: Fórum, 2009.

[93] § 4º Os atos de improbidade administrativa importarão a suspensão dos direitos políticos, a perda da função pública, a indisponibilidade dos bens e o ressarcimento ao erário, na forma e gradação previstas em lei, sem prejuízo da ação penal cabível.

Capítulo II

HISTÓRICO SOBRE CORRUPÇÃO

2.1 Antiguidade

Na Antiguidade, uma prática religiosa como o sacrifício constituía uma forma de *quid pro quo*. A mensagem transmitida era a seguinte: a probabilidade de agradar as divindades dependia da condição econômica daquele que realizava a oferenda ou o sacrifício. No Antigo Testamento, há registros de que os juízes e governantes favoreciam aqueles dispostos a investir grandes quantidades e imolar as vítimas para sacrifício. Tal troca de favores e a reciprocidade tácita, além de toleradas e admitidas, eram inclusive regulamentadas e formalizadas.[94] *Sacrifício*, *favor* e *corrupção* são conceitos separados em um universo histórico marcado por códigos de comportamento bastante diferentes dos contemporâneos.

Há registros de que Hamurabi teria escrito que um juiz deveria ser expulso se alterasse uma decisão já proferida. No entanto, não há registro de que tal reação de Hamurabi tenha sido causada pela existência de alteração de decisões em troca de recompensa, logo não se pode afirmar que houve a intenção de impedir a corrupção por parte dos juízes de então. Pode-se afirmar que a punição tenha se relacionado às

[94] BRIOSCHI, Carlo Alberto. *Corruption*. Tradução de Antony Shugaar. Washington, D.C.: Brookings Institution Press, 2017.

decisões não aplicadas. Como o costume de dar presentes era corrente, outra interpretação possível à tal norma de Hamurabi seria condenar a oferta não cumprida de um presente ou a negativa de um presente por um juiz.

O efeito da corrupção era considerado mais grave do que o ato de corromper em si, pois implicava quebrar a palavra em uma sociedade em que manter a palavra estava intimamente relacionado a uma característica divina. Apesar de constituírem conceitos distintos, há um ponto comum entre sacrifício, favor e corrupção, qual seja, a origem de quantidade significativa da receita dos sacerdotes da época estava justamente nas ofertas. Por exemplo, em Gênesis, há a proposição de um acordo com Deus conforme o qual Jacó se compromete a dar o dízimo caso Deus lhe entregasse todos os seus pedidos.

É interessante destacar também uma das orientações dadas por Deus a Moisés no Antigo Testamento: "Também suborno não tomarás; porque o suborno cega os que têm vista, e perverte as palavras dos justos" (Êxodo 23:8). Isso significa que Deus somente aceita ofertas daqueles que julga justos. Apesar de não defender a ideia de corrupção como um sistema, é possível identificar no Antigo Testamento o princípio da troca e a consequente reciprocidade entre as partes.

Já com o Novo Testamento, com o surgimento do conceito de livre-arbítrio, há uma mudança radical de perspectiva. Vale lembrar de uma das parábolas de Jesus, a da viúva e sua pobre oferenda do templo. Além disso, vale retomar também o episódio central da história de Jesus: a corrupção de Judas Iscariotes, o qual vendeu Jesus aos romanos por trinta moedas de prata (Mateus 26:15). Complementarmente é interessante retornar mais um pouco no percurso histórico e examinar também a relação entre corrupção e política na Grécia Antiga, especialmente em Atenas, onde nasceu a democracia.

A questão da corrupção na Grécia Antiga havia sido abordada por Hesíodo, Sócrates, Platão e Aristóteles, entre outros. A filosofia política clássica tratou da propensão intrínseca ao homem para fazer uso de qualquer poder que detenha para fomentar interesses próprios. Dentre os objetos de estudo da filosofia política clássica, a justiça era um dos temas centrais, assim como as formas de governo, em particular as circunstâncias nas quais os governantes elaboravam leis para assegurar a própria impunidade. Platão, a partir do julgamento e da morte de Sócrates, passou a considerar a política como um campo obscuro e se afastou das questões públicas.

Apesar disso, Platão apresenta a filosofia como uma possível solução para a corrupção e situações de injustiça. Conforme descrito em sua Carta VII,[95] Platão defende que o poder de governar deveria ser concedido àqueles que seguem uma filosofia correta e verdadeira, ou aqueles que já detêm o poder de governar deveriam se tornar filósofos. Tal ideia se alinha com a função social dos filósofos na Grécia Antiga, ou seja, o filósofo era considerado aquele que, por definição, deveria ser mais propenso a reconhecer o bem por estar mais devotado a questões de ordem moral do que questões materiais.

A decadência da Grécia Antiga e o surgimento da era helenística foram simultâneos com o enfraquecimento da *polis*, neste momento carente de personalidades políticas corretas. As principais linhas de pensamento da filosofia helenística, como o *ceticismo* e *estoicismo*, podem ser consideradas uma reação à decadência da *polis* e da Antiguidade Clássica. Posteriormente à morte de Alexandre, o Grande, houve uma transformação cultural radical por meio da qual a cultura grega se difundiu pelo Mediterrâneo e se mesclou a outras tradições diversas.

Com a emergência de Roma, a corrupção assumiu um grau considerável, mesmo durante os séculos em que as estruturas do império romano se solidificaram até a sua degeneração. A esfera militar de Roma se relacionava à corrupção ao menos de duas maneiras: o espólio de guerra e a denominada "porcentagem legítima" (forma de pagar os exércitos e concomitantemente incentivar o expansionismo romano). No processo de exportação da Pax Romana, o ouro estrangeiro constituía uma justificativa corrente.

---

[95] PLATÃO. "Carta VII". *In: Diálogos VII (Dudosos, Apócrifos, Cartas)*. Biblioteca clássica de Gredos. Madrid: Editorial Gredos, 1992.

2.2 Idade Média e Moderna

O período marcado pela corrupção em seu sentido genuíno, *i.e.*, como reciprocidade de favores para manter relações sociais, teve seu fim com a propagação da moralidade cristã, no início da Idade Média. Entretanto, tal mecanismo de reciprocidade estruturava as relações sociais medievais, na medida em que a submissão em troca de segurança fundamentava a cultura medieval da vassalagem. Outra característica relevante da Idade Média era a amálgama entre direito público e direito privado, pois os senhores proprietários de terras acreditavam possuir direitos sobre todos que vivessem em suas propriedades. As formas de corrupção medievais também foram potencializadas graças à comunhão entre poder religioso e poder secular.

Entre a Idade Média e o Renascimento, o desenvolvimento do comércio representou uma mudança social profunda. Concomitantemente ao desenvolvimento mercantil e comercial, houve a decadência da Igreja enquanto instituição moralizante. A corrupção disseminada pelos pontífices, entre outros fatores, levou à Reforma Protestante e ao declínio da Igreja Católica Romana. Além da condenação à corrupção, a Reforma foi responsável por romper com a cultura católica e instituir a ética protestante, conforme a qual haveria uma relação direta entre o sucesso material e a salvação da alma após a morte. Por isso, a revolução religiosa trouxe consequências inegáveis ao comércio e ao desenvolvimento da burguesia.

Na história da corrupção, a obra *O Príncipe*, de Maquiavel, é um texto fundamental para interpretar o passado e também examinar a ampla influência que exerceu por um longo período. A teoria política de Maquiavel se baseia na oposição entre ação política e corrupção, a qual implicava ausência de virtude. Além disso, Maquiavel buscou soluções institucionais e morais para prevenir e eliminar a corrupção na política. Enquanto primeiro filósofo político moderno, Maquiavel foi responsável por conceber a política de modo autônomo e por situar a moral no terreno da ação e da liberdade. A fim de desenvolver uma teoria política capaz de explicar os problemas sem dissimulações, Maquiavel denunciou a moral aristocrática. Ao contrário de Maquiavel, outros teóricos políticos modernos optaram por ignorar aspectos negativos, como vingança, desejo de poder e violência, a qual era deslocada para outro plano (momento anterior à sociedade ou elemento superveniente àquilo entendido como corpo social normal).

A liberdade, em Maquiavel, está presente desde o início, na medida em que a política é entendida como criação, não pertencente ao campo do natural. O Estado compreendido como um fato cuja base é a natureza humana, sem ser um fato natural, mas sim um resultado da ação humana historicamente situada. Deste modo, a política é uma técnica que pode ser ensinada e está fundamentada na experiência e nos ensinamentos históricos. A centralidade da prática e o entendimento do progresso como uma sucessão de processos de subjugação são algumas das características do pensamento maquiaveliano.

Para descrever a realidade da vida política, Maquiavel cita diretamente nomes envolvidos em crimes, vinganças, entre outros aspectos da violência, o que não significa que o autor defenda tais ações. Sua teoria política se propõe a investigar em que medida tal violência não seria necessária, tanto no interior como no exterior, de um Estado constituído. Em outras palavras, sua teoria política pretende analisar meios de evitar o crime e minimizar a violência real, por isso é considerado pragmático ao descrever as ações dos homens e não somente prescrever o que deveriam fazer. Em vez de basear sua análise em considerações especulativas, Maquiavel investiga as possibilidades de estabelecer a ordem e instaurar um Estado estável em consonância com a situação política de sua época e região.

Vale notar que Maquiavel não pretende buscar necessidades naturais nas relações sociais, ou seja, não haveria uma lei superior à qual a ação política deveria se adequar, mas sim a ação política como criadora da lei. Assim como o poder consistiria o domínio sobre os outros. A teoria política de Maquiavel se aproxima de uma filosofia da ação, pois a realidade primária trata de ações. Nesse contexto, a guerra é entendida como parte da realidade política e o contrato entre os seres humanos se apresenta como um acordo entre forças, cuja duração e solidez dependem do império da lei. A estabilidade do império da lei depende do medo de infrações. A religião, por sua vez, agiria como um fator de apoio ao medo capaz de garantir a segurança do Estado.

Em Maquiavel não encontramos categorias universais ou imanentes que orientem a ação humana; o que existe em sua teoria é a vontade de poder. Também não se verifica a oposição entre razão e experiência, mas sim a ideia de razão baseada na experiência. O conjunto social resulta das ações humanas e se perpetua como continuidade de práticas históricas determinadas por uma natureza humana entendida como pessimista. A história é entendida como a principal fonte de conhecimento devido à experiência, sendo a história concebida como séries de acontecimentos, e não um processo unitário. Assim, na concepção maquiaveliana, o poder não se relaciona à razão, mas à força e à coação.

Considerando tal conceito de poder, Maquiavel concebe a ideia de virtude, a qual seria uma energia prudentemente calculada e alheia a qualquer preocupação moral ordinária. A virtude maquiaveliana é entendida como uma força imprescindível para a política. A concepção política de Maquiavel é marcantemente realista e por meio do conhecimento dos dinamismos do poder político pode-se diagnosticar quais ações podem ser empreendidas para que a violência seja a menor possível. Nesse sentido, o único modo de medir as ações políticas é por seus resultados. Nota-se que Maquiavel não se limita à análise econômica e sua concepção de poder é permeada pelo domínio do homem sobre as coisas. Ainda que de modo descentralizado, a economia detém um papel essencial em sua análise.

O Estado é dado para Maquiavel, ou seja, ainda que a ideia de Estado seja central em sua teoria, não há a pretensão de explicar sua formação. O ser humano, por sua vez, não seria um animal racional, mas sim vontade de poder. A lei advém da força e ação de alguns homens, sendo que, uma vez estabelecida, converte-se em meio de proteção contra a insegurança característica da vida humana. A lei se institui pela força, no entanto, não se mantém pelo simples domínio da força após seu estabelecimento.

O conceito de segurança, para Maquiavel, relaciona-se ao equilíbrio entre forças e prevalece sobre o conceito de justiça, uma vez que as considerações éticas apenas tangenciam o desenvolvimento de sua teoria. O problema central enfrentado por Maquiavel em sua teoria política é o problema da segurança, inclusive de modo mais profundo do que se ocupa com o problema relacionado ao poder. A filosofia maquiaveliana pode ser entendida como uma filosofia da ordem, pois o autor considera feliz a república em que surgir um homem suficientemente prudente que outorgue leis ordenadas de tal modo que possa viver seguro sob elas.

Maquiavel é considerado um dos raros autores ocidentais que abordou o conceito de poder em sua especificidade e o primeiro moderno, por considerar a autonomia do âmbito político. O autor analisa a realidade e disso decorre seu pragmatismo que não ignora a violência, ao contrário, localiza-a como algo inerente ao corpo social. Para ele, a política seria uma criação que não pertence ao domínio do natural e, assim sendo, é preciso considerar sua historicidade e a experiência como meio de conhecimento.

Diante disso, como a verdadeira liberdade poderia ser obtida e em seguida garantida? Maquiavel apresenta algumas definições de liberdade em seu trabalho, sendo muito preciso em seu significado e conteúdo. No contexto maquiaveliano, liberdade pode significar a liberdade para a ação política empreendida por um agente da lei cuja legislação e instituições do Estado onde atua o colocam acima de crítica. Como exemplo Maquiavel cita o rei da França, considerada uma monarquia livre na medida em que o parlamento serve tanto à ambição dos detentores de poder como ao medo das massas (o que permitia ao rei definir suas políticas sem que as críticas de cada grupo o interrompessem).

Já conforme uma interpretação republicana de Maquiavel, a liberdade seria um bem coletivo. Deste modo, para um Estado se tornar independente, é preciso que seus cidadãos sejam capazes de protegerem a si mesmos, já que se trata da defesa coletiva da liberdade. Dentre as definições de liberdade encontradas no trabalho de Maquiavel, a mais frequente talvez seja aquela que se relaciona à escravidão. A liberdade é mencionada em determinadas ocasiões de modo amplo e não necessariamente em um contexto político. Por exemplo, a liberdade poderia ser empregada para descrever a posição financeira de alguém. Além disso, a liberdade em Maquiavel consiste também em um estado mental ou psicológico, como a liberdade do medo.

Há uma concepção maquiaveliana de liberdade conforme a qual a liberdade funcionaria como um termo geral, sem significados específicos vinculados a teorias políticas particulares. A ideia de Maquiavel situa a vontade livre do homem no campo da *fortuna* por meio do exercício da *virtu*. O pensador compreende na vontade livre do homem o signo da independência humana, o campo das escolhas éticas e a garantia de que o homem não será entendido como uma marionete conduzida por forças divinas. Além disso, a liberdade não seria nem uma mera faculdade mental, nem um poder aleatório.

Para Maquiavel, o objetivo da livre vontade seria evitar também ser uma marionete nas mãos de outro homem no palco da história. Em relação aos significados especificamente políticos encontrados na obra de Maquiavel a respeito da concepção de liberdade, pode-se encontrar em diversas passagens o sentido de liberdade física, exceto na substituição da liberdade individual pelas múltiplas liberdades. O autor entende que a primeira prioridade do Estado consiste em garantir a própria liberdade, para então assegurar a liberdade de seus cidadãos. Para isso o Estado deve empregar o que for necessário, ou seja, quando a segurança de um Estado depender inteiramente de uma decisão a ser tomada, não se deve atentar para questões de justiça ou injustiça, bondade ou crueldade, e assim por diante.

A obsessão pela decadência moral, observada nas diversas formas de arte do período, revela uma busca por solução. A obra de William Shakespeare, por exemplo, é permeada pelo tema da corrupção em diversos momentos, dentre os quais se destaca a peça "Júlio César", em que são tratados os prós e contras da corrupção. O próprio cenário político da época em que Shakespeare produziu sua obra, marcado pelo governo da rainha Elizabeth I, também se caracterizava por certas formas de corrupção em sentido amplo, como as atividades predatórias dos corsários britânicos responsáveis pelo financiamento do governo elisabetano.

O período das grandes navegações, simbolicamente inaugurado por Cristóvão Colombo com a descoberta das Américas, foi impulsionado pelo desejo de riquezas que levou à exploração e aos abusos nas terras descobertas. Com o descobrimento das rotas comerciais oceânicas, sobretudo os portugueses, espanhóis, holandeses e ingleses passaram a ocupar áreas do Oriente, da África e América, o que significou uma exploração irrestrita das populações nativas, inclusive por meio do comércio de escravos.

A disseminação do cristianismo também foi realizada de modo predatório, na medida em que foram organizadas verdadeiras milícias, como a Companhia de Jesus, posteriormente expulsa de muitos dos próprios países europeus. No início do empreendimento colonial no Novo Mundo, as riquezas obtidas eram exclusivamente derivadas de roubo, cuja principal consequência foi o desenvolvimento do comércio. Isso é relevante para o presente estudo, pois funda o antigo fenômeno da corrupção no cerne dos estados do Novo Mundo.

2.3 Idade Contemporânea

Conforme Carlo Alberto Brioschi,[96] a arte da corrupção política encontrou seu auge no século XVII na França, onde pela primeira vez foi objeto de teorização filosófica. Ao mesmo tempo em que a corrupção era expressamente estigmatizada, também era considerada inevitável, mesmo em uma sociedade moralista por excelência. O conceito de "interesse próprio" dizia respeito a costumes coletivos, experiências individuais e inclusive a formas de conferir legitimidade a atos governamentais. Dentre os protagonistas do século XVII, destaca-se o rei Luís XIV da França, conhecido como Rei Sol. Sob seu governo os responsáveis pelas finanças se tornaram especialmente poderosos, tendo alguns sido julgados por corrupção e traição ao rei.

Ao longo dos séculos XVI e XVII, o absolutismo se firmou conjuntamente com o surgimento do Estado moderno, cuja principal

[96] BRIOSCHI, Carlo Alberto. *Corruption*. Tradução de Antony Shugaar. Washington, D.C.: Brookings Institution Press, 2017.

característica era a centralização do poder político e militar, assim como o aumento do poder da monarquia. O aparato teórico do período se ocupava de fornecer elementos para construir um regime válido para cada Estado em períodos de guerra ou paz. Nos governos absolutistas europeus do século XVII, a questão da ética foi ignorada e o que prevaleceu foi o princípio do interesse próprio (geralmente o interesse próprio do soberano). O pensamento corrente considerava a corrupção um caminho possível, pois se opor a ela seria mais difícil.

A predominância do princípio do interesse próprio sobre o princípio da honestidade era registrada nas obras do período que objetivavam demonstrar que um governo cínico seria o melhor governo possível, pois um governo corrupto produziria riquezas para todos. A ideia prevalecente considerava o egoísmo e as paixões dele derivadas um caminho para o bem-estar comum, enquanto as virtudes seriam responsáveis por dificultar o progresso. Em outros termos, o que se acreditava que verdadeiramente impulsionaria uma sociedade seria a corrupção e suas derivações. Acreditava-se também que a economia precisaria de incentivos artificiais que não poderiam ser obtidos por meios honestos, sendo considerado insensato se opor ao vício se o objetivo era usufruir de privilégios.

A contribuição da corrupção para o progresso social foi também estudada pelo liberal Alexis de Tocqueville. Com a Revolução Francesa, em 1789, ficou evidente que não seria possível extinguir completamente a corrupção característica do Primeiro e Segundo Estados franceses, a não ser por meio de uma mudança radical que criasse novas formas de compreender o público e o privado. Já sob o governo de Napoleão Bonaparte, sabe-se que seus ministros tinham uma permissão tácita para roubar moderadamente, desde que realizassem sua tarefa de administrar de modo eficiente. A França, antes e depois da Revolução, foi marcada pela especulação filosófica e corrupção difusa, assim como o Reino Unido durante o processo de construção de seu império.

Dos séculos XVII a XVIII, no Reino Unido foi elaborada uma noção de corrupção de modo semelhante como se passou na França do mesmo período. No entanto, a noção de corrupção desenvolvida pelos britânicos era marcada por um pragmatismo característico do pensamento anglo-saxão tradicional. Segundo Carlo Alberto Brioschi,[97] os fundadores do poder britânico, Francis Bacon (filósofo e estadista), Samuel Pepys (administrador naval) e Warren Hastings (um dos fundadores das índias britânicas), aceitaram subornos sem arrependimentos. Simultaneamente, a difusão do Império Britânico também foi responsável por espalhar pelos territórios conquistados uma concepção ética absolutamente contrária à corrupção, sobretudo devido às migrações de puritanos e à exportação de suas crenças para os espaços conquistados.

O próprio Francis Bacon foi acusado de aceitar suborno em troca de favores, admitiu a culpa sem sequer apresentar sua defesa, foi multado e condenado à prisão, no entanto, devido às suas relações com o rei Jaime I, conseguiu se esquivar do cárcere. Posteriormente, Bacon desenvolveu uma tese a respeito dos "vícios do tempo" e "vícios do homem", segundo a qual a prática de aceitar propinas era aceita pela sociedade britânica, sendo um costume do período. Na arte, esse costume foi muito bem representado pelas gravuras de William Hogarth, uma vez que a época fornecia excesso de material para aqueles interessados em satirizar o governo. Apesar da prática reiterada da corrupção pelos agentes do Império Britânico, vale notar que alguns se posicionaram contra, mas não de modo eficaz. Nesse contexto de intensa corrupção, aqueles que se posicionaram contra acabaram fugindo para as terras do Novo Mundo.

Os peregrinos que imigraram da Grã-Bretanha para a América do Norte no início do século XVII buscaram estabelecer uma comunidade no Novo Mundo baseada em ideais de pureza que não encontravam mais na Igreja Anglicana e nem no governo britânico. O objetivo de fundar uma sociedade livre de corrupção se iniciou por meio de um contrato assinado por passageiros do navio *Compact Mayflower* e é considerado o documento do nascimento dos Estados Unidos, cuja retórica é marcada até hoje pela renovação moral.

---

[97] BRIOSCHI, Carlo Alberto. *Corruption*. Tradução de Antony Shugaar. Washington, D.C.: Brookings Institution Press, 2017.

Durante os debates sobre a redação da Constituição dos Estados Unidos, sabe-se que Benjamin Franklin e Thomas Jefferson se orientaram pela obra de Edward Gibbon, "A História do Declínio e Queda do Império Romano", publicada em 1776. Nessa obra, a corrupção foi apresentada como o principal adversário da república romana e uma das principais causas da queda do império romano. Aqueles que participaram da redação da Constituição dos Estados Unidos após a independência consideravam o império romano similar ao império britânico, na medida em que os políticos britânicos costumavam agir contrariamente aos princípios e interesses coletivos em troca de privilégios individuais.

Na Constituição dos Estados Unidos, há a previsão expressa de que ninguém que ocupe um cargo público a serviço do país pode receber qualquer tipo de contribuição sob interesse. Apesar dos esforços e da adoção de outras medidas para limitar a corrupção, era necessário elaborar uma definição mais precisa sobre o que constituía uma violação ou prevaricação por parte de um agente público, pois a corrupção poderia acontecer em qualquer meio da política e Administração Pública. Uma das fontes de corrupção no recém-independente Estados Unidos estava na especulação de terras. Depois, devido ao crescimento econômico norte-americano, emergiram as grandes fraudes ferroviárias, um dos acontecimentos mais críticos da batalha norte-americana contra a corrupção.

Na primeira metade do século XIX, após décadas sem regulamentação sobre financiamento de campanhas eleitorais, a crescente imprensa começou a se ocupar criticamente da política e a defender os interesses dos eleitores ávidos por ler escândalos políticos. Já na segunda metade do século XIX, foi aprovada a Lei Pendleton, responsável por introduzir critérios meritocráticos na contratação de funcionários públicos a fim de dificultar a oferta de posições como instrumento de gratificação durante as eleições, assim como foram impostas as primeiras limitações aos fundos de campanha eleitoral.

Mesmo assim, até o início do século XX, as campanhas eleitorais norte-americanas prosseguiram insatisfatoriamente regulamentadas. Os políticos contrários à corrupção a consideravam um crime pior que o homicídio, já que os efeitos da corrupção contagiam toda a sociedade. Nesse período ocorreram os primeiros casos de combate à corrupção por meio de promotores específicos para este fim. Por meio do *Tillman Act* se deu a primeira reforma do financiamento da política e tornaram-se ilegais as doações privadas para campanhas eleitorais, sendo exigido dos candidatos um grau de transparência até então inédito. Com a promulgação do *Federal Corrupt Practices Act*,[98] em 1910, foram estabelecidos limites para os gastos com eleições da Câmara e os partidos políticos foram obrigados a divulgar relatórios detalhados dos gastos eleitorais.

Interessante notar que as campanhas moralizadoras podem gerar efeitos contraditórios, como a Lei Seca (1920 a 1933), que proibiu a produção, levando o comércio de bebidas alcoólicas ao crescimento do crime organizado de forma nunca antes vista na história norte-americana. Com o *Hobbs Act*[99] de 1946, foi realizada uma reforma contra o crime organizado e foi utilizada para eliminar o mecanismo governamental dependente de suborno. Somente em 1971 é que as regras do *Federal Election Campaign Act*[100] foram fortalecidas e foi criado o financiamento público de campanha, as agências de supervisão e um limite para as contribuições.

De volta ao velho continente, é interessante notar que a relação entre dinheiro e poder se fortaleceu com o nascimento das grandes dinastias bancárias, as quais passaram a constituir um dos elementos centrais da política dos países europeus. Na gênese do capitalismo moderno, o colonialismo teve um papel central, ou seja, sem a corrupção intrínseca ao sistema econômico colonial, o capitalismo moderno dificilmente seria possível, conforme ensina Werner Sombart em *Der*

---

98 EUA. *Federal Corrupt Practices Act (FCPA)*. Disponível em: <http://wps.prenhall.com/wps/media/objects/531/544609/Documents_Library/corrupt. htm>. Acesso em: 07.09.2018.

99 EUA. *Hobbs Act*. Disponível em: <https://www.justice.gov/jm/criminal-resource-manual-2402-hobbs-act-generally>. Acesso em: 07.09.2018.

100 EUA. *Federal Election Campaign Act*. Disponível em: <https://www.fec.gov/resources/cms-content/documents/feca.pdf>. Acesso em: 07.09.2018.

Moderne Kapitalismus.[101] A relação entre dinheiro, violência e capitalismo foi instituída principalmente pelo pensamento alemão, representado por Georg Simmel e Oswald Spengler, entre outros.

Em *Philosophie des Geldes,*[102] Georg Simmel responsabiliza a natureza do dinheiro pela decadência moral da sociedade. Oswald Spengler, no início do século XX, publicou *A Decadência do Ocidente,*[103] no qual analisou o fim da civilização europeia e a crise da civilização burguesa. Além da filosofia econômica, a literatura também se ocupou da crise decorrente da corrupção observada no período. Thomas Mann, por exemplo, em *Os Buddenbrook: Decadência de Uma Família,*[104] narra a saga da família Buddenbrook, a vida da burguesia alemã e seu declínio moral.

A partir da segunda metade do século XIX, o colonialismo europeu e a consequente exploração econômica dos países das Américas, da África e Ásia se intensificaram. Além disso, o colonialismo ocidental incentivado por propósitos comerciais e militares, foi fundamentado teoricamente por ideias religiosas e raciais de superioridade cultural dos europeus em relação aos povos colonizados. O mundo foi dividido entre as potências europeias da época sob a justificativa teórica de cristianizar e moralizar os povos vistos como incivilizados. Dentre as diversas consequências do colonialismo para os povos colonizados, vale destacar a imposição de modelos políticos ocidentais, com a decorrente difusão da corrupção.

A economia baseada em dinheiro libertou as pessoas da servidão feudal, no entanto, não extinguiu a corrupção da sociedade. Com a ascensão da burguesia durante o século XIX, houve uma concentração do dinheiro como instrumento de afirmação social e participação política.

---

[101] SOMBART, Werner. *Der moderne Kapitalismus:* historisch-systematische Darstellung des gesamteuropäischen Wirtschaftslebens von seinen Anfängen bis zur Gegenwart. München: Deutscher Taschenbuch Verlag, 1987.

[102] SIMMEL, Georg. *Philosophie des Geldes.* (Gesamtausgabe Bd. 6) Frankfurt/M: Suhrkamp, 1989.

[103] SPENGLER, Oswald. *A decadência do ocidente.* Tradução de Herbert Caro. Brasília: Ed. Universidade de Brasília, 1982.

[104] MANN, Thomas. *Os Buddenbrook:* decadência de uma família. Tradução de Herbert Caro. Rio de Janeiro: Nova Fronteira, 1981.

Por exemplo, na Itália do final do século XIX, as relações de clientelismo eram responsáveis por garantir a representação de determinadas questões sociais. Entre o final do século XIX e início do XX, período marcado pelo fim dos impérios europeus, houve uma crise em todo o continente e o preço da expansão rápida, e sua corrupção característica, começou a ser cobrado com o advento da Primeira Guerra Mundial, quando a Europa Ocidental declinou moral e materialmente.

A questão da responsabilidade individual marca a literatura da época, principalmente na obra de Dostoievski ao retratar a Rússia czarista. Também na literatura inglesa é possível encontrar formas de protesto social, já que a industrialização representou extrema pobreza para as classes mais desfavorecidas. Juntamente com os sofrimentos causados pela Primeira Guerra Mundial, a exploração da classe trabalhadora e a recessão econômica levaram a um cenário de violência social e a reações políticas extremistas. As ditaduras do século XX ascenderam ao poder com base em promessas de mudanças e possibilidades de honestidade, no entanto, o que se observou foi um enriquecimento exacerbado dos ditadores e seus apoiadores diretos.

O fracasso da ética estritamente baseada na obediência à lei e a "banalidade do mal" foram objeto de estudo de Hannah Arendt ao analisar esses regimes autoritários na Europa, sobretudo na Alemanha. Vale traçar breves comentários sobre a filosofia de Hannah Arendt e a possibilidade de se afirmar um sentido autêntico da política no século XX, tema central da investigação empreendida em *A Condição Humana*,[105] sobretudo em relação ao significado de ação e liberdade, à constituição da esfera pública e à reconstrução do sentido da política. Por meio da experiência da *polis* grega, a autora se afasta do referencial comum do sentido da política na modernidade e discute o que é o espaço público, ou seja, espaço no qual o homem pode existir, espaço da ação e do discurso.

A esfera pública é preservada pelo poder, o qual é princípio essencial ao humano e condição da ação e do discurso, pois caso contrário

---

[105] ARENDT, Hannah. *A condição humana*, 12ª ed. Rio de Janeiro: Forense-Universitária, 2014.

o mundo não seria humano, mas sim um cenário de coisas desconexas onde cada indivíduo disporia de liberdade de somar objetos. Em outros termos, sem o artifício humano, os negócios humanos seriam instáveis e frágeis. Caso se extinguisse a confiança no mundo como um lugar propício ao aparecimento humano para a ação e o discurso, não haveria o novo começo pelo nascimento, não haveria memória e não haveria recordações do que está por vir. Além disso, sem o poder, o espaço da aparência, resultado da ação e do discurso, desapareceria drasticamente.

Posto isso, considerando que a ação gera poder, se a ação correr livremente, nada é capaz de detê-la, e se o poder não sofrer violência ou alguma forma de força, o poder corre infinitamente. Os sujeitos fazem coisas sobre as quais não têm total controle, por isso se questiona até que ponto o sujeito é ou não é responsável por aquilo que faz. Determinar o ponto até o qual o agente responde pelo ato envolve uma discussão sobre que sujeito é esse e até que ponto ele tem domínio sobre suas ações, ou seja, até que ponto é culpado ou isento de responsabilidade.

Para Hannah Arendt, a ação é própria da condição humana e, assim sendo, o sujeito não tem total controle sobre suas ações. A autora não recorre nem à força nem à violência, pois se existe um jogo entre força, violência e poder, esse não seria um jogo político, porque o jogo político é entre poder e poder. Nesse sentido, política é poder e poder é pluralidade. Caso se empregue força e violência, não se trata de política. Como parte da condição humana, um coeficiente moral, nesse contexto, seria o perdão que a própria condição humana permite para que não se prenda ao passado. Deste modo, o perdão não é uma escolha, mas sim pertence à condição humana.

Quanto às ideias de poder e força, vale notar que o poder está vinculado à condição da pluralidade. Com isso, só há poder quando há espaço plural. O potencial de poder está relacionado à capacidade do poder de se tornar maior à medida que se torna mais plural. No entanto, o poder nunca pode ser inteiramente efetivado, uma vez que o espaço público não permite uma efetivação total. Ou seja, o poder permanece em uma espécie de latência, na qual é efetivo, mas não totalmente efetivo. O espaço público é necessário para o poder político. Assim sendo, o poder na medida em que se torna cada vez mais plural e cada vez mais potente torna a esfera pública mais sólida. No pensamento desenvolvido por Hannah Arendt, o que define o espaço público é a intangibilidade.

Deste modo, se o espaço público se transformasse em uma coisa, seria trabalho e não seria mais política, por isso o poder permanece potência. Nesse sentido, se o espaço público se condensasse, viraria trabalho e deixaria de ser político, deixaria de ser livre e se tornaria instrumento de dominação. O caráter volátil do poder está intimamente ligado a uma dimensão mais democrática. Se o poder se institucionalizasse, fomentar-se-ia um espaço para dominação. Apesar de a imortalidade não ser própria da condição humana, o esforço do espaço público é atingir o infinito. Com isso, o poder não pode se cristalizar, isto é, não pode deixar de ser plural e democrático. Além disso, o poder precisa ser frágil como uma forma de evitar a tirania.

No pensamento arendtiano, o poder será maior à medida que for mais frágil, mais plural, mais mutável. A noção volátil de poder é considerada pela autora muito mais interessante para se evitar a cristalização, a fragilidade, a porosidade e a efemeridade do poder. A *polis* grega tenta garantir a permanência do poder não cristalizado e garante sua existência, não em sua forma cristalizada e sólida, mas sim em sua forma volátil. A força, por sua vez, em geral está ligada à atuação sem legitimidade política. O poder e a força são na verdade contrários. O ponto fundamental é: o poder não se transforma em força, nem a força em poder. O poder e a força são, por princípio, diferentes. Já a ideia de resistência é da ordem do poder. Vale ressaltar que o poder e a força, para Hannah Arendt, são contrários. Assim sendo, a força, por princípio, inviabiliza a ação e o discurso.

Vale notar que a força pode gerar violência, ou seja, a força que se instaura como dominação. A tirania seria um caso extremo de saída do espaço público, por isso ela é apolítica, violenta e consistiria no pior uso da força. A violência, por sua vez, é o extremo da destruição do discurso. Por outro lado, a força também pode ser usada no campo que lhe é próprio, porém, quando se relaciona com a violência, implica destruição total. Em outros termos, a violência é a dominação e supressão do outro, destrói o discurso e destrói o outro, já que a violência é sempre violência contra alguém ou contra algo, levando à destruição da pluralidade. Além da questão ética e moral, há o princípio político de que a violência destrói o outro e assim destrói a política. Por fim, a autora demonstra que a violência é mais apta a destruir o plural do que o indivíduo.

Hannah Arendt defende que se for político, é espaço público, assim como se for *polis*, é espaço do público também. Vale ressaltar que o espaço público não é geográfico, ou seja, a geografia do espaço público na verdade é contingente, pois onde houver dois sujeitos em ação e em discurso, haverá espaço público e espaço político. A *polis* é um espaço de preservação e não uma instituição, pois não é garantida por ferramentas e burocracia. Nesse sentido, a lei não é política, mas sim é da ordem do trabalho, pois a lei acaba sendo algo manipulado, como uma produção. Assim sendo, a lei garante o espaço da *polis*, uma vez que é preciso estabelecer as regras para mapear onde se está no espaço público e onde se está fora dele. Com isso, as leis criam um espaço de aparência própria ao grupo sobre o qual atuam. Nesse sentido, a lei regulamenta apenas formalmente e não materialmente.

A *polis* se relaciona à garantia, como solução para a imprevisibilidade e para a fragilidade, futilidade e efemeridade. A *polis* visa garantir alguma ordem para afastar a imprevisibilidade, o que se relaciona diretamente à função de imortalizar e conservar os atos e feitos. A *polis* tem na verdade uma função de memória, que guarda a tradição, a ação e o discurso daquele povo. A transformação da política em trabalho seria uma tentativa de reduzir o campo de ação política. O discurso e a ação são, por princípio, dinâmicos. Por isso, não podem constituir uma natureza. É preciso o outro para garantir a identidade e a legitimidade. O outro é fundamental na ação política, onde o sujeito constitui sua identidade. Por meio de experiências necessariamente intersubjetivas, o outro se torna fundamental para o passado e a memória.

Na *polis* há uma reunião de vários outros, há uma coexistência e coparticipação. A noção moderna da experiência pública é uma noção de certo mascaramento, já que ir para o espaço público é assumir certa personagem. Na Antiguidade se observava o contrário, pois ir para o espaço público era se tornar quem se era realmente para o outro. Com isso, há uma articulação necessária da política com a experiência do outro no campo intersubjetivo. A solução grega, com a criação da *polis*, era a forma de tornar os atos e as palavras menos frágeis e era exatamente a esfera pública da *polis* onde se percebia a identidade. Nesse sentido, a pluralidade é necessária para que o sujeito constitua sua identidade. Somente na experiência plural se define uma identidade que diferencia e distingue os sujeitos e que não se confunde com individualidade.

À parte o aparato teórico formulado para diagnosticar a política da primeira metade do século XX, é certo que a obtenção de lucros ilícitos pelos poucos privilegiados de Hitler, Mussolini, Franco e Stálin era um [illegible] atividade corrente. Por exemplo, o regime autoritário de Franco in[illegible] agenda a organização de um mercado clandestino sob con[illegible]rno, o qual concedia licenças comerciais ilegais em tro[illegible]u favores. Na mesma época na Itália, fatores como a a[illegible] unidade real e ações ineficazes de governos liberais [illegible]a o fortalecimento do fascismo como meio de retornar [illegible]ocial e econômica.

[illegible] casos de corrupção ocorreram durante o fascismo italiano [illegible]uências graves, como o assassinato de políticos que tentaram [illegible] os abusos e favores cotidianos observados no parlamento [illegible]urante o regime fascista. A corrupção na Itália foi agravada [illegible] o regime fascista cujos funcionários praticavam apropriação indébita e prevaricação. Conforme Mussolini anotou em sua edição de *O Príncipe*,[106] para ele a doutrina de Maquiavel ainda vive porque desde sua redação não ocorreram grandes mudanças nas mentes dos homens. Apesar das diferenças de desenvolvimento e condições sociais entre o norte e sul da Itália, a corrupção uniu o país.

Também a história da União Soviética apresenta um sistema de recompensas que permeou toda a hierarquia governamental, sendo

---

[106] BRIOSCHI, Carlo Alberto. *Corruption*. Tradução de Antony Shugaar. Washington, D.C.: Brookings Institution Press, 2017.

beneficiados com privilégios somente os membros dominantes. Na história russa a corrupção é uma tradição desde o período czarista, contudo, o auge das atividades corruptas se deu durante o governo de Stalin, quando as ameaças e perseguições eram constantes, sendo a corrupção incentivada em todos os níveis governamentais. As dimensões do autoritarismo de Stalin somente seriam reveladas após o advento da *glasnost* e *perestroika*, sob o governo de Gorbachev, quando os efeitos das reformas supostamente destinadas a extinguir a corrupção foram expostos sem a ocultação produzida pela propaganda stalinista. Com o fim da União Soviética e o consequente processo de retorno ao capitalismo, houve uma onda generalizada de corrupção percebida na Rússia e nas demais nações em transição para o modelo capitalista.

Além do totalitarismo observado na Europa, é fundamental mencionar também o totalitarismo na América Latina no mesmo período, seja de orientação fascista ou comunista, ao passo que a América Anglo-saxã, apesar de originalmente ter sido fundada para resistir à corrupção corrente na Europa, também se rendeu a certas formas de ação corrupta. Na história recente dos EUA, o caso mais marcante de corrupção definitivamente foi o famoso escândalo Watergate que culminou com a renúncia do Presidente Richard Nixon, do Partido Republicano, em 1974.

Após a renúncia, o Congresso norte-americano se ocupou em aprovar emendas ao *Federal Campaign Act*, a fim de introduzir o financiamento público de campanhas eleitorais, limitar as contribuições individuais para candidatos e fixar requisitos para reportar as fontes de financiamento de modo a tornar as despesas eleitorais mais transparentes. O apoio de corporações e outras organizações privadas não se encerra com o resultado das eleições, mas sim prossegue especialmente com a atividade denominada *lobby*, pela qual grupos contratam profissionais para propor legislação no Congresso conforme seus interesses específicos.

A prática de *lobby* foi protegida pela primeira emenda à Constituição Americana, a qual protege a liberdade de expressão, a liberdade de imprensa e o direito à reparação de danos, porém se mostrou necessário regular a atividade apesar da resistência dos lobistas. Em 1995, finalmente foi aprovado o *Lobbying Disclosure Act*, que introduziu certa transparência à prática de *lobby*, e, em 2007, por meio do *Honest Leadership and Open Government Act*, passou-se a exigir que os lobistas federais se registrassem na Câmara dos Deputados e no Senado norte-americanos. Tal sistema de *lobby* acaba por gerar numerosos escândalos, já que cria um ciclo de dependência entre os funcionários do governo e as empresas de *lobby*.

Outro marco na história política norte-americana ocorreu com a legitimação dos comitês de ação política (*political action committees* ou PACs), devido à sua importância no sistema de financiamento de partidos. Os PACs são financiados por empresas, sindicatos ou associações comerciais que atuam na promoção de seus interesses comuns, especialmente em questões de macroeconomia, regulamentação governamental e tributos. Vale notar também que inclusive na União Europeia a prática de *lobby* tem desempenhado um papel de influência significativo.

O *lobby* é um elemento muito característico da política norte-americana e desde sua origem tem conferido um poder concreto cuja dimensão abrangente envolve representantes de corporações, advogados, funcionários do governo, organizações sem fins lucrativos, entre outros. Assim sendo, as questões sobre as quais os lobistas atuam não são exclusivamente econômicas, mas também sociais, políticas e ambientais. O trabalho dos lobistas se estendeu para outros países e também originou outras formas de contribuição como o *soft money*, regulado pelo *Bipartisan Campaign Reform Act*.

Na segunda metade do século XX, os EUA foram o primeiro país cuja estrutura política, econômica e social foi intensamente contestada por protestos em crítica à sociedade de consumo vigente e ao modelo americano de capitalismo. As manifestações também denunciavam insatisfação contra a política externa imperialista e a corrupção das classes dominantes. Das universidades americanas, os protestos se difundiram para o Velho Continente, onde também as contradições da sociedade industrial foram contestadas.

O pano de fundo comum a tais manifestações no Ocidente está na reflexão sobre a natureza insustentável do modelo político e econômico, dependente de certo grau de corrupção. Nos países em desenvolvimento, por sua vez, a corrupção é uma protagonista nos processos de desenvolvimento democrático. Mesmo na contemporaneidade, em muitos dos países em desenvolvimento, onde os recursos naturais ainda são abundantes, o modelo de economia aplicado pode ser comparado à economia colonial na medida em que os próprios governos locais, conjuntamente com países estrangeiros e corporações multinacionais, ocupam-se mais com interesses próprios de riqueza do que com a coletividade para a qual deveriam governar.

O grau de desenvolvimento econômico de um país pode estar diretamente relacionado à eficiência de seu sistema judiciário, ou seja, o crescimento econômico de cada país pode estar relacionado à qualidade de suas instituições. A quantificação do impacto econômico da corrupção e da ineficiência das instituições constituiria um medidor do sistema judiciário de cada país. Conforme analisado no presente capítulo, as consequências da corrupção apresentam variados aspectos conforme a localidade, o período e as partes envolvidas. Apesar de a corrupção ser percebida em todos os países do globo, as formas e a intensidade variam muito em cada parte.

A razão para que alguns países tenham sistemas judiciários mais eficientes que outros depende de muitas variáveis, sendo que a herança colonial pode ser considerada o núcleo de origem das variações da ineficiência da justiça nos países em desenvolvimento. Em particular nos países latino-americanos, os sistemas judiciários das ex-colônias se relacionam intimamente com os das respectivas metrópoles. Como na Espanha, por exemplo, o Estado era controlado por um denso sistema burocrático e monopólios privados, não surpreende que isso tenha resultado no desenvolvimento de um sistema judiciário burocrático e ineficiente, o qual se refletiu nos sistemas judiciários das ex-colônias na América Latina.

As administrações coloniais espanhola, francesa e portuguesa no continente latino-americano eram caracterizadas pela precariedade, o que dificulta a investigação de registros sobre a gestão administrativa e judicial do período. Os documentos coloniais que sobreviveram sugerem as limitações e corrupções da administração da justiça nas colônias. Os historiadores e pesquisadores do período colonial concordam com o grau de ineficiência e corrupção presente nos sistemas judiciários em questão. Adriana Romeiro, ao explicar os conceitos e desafios metodológicos do estudo da corrupção na história, diz:

> Com raras exceções, os estudos históricos mais tradicionais sobre a corrupção se voltaram para dois objetivos específicos: examinar as suas causas e explicar os seus efeitos nos sistemas políticos. Causa e efeito: eis as diretrizes desse modelo sociológico funcionalista, herdeiro da sociologia das organizações, que acabou sendo incorporado ao campo da história política num sentido mais estrito. Grande parte dos trabalhos privilegiou o estudo do seu impacto no quadro da administração colonial, com vistas a refletir sobre a natureza das relações políticas entre a Monarquia católica e os domínios americanos. Poucos foram os que se dedicaram a investigar as suas implicações na vida "social e política da sociedade colonial, ou ainda que se empenharam em entender o fenômeno da corrupção de uma perspectiva dos imaginários, das visões de mundo e dos sistemas de valores.[107]

Portanto, a corrupção pode ser percebida, investigada e examinada durante todo o percurso histórico da constituição dos Estados latino-americanos desde sua fundação enquanto colônias. Após este breve histórico sobre as formas e faces da corrupção, sobretudo no mundo ocidental, é necessário tratar das formas de combate a este ato tão intrínseco à própria condição humana, independente de tempo e espaço.

Nos próximos capítulos serão analisados a primeira lei no mundo de combate à corrupção transnacional, o *Foreign Corrupt Practices Act*, e os tratados internacionais firmados na contemporaneidade para combater a corrupção, suas origens e consequências. Assim como o desenvolvimento de legislações nacionais para eliminar a corrupção e punir os envolvidos, sobretudo em alguns países da América Latina e especialmente no Brasil.

---

107 ROMEIRO, Adriana. *Corrupção e poder.* Uma história, séculos XVI a XVIII. Belo Horizonte: Autêntica Editora, 2017, p. 114.

Capítulo III

O FCPA COMO PARADIGMA NO COMBATE À CORRUPÇÃO EMPRESARIAL TRANSNACIONAL

O *Foreign Corrupt Practices Act* (FCPA) é uma lei americana promulgada em 1977 como uma das diversas medidas tomadas em resposta ao caso Watergate, um dos maiores escândalos políticos dos Estados Unidos da América (EUA) que culminou com a renúncia do então Presidente Richard Nixon, do Partido Republicano.

As investigações conduzidas pelo Procurador especial do referido caso sobre as contribuições ilegais por empresas e seus executivos para a campanha de reeleição de Richard Nixon no ano de 1972 acabaram por abrir uma verdadeira caixa de Pandora contendo diversos atos suspeitos – para dizer o mínimo – praticados por empresas americanas, incluindo o pagamento de subornos para autoridades de governos estrangeiros visando à obtenção de contratos lucrativos.

Contudo, vale lembrar que, naquele momento, o pagamento de subornos para autoridades públicas estrangeiras não era crime nos EUA nem em outros países. Pelo contrário: algumas nações, como a Inglaterra e a Alemanha, chegavam a permitir a dedução nas declarações de imposto de renda de subornos pagos no exterior a título de despesas legítimas.

Nesse contexto, o FCPA foi a primeira lei editada no mundo com o objetivo de coibir o pagamento de subornos para autoridades de governos de outros países por empresas e, a despeito de algumas inconsistências, ele ainda representa um inegável avanço no combate internacional à corrupção.

Dada a relevância do FCPA para o presente estudo e o seu impacto nas diversas leis de combate à corrupção editadas em outros países, como o Brasil, neste capítulo abordaremos o contexto histórico no qual o FCPA foi inserido no ordenamento jurídico estadunidense, além das suas principais características e nuances, objetivos, definições, alcance territorial e os mais recentes casos envolvendo multinacionais brasileiras.

3.1 O histórico legislativo do FCPA

As cortes americanas muitas vezes preferem fazer uso do histórico legislativo como fonte de orientação do que a própria interpretação da norma objeto de determinada controvérsia.[108] Essa prática consolidada no Poder Judiciário dos EUA também é adotada em demandas relacionadas à aplicação das regras estipuladas no FCPA.[109]

Em observância à essa tradição jurídica dos EUA e considerando que diversos termos e definições previstos no FCPA são vagos e

---

[108] Nesse sentido, destaca-se a decisão proferida pela Suprema Corte dos EUA no caso *Flora v. U.S.*, 362 U.S. 145 (1960), pela qual a referida Corte afirmou que "[...] frequentemente o histórico legislativo de uma lei é a mais frutífera fonte de orientação do que a sua própria interpretação [...]". Tradução livre para: "[...] frequently the legislative history of a statute is the most fruitful source of instruction as to its proper interpretation [...]." Disponível em: <https://caselaw.findlaw.com/us-supreme-court/362/145.html>. Acesso em: 22.12.2018.

[109] No caso *U.S. v. McLean*, 738 F.2d 655, o Tribunal de Apelação para o Quinto Circuito dos EUA decidiu que: "A nossa tarefa ao interpretar o FCPA 'é construir a linguagem de forma a dar efeito à intenção do Congresso'. Dessa forma, nós analisamos primeiramente a linguagem da legislação e, posteriormente, o seu histórico legislativo [...]." Tradução livre para: "Our task in interpreting the FCPA 'is to construe the language so as to give effect the intent of Congress'. To do so, we look primarily to the language of the statute and secondarily to its legislative history [...]." Disponível em: <https://caselaw.findlaw.com/us-1st-circuit/1467728.html>. Acesso em: 22.12.2018.

ambíguos,[110] entendemos ser importante realizar uma análise preliminar do histórico legislativo e da aplicação do FCPA antes de aprofundarmos o estudo sobre os aspectos do referido estatuto.

Conforme exposto na introdução deste capítulo, o FCPA emergiu no sistema jurídico estadunidense como reflexo do caso Watergate. Porém, antes do advento deste escândalo ocorrido em 1972, o qual mudou a percepção e o combate à corrupção nos EUA (e no mundo), o governo americano já vinha investigando o pagamento de subornos por empresas para autoridades de governos estrangeiros com o objetivo de conseguir vantagens indevidas, tais como a assinatura e a manutenção de contratos.

Durante esse processo, que foi conduzido em conjunto pelo escritório do Procurador especial do caso Watergate, pela *Securities and Exchange Commission* (SEC) e pelo Comitê do Senado sobre Relações Internacionais liderado pelo Senador Frank Church (Comitê Church), o governo permitiu que as companhias eventualmente envolvidas em pagamento de subornos revelassem a prática de tais ilícitos isentando-as de qualquer responsabilidade.[111]

O resultado dessa "consulta" foi extremamente preocupante: mais de quinhentas empresas americanas, incluindo muitas ranqueadas na prestigiosa publicação *Fortune 500*, admitiram ter feito pagamentos questionáveis ou impróprios em valor superior a US$ 300.000.000,00 (trezentos milhões de dólares norte-americanos) para autoridades de governos de outros países em troca de algum tipo de benefício.[112]

---

[110] KHOELER, Mike. The FCPA as an ambiguous statute and the importance of legislative history. *FCPA Professor*, 13 fev. 2013. Disponível em: <http://fcpaprofessor.com/the-fcpa-as-an-ambiguous-statute-and-the-importance-of-legislative-history/>. Acesso em: 22.12.2018.

[111] WILSON, Natasha N. Pushing the limits of jurisdiction over foreign actors under the Foreign Corrupt Practices Act. *Washington University Law Review*, vol. 91, n. 4, pp. 1065, 2014. Disponível em: <https://openscholarship.wustl.edu/law_lawreview/vol91/iss4/6>. Acesso em: 22.12.2018.

[112] BIEGELMAN, Martin T.; BIEGELMAN, Daniel R. *Foreign Corrupt Practices Act Compliance Guidebook:* protecting your organization from bribery and corruption. Hoboken (EUA): Wiley, 2010, p. 10.

No curso da investigação, o Comitê Church também interrogou representantes de algumas das maiores companhias dos EUA que haviam admitido ter feito direta ou indiretamente pagamentos questionáveis tanto para autoridades públicas quanto para partidos políticos de outros países, a fim de mensurar a gravidade daquele cenário.

Dentre as empresas interrogadas, havia três das maiores multinacionais americanas: Gulf Oil, Northrop e Lockheed. A Gulf Oil, por exemplo, confirmou ter contribuído financeiramente para a campanha política do Presidente da Coreia do Sul; a Northrop, por sua vez, admitiu ter feito diversos pagamentos para um general saudita. Por fim, a Lockheed afirmou ter feito pagamentos para o Primeiro-Ministro do Japão, Sr. Kakuei Tanaka, para o príncipe holandês Bernhard zur Lippe-Biesterfeld, que era o Inspetor-Geral das Forças Armadas da Holanda, e para partidos políticos italianos.[113]

De modo geral, as empresas americanas tentavam justificar o pagamento de subornos sob a alegação de que elas estariam em grande desvantagem competitiva caso os pagamentos não fossem feitos, porquanto a aludida prática, naquele momento, estaria disseminada em todo o mundo.

Entretanto, tal alegação não foi capaz de convencer o Congresso. Nesse sentido, o relatório do Senado n. 94-1031 assinalou que a proibição de pagamento de subornos para autoridades de governos estrangeiros, na realidade, representaria uma vantagem competitiva para as empresas americanas, já que as ajudaria a resistir aos pedidos de pagamento de propinas com fundamento na legislação, aumentando, em contrapartida, a sua boa reputação no mercado internacional.[114]

RYZNAR, Margaret; KORKOR, Samer. "Anti-Bribery Legislation in the United States and United Kingdom: A Comparative Analysis of Scope and Sentencing". *Missouri Law Review*, vol. 76, n. 2, p. 422, 2011. Disponível em: <https://scholarship.law.missouri.edu/cgi/viewcontent.cgi?article=3922&context=mlr>. Acesso em: 22.12.2018.

[113] KOEHLER, Mike. *The Foreign Corrupt Practice Act in a New Era*. Northampton (EUA): Edward Elgar, 2014, p. 4.

[114] EUA. *Protecting the Ability of the United States to Trade Abroad: Hearings before the Subcommittee on International Trade of the Committee on Finance*, 94º Congresso, 1975.

O mencionado relatório também observou que o pagamento de subornos para influenciar decisões negociais corroía o sistema da livre iniciativa, pois os negócios não eram direcionados para o fabricante/fornecedor mais eficiente, mas, sim, para os mais corruptos. Segundo o relatório, tal fato acabava desviando recursos que poderiam ser destinados para outras atividades, reduzindo, por consequência, a eficiência econômica.[115]

Após vários anos de investigações, o Congresso tomou conhecimento de que diversos pagamentos feitos por companhias americanas eram destinados para uma enorme gama de autoridades públicas estrangeiras pelas mais diferentes razões, as quais não se limitavam à obtenção e/ou à manutenção de contratos lucrativos.

Por outro lado, o Congresso também reconheceu as dificuldades e as complexas condições encontradas no mercado externo e, assim, decidiu retomar a motivação inicial dos trabalhos, de modo que a legislação focasse um conjunto mais estrito de pagamentos feitos pelas empresas dos EUA no exterior. Destarte, o FCPA acabou por ter duas seções principais: uma que trata diretamente dos atos de corrupção e pagamento de propinas para autoridades estrangeiras e outra que aborda questões de contabilidade e registros contábeis.

---

p. 9. Robert Dorsey, então Presidente do Conselho de Administração da Gulf Corp., ao depor perante o Subcomitê de Comércio Internacional do Senado, assim afirmou: "Vocês podem ajudar tanto a nós como muitas outras companhias multinacionais que se deparam com esse problema ao editar uma lei que torna ilícita qualquer contribuição feita por companhias americanas no exterior; Tal legislação tornaria mais fácil resistir às intensas pressões que são colocadas sobre nós de tempos em tempos." Tradução livre para: "You can help us and many other multinational companies which ae confronted with this problem by enacting legislation which would outlaw any foreign contributions by an American company. Such a statute on our books would make it easier to resist the very intense pressures which are place upon us from time to time." .

[115] Segundo dados recentes da Organização das Nações Unidas (ONU), US$ 1 trilhão são pagos em subornos anualmente em todo o mundo, enquanto outros US$ 2,6 trilhões são roubados por causa da corrupção. No último Dia Internacional Contra a Corrupção, cuja data é 9 de dezembro, o secretário-geral da ONU, Sr. António Guterres, afirmou que a corrupção rouba das sociedades "escolas, hospitais e outros serviços vitais, afasta investimentos internacionais e tira das nações seus recursos naturais". Disponível em: <https://news.un.org/pt/story/2018/12/1651051>. Acesso em: 22.12.2018.

O FCPA foi finalmente sancionado em 19 de dezembro 1977 pelo então Presidente Jimmy Carter, que, ao assinar o FCPA, afirmou:

> Eu compartilho da crença do Congresso de que suborno é eticamente repugnante e competitivamente desnecessário. As práticas corruptas entre corporações e oficiais públicos estrangeiros comprometem a integridade e estabilidade dos governos e prejudicam nossas relações com os outros países. As recentes revelações de pagamentos de subornos no exterior de forma generalizada erodiram a confiança pública nas nossas instituições básicas.[116]

3.1.1 O primeiro caso de FCPA da história

Dois anos após a promulgação do FCPA, a Kenny International foi a primeira empresa americana a ser processada nos EUA por violação às novas regras de combate ao suborno transnacional previstas no FCPA.[117] A Kenny International fabricava, vendia e distribuía selos postais em diversos países, incluindo as Ilhas Cook, um pequeno país composto por um arquipélago de quinze ilhas localizado no Oceano Pacífico. A despeito de a Ilhas Cook terem uma população relativamente pequena, a venda de selos postais para turistas e colecionadores era expressiva, representando, naquela época, um faturamento no valor de US$ 1 milhão de dólares norte-americanos, que era divido igualmente entre a Kenny International e o governo local.

Um representante chamado Sir Albert Henry, então Primeiro-Ministro das Ilhas Cook, solicitou à Kenny International o pagamento

---

[116] KHOELER, Mike. The FCPA turns 41. *FCPA Professor,* 19 dez. 2018. Disponível em: <http://www.fcpablog.com/blog/tag/jimmy-carter>. Acesso em: 22 dez. 2018. Tradução livre para: "I share Congress' belief that bribery is ethically repugnant and competitively unnecessary. Corrupt practices between corporations and public officials overseas undermine the integrity and stability of governments and harm our relations with other countries. Recent revelations of widespread overseas bribery have eroded public confidence in our basic institutions."

[117] As versões originais dos principais documentos do caso, incluindo a acusação formulada pelo DOJ e o acordo firmado entre as partes, podem ser acessadas por meio do site: <https://www.scribd.com/doc/62954666/U-S-v-Kenny-International>. Acesso em: 24.12.2018.

de propina para assegurar a renovação do contrato de distribuição de selos postais firmado entre a Kenny International e o governo das Ilhas Cook, com o qual a mencionada empresa concordou. A propina acabou sendo direcionada para o fretamento de uma aeronave para transportar eleitores de Sir Albert Henry residentes na Nova Zelândia para as Ilhas Cook, a fim de votarem a favor da reeleição do Primeiro-Ministro.

Em maio de 1978, a revelação do esquema foi feita pelo Superintendente da Polícia das Ilhas Cook, que, ao tomar conhecimento do pagamento feito pela Kenny International para Sir Albert Henry, entrou em contato com o consulado norte-americano em Auckland, na Nova Zelândia, a fim de denunciar o esquema. A informação foi repassada aos procuradores federais dos EUA, que iniciaram as investigações.

Em 1979, a Kenny International e o seu então Presidente e controlador, Finbar Kenny, foram criminalmente acusados pelo Departamento de Justiça dos EUA (DOJ) por violação às regras de antissuborno transnacional previstas no FCPA. A companhia declarou-se culpada e concordou em pagar a quantia de US$ 50.000,00 (cinquenta mil dólares norte-americanos) a título de multa. Finbar Kenny, por sua vez, concordou em voluntariamente comparecer perante a Corte das Ilhas Cook e reconhecer a sua culpa no esquema de suborno que resultou na reeleição de Sir Albert Henry como Primeiro-Ministro.

Embora Sir Albert Henry tenha sido reeleito, tão logo o esquema de suborno foi descoberto, a Corte das Ilhas Cook anulou o resultado da eleição e determinou a remoção do então Primeiro-Ministro do cargo em razão dos votos ilegais obtidos por meio de suborno.[118]

3.1.2 A resistência inicial ao FCPA

Anos depois da sua promulgação, o FCPA ainda sofria resistência das companhias e de setores do governo dos EUA, os quais entendiam

[118] BIEGELMAN, Martin T.; BIEGELMAN, Daniel R. *Foreign Corrupt Practices Act Compliance Guidebook:* protecting your organization from bribery and corruption. Hoboken (EUA): Wiley, 2010, p. 17.

que as empresas americanas deixariam de ser competitivas no mercado internacional, pois, naquele momento, diversos países aceitavam (para não dizer que estimulavam) o pagamento de propinas para autoridades estrangeiras visando à obtenção e manutenção de contratos.

Em 1981, a administração do governo do Presidente Ronald Reagan assinalou a sua insatisfação em relação ao FCPA e deu início ao debate acerca da possibilidade de alterar algumas de suas regras, a fim de alavancar as exportações americanas e acabar com o receio dos empresários de investir no mercado internacional.[119]

Em março daquele mesmo ano, o diretor de uma das divisões do General Accounting Office (GAO),[120] Donald L. Scantlebury, apresentou ao Senado americano o resultado de um estudo intitulado *The Impact of the Foreign Corrupt Practices Act on U.S. Business*,[121] que destacava algumas mudanças positivas em relação ao combate à corrupção internacional decorrentes da implementação do FCPA, como a criação de códigos de conduta pelas empresas e o treinamento de seus empregados.

Por outro lado, o mencionado estudo também indicava (i) a existência de controvérsia e confusão sobre o que constituiria *compliance* em decorrência da ambiguidade constante da redação da lei e (ii) que o FCPA poderia acarretar a redução das exportações dos EUA, não obstante

---

[119] BEATTY, Jonathan; BOLTE, Gisela; BYRON, Christopher. "Big Profits in Big Bribery". *Time*, 16 mar. 1981. Disponível em: <http://content.time.com/time/magazine/article/0,9171,922462,00.html>. Acesso em: 24.12.2018.

[120] O General Accounting Office (GAO) foi criado em 1921 com o objetivo de funcionar como um auditor independente das agências do governo norte-americano e das suas atividades. Como o GAO se reporta diretamente para o Congresso, é comumente chamado de "cão de guarda do Congresso" e seu "braço investigativo". Em 2004, o seu nome mudou para "Government Accountabilty Office", contudo, a sua abreviação "GAO" permaneceu a mesma. É possível afirmar que o GAO tem função similar ao Tribunal de Contas da União (TCU) no Brasil.

[121] EUA. SCANTLEBURY, Donald L. (Diretor de Divisão e Contador-Chefe da Divisão de Contabilidade e Administração Financeira da GAO). *The Impact of the Foreign Corrupt Practices Act on U.S. Business*. Estudo apresentado ao Senado dos EUA, May 20, 1981. Disponível em: <http://archive.gao.gov/f0102/115367.pdf>. Acesso em: 24.12.2018.

ser reconhecidamente o principal mecanismo responsável pela redução no pagamento de suborno pelas companhias americanas.

Donald L. Scantlebury concluiu a sua apresentação ao Senado afirmando que "sem um efetivo banimento internacional ao pagamento de propinas, empresas não americanas poderiam se beneficiar de uma vantagem competitiva injusta."

Essa resistência ao FCPA acabou por se refletir em um reduzido número de acusações e processos durante o governo de Ronald Reagan, que deixou de repassar recursos suficientes para a SEC e para o DOJ para que eles pudessem executar as provisões do FCPA de maneira efetiva. Como assevera Rachel Brewster,[122] esse posicionamento do governo colocou as companhias em uma estranha situação: embora não corressem um alto risco de serem punidas por eventual violação ao FCPA, elas permaneciam sujeitas ao seu regime, incluindo a possibilidade de sofrerem com processos embaraçosos, que certamente afetariam a sua reputação perante a opinião pública (isso sem mencionar o risco de seus executivos passarem algum tempo na cadeia).

3.1.3 A mudança de postura dos EUA quanto à aplicação do FCPA

Esse cenário fez com o que o Congresso americano modificasse o FCPA em 1988 a fim de estender a jurisdição americana para empresas estrangeiras que praticavam atos de corrupção nos EUA. Naquela mesma oportunidade, os legisladores também pressionaram o Poder Executivo a buscar um acordo multilateral de combate à corrupção internacional, indicando a Organização para a Cooperação e Desenvolvimento Econômico (OCDE) como o fórum mais adequado para tanto.[123]

---

[122] BREWSTER, Rachel. Enforcing the FCPA: International Resonance and Domestic Strategy. *Virginia Law Review*, vol. 103, n. 8, p. 1629-1630, dez. 2017. Disponível em: <http://fcpa.stanford.edu/academic-articles/20171201-enforcing-the-fcpa-international-resonance-and-domestic-strategy.pdf>. Acesso em: 24.12.2018.

[123] BREWSTER, Rachel. Enforcing the FCPA: International Resonance and Domestic Strategy. *Virginia Law Review*, vol. 103, n. 8, p. 1637, dez. 2017. Disponível em: <http://

O Poder Executivo americano (sob a administração de Bill Clinton) passou, então, a se esforçar para tornar o FCPA uma legislação de alcance global e, como será exposto adiante, os escândalos de corrupção nas principais economias do mundo acabaram por favorecer as pretensões dos americanos.

No final da década de 1990, alguns países europeus, como Alemanha, Inglaterra e França, passaram a enfrentar sérios problemas decorrentes de escândalos relacionados à prática de corrupção doméstica e internacional. Tal fato culminou com uma grande pressão popular para a criação de mecanismos capazes de combater a corrupção de forma efetiva, o que, por consequência, abriu caminho para a negociação de um acordo multilateral perante a OCDE, tal como desejado pelo governo dos EUA.

Embora os governos da Alemanha, Inglaterra e França (assim como outros) tenham inicialmente relutado em assinar um tratado que vedasse o pagamento de subornos a autoridades públicas de outros países em razão do temor de que suas empresas pudessem perder importantes contratos de infraestrutura assinados no exterior, a pressão exercida por seus eleitores aliada ao *lobby* da Transparência Internacional e da Câmara Internacional de Comércio, cujo líder era a gigante multinacional americana GE, a Convenção sobre o Combate da Corrupção de Funcionários Públicos Estrangeiros em Transações Internacionais (Convenção da OCDE) acabou sendo assinada em dezembro de 1997 pelo EUA e por cerca de trinta países, vindo a entrar em vigor no ano de 1999.

Na prática, a Convenção da OCDE acabou por exportar as restrições estabelecidas no FCPA para as maiores economias do mundo, colocando todas em pé de igualdade em termos de competitividade no mercado internacional.

Em decorrência da Convenção da OCDE, em 1998, o Congresso americano alterou pela segunda vez o FCPA visando implantar as

fcpa.stanford.edu/academic-articles/20171201-enforcing-the-fcpa-international-resonance-and-domestic-strategy.pdf>. Acesso em: 24.12.2018.

novas regras estipuladas naquela Convenção. Tais ajustes resultaram em uma ampliação da jurisdição dos EUA sobre qualquer ato de suborno praticado por qualquer empresa estrangeira (fosse ela grande, média ou pequena) que tivesse algum ponto de contato com o país.

Até a edição das emendas ao FCPA no ano de 1998, a jurisdição federal nos EUA sobre empresas e indivíduos daquele país era, tradicionalmente, fixada com fundamento no critério territorial, cujo princípio básico é o uso dos correios ou de qualquer outro meio ou organismo governamental de comércio interestadual para o pagamento de propina.[124] O elemento interestadual previsto na lei é interpretado de forma ampla pelas cortes,[125] sendo facilmente satisfeito quando o ato for praticado mediante a utilização de correio, e-mails, transmissões por computadores ou ligações telefônicas, por exemplo.

A partir de 1998, as emendas ao FCPA criaram uma jurisdição alternativa com base no princípio da nacionalidade. Assim, as companhias de capital aberto com valores mobiliários registrados na SEC (*issuers*) e cidadãos e empresas dos EUA (*domestic concerns*), cujas definições serão analisadas a seguir, passaram a sujeitar-se ao FCPA com fulcro nos princípios de territorialidade e nacionalidade.

Dessa forma, segundo o princípio da nacionalidade inserido no FCPA em 1998, os pagamentos de subornos feitos por cidadãos e/ou empresas dos EUA no exterior passaram a ser considerados atos ilícitos passivos de serem investigados e processados em consonâncias com as normas do FCPA mesmo sem a existência do elemento interestadual.

Essa importante mudança legislativa representou um grande avanço no combate à corrupção tanto no âmbito doméstico quanto internacional.

---

[124] EUA. Foreign Corrupt Practices Act (FCPA), 15 U.S.C. § 78dd-1(a), -2(a). Há uma versão em português do FCPA disponível no site do DOJ <https://www.justice.gov/sites/default/files/criminal-fraud/legacy/2012/11/14/fcpa-portuguese.pdf>. Acesso em: 26.12.2018.

[125] EUA. Suprema Corte dos EUA, caso *Schmuck v. U.S.*, 489 U.S. 705 (1989). Disponível em: <https://caselaw.findlaw.com/us-supreme-court/489/705.html>. Acesso em: 27.12.2018.

Além disso, logo depois das emendas ao FCPA, o governo americano decidiu aumentar os recursos destinados ao DOJ e à SEC para condução de investigações e aplicação das normas de combate à corrupção transnacional.

O gráfico a seguir, elaborado pela *Foreign Corrupt Practices Act Clearinghouse* (FCPAC) da Universidade Stanford,[126] demonstra como a mudança de postura do governo americano a partir de 1999 passou a surtir efeito em 2001[127] com um aumento exponencial de investigações e processos ajuizados pelo DOJ e pela SEC com base nas regras do FCPA. Confira-se:

GRÁFICO 1

Análise do número de medidas

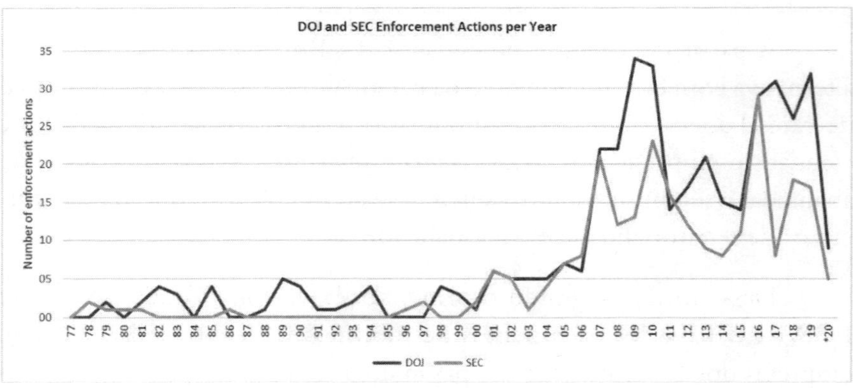

[126] *Foreign Corrupt Practices Act Clearinghouse* (FCPAC). Disponível em: <http://fcpa.stanford.edu/statistics-analytics.html?tab=1>. Acesso em: 21.06.2020.

[127] Conforme bem observa Rachel Brewster, levou algum tempo até que os resultados das investigações sobre casos de subornos transnacionais pudessem aparecer, seja porque os malfeitos são praticados no exterior, seja porque as evidências relacionadas a tais delitos são difíceis de serem encontradas. Dessa forma, o número de processos relacionados ao FCPA só apresentou um aumento considerável a partir de 2001 como resultado das várias investigações iniciadas em 1999 tanto pelo DOJ quanto pela SEC (BREWSTER, Rachel. Enforcing the FCPA: International Resonance and Domestic Strategy. *Virginia Law Review*, vol. 103, n. 8, p. 1647-1648, Dec. 2017. Disponível em: <http://fcpa.stanford.edu/academic-articles/20171201-enforcing-the-fcpa-international-resonance-and-domestic-strategy.pdf>. Acesso em: 24.12.2018).

O gráfico mostra que até 2001 o governo americano jamais havia iniciado mais do que cinco procedimentos no mesmo ano com base no FCPA. Conforme será demonstrado no decorrer deste capítulo, as investigações, os processos e, principalmente, os valores das sanções monetárias impostas às companhias por força das violações do FCPA continuaram a crescer de forma consistente depois de 2001, tendo encontrado o seu auge no ano de 2016, quando um total de cinquenta e sete processos foram iniciados pelo DOJ e pela SEC.

3.2 As hipóteses de incidência do FCPA

O FCPA foi promulgado pelos EUA em 1977 com duas seções principais. A primeira delas trata de práticas antissuborno, a qual veda pagamento de subornos a autoridades públicas estrangeiras, partidos políticos de outros países ou candidatos a cargos governamentais no exterior com o objetivo de obter ou manter negócios ou assegurar algum tipo de vantagem indevida. A segunda seção cuida de controle interno e manutenção de livros e registros contábeis, impondo às companhias com valores mobiliários listados em bolsas de valores nos EUA a obrigação de manter uma escrituração que reflita com clareza e exatidão todas as suas transações.

As proibições previstas nas seções descritas acima se aplicam a três diferentes categorias de pessoas físicas ou jurídicas – *issuers*,[128] *domestic concerns*[129] e *foreign company or national*[130] – que tenham praticado qualquer ação relacionada ao pagamento de suborno para as pessoas listadas no parágrafo anterior.

Segundo as regras do FCPA, os *issuers* são as empresas de capital aberto com valores mobiliários registrados perante a SEC (por exemplo, empresas listadas na Bolsa de Valores de Nova Iorque) ou com a obrigação de apresentar relatórios periódicos para a referida agência. Já *domestic*

[128] EUA. FCPA, U.S.C. 15 § 78dd-1(a).

[129] EUA. FCPA, U.S.C. 15 § 78dd-2(a).

[130] EUA. FCPA, U.S.C. 15 § 78dd-3(a).

concerns diz respeito a cidadãos, nacionais ou residentes dos EUA, e qualquer empresa, parceria, associação ou sociedade cujo principal local de negócios seja os EUA ou que seja organizada de acordo com a legislação americana. Por fim, *foreign company or national* refere-se a empresas estrangeiras ou americanas que praticam qualquer ato relacionado a pagamento de suborno dentro do território americano, independentemente se a pessoa (seja ela física ou jurídica) for residente ou tenha negócios nos EUA.

Conforme exposto, uma das principais inovações introduzidas pelas emendas feitas ao FCPA em 1998 foi justamente a adoção do princípio da nacionalidade, o qual permitiu a expansão da jurisdição dos EUA sobre pagamentos de propinas feitos fora do seu território por indivíduos americanos (pessoas físicas ou jurídicas) independentemente da existência do elemento interestadual (uso de correios, e-mails, telefones, viagens etc.).

Assim, é possível que tanto as companhias americanas quanto aquelas com valores mobiliários registrados perante a SEC possam ser responsabilizadas por atos de corrupção praticados por seus empregados ou agentes no exterior mesmo na hipótese de nenhuma quantia ter sido transferida dos EUA e de nenhum cidadão americano ter participado do pagamento do suborno em outro país.

Ademais, até o ano de 1998, pessoas físicas ou jurídicas estrangeiras não estavam sujeitas às regras antissuborno estipuladas no FCPA (com exceção daquelas que se enquadravam nas categorias de *issuers* ou *domestic concerns*). Contudo, as emendas ao FCPA realizadas naquele ano passaram a permitir a investigação e o ajuizamento de ações contra qualquer indivíduo estrangeiro (pessoa física ou jurídica) que praticasse algum ato relacionado ao pagamento de propina dentro do território americano.

3.3 Os elementos necessários para incidência das regras antissuborno previstas no FCPA e os seus conceitos-chave

A violação das normas antissuborno previstas no FCPA por alguma das três categorias de pessoas físicas ou jurídicas listadas acima devem, em suma, conter os seguintes elementos:

a) o agente corruptor praticar o ato ilícito conscientemente e de forma corrupta. Neste aspecto, vale destacar o entendimento do DOJ e da SEC expresso no guia às regras do FCPA denominado *Resource Guide to the FCPA*[131] pelo qual é desnecessária a prova da prática pelo agente de um ato cometido conscientemente (*willfully*)[132] e com uma má intenção (*bad purpose*) para determinar a responsabilidade civil e criminal de uma empresa, ao passo que a evidência da intenção de corromper ainda deve ser demonstrada;[133]

b) a intenção ou a existência de pagamento, oferta, autorização ou promessa de pagamento em dinheiro ou qualquer objeto de valor diretamente ou por meio de terceiro;

c) o pagamento tenha sido feito para (i) autoridade estrangeira, (ii) partido político ou oficial do partido no exterior, (iii) candidato a cargo governamental em outro país, (iv) qualquer oficial de uma organização pública internacional e (v) qualquer outra

---

[131] O Resource Guide to the FCPA foi originalmente publicado em novembro de 2012, sendo atualizado pela primeira vez em julho de 2020. EUA. DOJ e SEC. *A Resource Guide to the U.S. Foreign Corrupt Practices Act*, Second Edition, Jul. 2020, p. 13-14. Disponível em: < https://www.justice.gov/criminal-fraud/file/1292051/download>. Acesso em: 13.07.2020.

[132] O termo "willfully" é de difícil tradução para o português, porquanto o seu significado se confunde com o termo "intent", que significa "intenção". Aparentemente a definição da palavra "willfully" também não é simples no direito americano, tendo sido construída pelas cortes ao longo dos anos. Conforme a Suprema Corte dos EUA explicou no caso *Bryan v. U.S.*, "[...] de forma geral, quando usado no contexto criminal, um ato consciente (*willful act*) é aquele praticado com uma má intenção (*bad purpose*)". EUA, Suprema Corte dos EUA, *Bryan v. United States*, 524 U.S. 184, 191-92 (1998). Disponível em: <https://caselaw.findlaw.com/us-supreme-court/524/184.html>. Acesso em: 27.12.2018.

[133] Em 2003, o Tribunal de Apelação para o Segundo Circuito dos EUA, ao decidir o caso *Stichting Ter Behartiging Van de Belangen Van Oudaandeelhouders In Het Kapitaal Van Saybolt Int'l B.V. v. Schreiber ("Stichting")*, entendeu que o réu não é obrigado a ter conhecimento sobre a violação do FCPA para ser condenado porque o FCPA é uma lei de *general intent*. Disponível em: <https://caselaw.findlaw.com/us-2nd-circuit/1360133.html>. Acesso em: 27.12.2018.

Nos EUA, o termo *general intent* significa que o autor da ação criminal (no caso do FCPA, o DOJ) deve provar tão somente que o réu praticou um ato proibido por lei, sendo irrelevante se ele tinha como objetivo alcançar o resultado obtido por seu ato.

pessoa que tenha ciência de que o pagamento da propina será repassado para alguma das pessoas indicadas acima;

d) o pagamento do suborno tenha sido feito com o propósito de (i) influenciar um ato praticado pelo agente público ou alguma decisão por ele emanada, (ii) induzir ação ou omissão do agente que viole o seu dever legal, (iii) induzir o agente a usar a sua influência para afetar ou influenciar algum ato ou decisão do governo estrangeiro e (iv) assegurar algum tipo de vantagem indevida para obter ou manter negócios ou direcionar negócios para qualquer outra pessoa.

Devido à ambiguidade de alguns termos previstos no FCPA, os seus conceitos-chave foram sendo construídos ao longo dos anos, com destaque para aqueles analisados a seguir.

3.3.1 Oferta, pagamento, promessa de pagar ou autorização para pagamento e a importância da intenção do agente corruptor

Não somente o pagamento de suborno torna a empresa ou a pessoa física sujeita às penalidades estabelecidas no FCPA, mas também a oferta, promessa ou autorização para o seu pagamento. Em outros termos, o suborno poderá ser configurado mesmo nas hipóteses nas quais o seu pagamento não for efetivamente realizado.

Além disso, a violação das provisões antissuborno do FCPA ocorre quando a oferta, a promessa ou o pagamento de suborno para uma autoridade estrangeira é feito corruptamente (*corruptly*), ou seja, quando houver a mera intenção do agente corruptor de obter alguma vantagem indevida. Ao editar o FCPA, o Congresso americano justificou a adoção do advérbio "corruptamente" para "deixar claro que a oferta, o pagamento, a promessa ou a doação deve ser feita com a intenção de induzir o receptor a abusar de sua posição".[134]

---

[134] EUA. *House Report n. 95-640*, 27 Sept. 1977, p. 4. Disponível em: <https://www.justice.gov/sites/default/files/criminal-fraud/legacy/2010/04/11/houseprt-95-640.pdf>.

O *Resource Guide to the FCPA* reforça o entendimento de que o legislador decidiu focar apenas na intenção do agente corruptor, pouco importando o valor envolvido, a ocorrência do efetivo pagamento do suborno ou a consecução do objetivo pretendido para que a infração ao FCPA seja configurada.[135]

Outro caso importante que ajudou na construção do significado de "corruptamente" previsto no FPCA foi o *U.S. v. Liebo*,[136] pelo qual o Tribunal de Apelação para o Oitavo Circuito dos EUA confirmou a seguinte instrução dada ao júri acerca do conceito de "corruptamente":

> [...] a oferta, promessa de pagar, pagamento ou autorização de pagamento deve ser feito com a intenção de induzir o receptor a abusar da sua posição ou a influenciar alguém para assim o fazer, e que um ato é corruptamente praticado se feito de forma voluntária e intencionalmente, e com a má intenção de alcançar um fim ou um resultado ilícito, ou um fim ou resultado lícito mediante o emprego de métodos ou meios ilícitos.[137]

Acesso em: 26.12.2018. Tradução livre para: "The word "corruptly" is used in order to make clear that the offer, payment, promise, or gift, must be intended to induce the recipient to misuse his official position".

135 De acordo com o Resource Guide to the FCPA, "independentemente do tamanho, para um presente ou outro pagamento que viole a lei, quem faz o pagamento deve ter a intenção de corromper – isto é, a intenção de influenciar indevidamente o oficial do governo" Tradução livre para: "Regardless of size, for a gift or other payment to violate the statute, the payor must have corrupt intent—that is, the intent to improperly influence the government official." EUA. DOJ e SEC. *A Resource Guide to the U.S. Foreign Corrupt Practices Act, Second Edition*, Jul. 2020. p. 14. Disponível em: <https://www.justice.gov/criminal-fraud/file/1292051/download>. Acesso em: 13.07.2020.

136 EUA. Tribunal de Apelação para o Oitavo Circuito dos EUA, U.S. v. Liebo, 923 F.2d 1308 (8th Cir.1991). Disponível em: <https://www.justice.gov/sites/default/files/criminal-fraud/legacy/2012/06/22/1991-01-15-liebor-opinion-eighth-circuit-%2889-5621%29.pdf>. Acesso em: 27.12.2018.

137 EUA. Tribunal de Apelação para o Oitavo Circuito dos EUA, *U.S. v. Liebo*, 923 F.2d 1308 (8th Cir.1991). Tradução live para: "[...] the offer, promise to pay, payment or authorization of payment, must be intended to induce the recipient to misuse his official position or to influence someone else to do so, and that an act is 'corruptly' done if done voluntarily [a]nd intentionally, and with a bad purpose of

Dessa forma, a violação ao FCPA não se dá apenas quando houver a efetiva oferta, promessa de pagamento, pagamento ou autorização para pagamento de suborno, mas também quando for demonstrada a intenção do agente corruptor que, agindo de forma voluntária e intencional, induz o receptor a abusar da sua posição a fim de que um resultado ilícito seja alcançado.

3.3.2 A definição de autoridade pública estrangeira

O FCPA define autoridade pública estrangeira como

> [...] qualquer dirigente ou funcionário oficial de um governo estrangeiro ou de qualquer ministério, departamento, órgão ou organismo governamental do mesmo, ou de uma organização pública internacional, ou qualquer pessoa agindo em qualidade oficial para um governo, ministério, departamento, órgão ou organismo governamental ou em nome destes, ou ainda para uma organização pública internacional ou em nome destas.[138]

Como se vê, a definição de autoridade pública estrangeira é ampla o suficiente de modo a abarcar funcionários de órgãos do Poder Executivo, legisladores eleitos e funcionários de empresas estatais, o que majora ainda mais o alcance do FCPA. Além disso, o DOJ e a SEC entendem que consultores contratados por agências governamentais de outros países visando auxiliar na execução de funções oficiais típicas também devem ser considerados autoridades públicas estrangeiras para fins de aplicação do FCPA. E os membros de famílias reais e líderes tribais também se enquadram na referida categoria a depender dos fatos e das circunstâncias.[139]

---

accomplishing either an unlawful end or result, or a lawful end or result by some unlawful method or means".

[138] EUA. FCPA, U.S.C. 15 § 78dd-1(f)(1)(a).

[139] MENDELSOHN, Mark F. Chapter 26: United States. In: MENDELSOHN, Mark F. (Coord.). *The anti-bribery and anti-corruption review*. 6ª ed. London: The Law Reviews, 2017, p. 319.

O conceito de organização pública internacional também é previsto no FCPA, que poderá ser qualquer entidade designada como tal por meio de decreto presidencial, como a ONU ou o Banco Mundial.[140]

Com base em precedentes judiciais, o DOJ e a SEC[141] enumeram alguns fatores observados tanto pelas mencionadas agências quanto pelas cortes americanas para definir se uma determinada entidade é um órgão governamental, com a finalidade de decidir se os seus funcionários seriam ou não considerados autoridades públicas estrangeiras para fins de aplicação do FCPA, como, por exemplo::

a) a designação formal do órgão pelo Estado estrangeiro;

b) o grau de controle do Estado estrangeiro sobre o órgão;

c) a capacidade do Estado estrangeiro de contratar e demitir diretores do órgão;

d) se o lucro obtido pelo órgão é direcionado diretamente para as contas do governo;

e) se o órgão detém o monopólio sobre a função por ele desempenhada as circunstâncias relacionadas à criação da entidade; e

f) a percepção geral de que a entidade está executando funções de natureza pública.

Conforme será discutido adiante, a análise do conceito de autoridade pública estrangeira, notadamente a questão relacionada aos funcionários de empresas estatais, é essencial para a compreensão das investigações conduzidas pelo DOJ e pela SEC sobre os atos ilícitos praticados pela Petrobras (e por seus funcionários) e pelas multinacionais brasileiras e estrangeiras implicadas na Operação Lava Jato, que acabaram por culminar com sanções monetárias e acordos milionários devido a violações ao FCPA.[142]

---

[140] EUA. FCPA, U.S.C. 15 § 78dd-1(f)(1)(b)(i)(ii).

[141] EUA. DOJ e SEC. *A Resource Guide to the U.S. Foreign Corrupt Practices Act, Second Edition*, Jul. 2020. p. 20. Disponível em: <https://www.justice.gov/criminal-fraud/file/1292051/download>. Acesso em: 13.07.2020..

[142] Conforme *ranking* elaborado pela FCPA da Universidade Stanford, a Petrobras lidera

No caso *U.S. v. Esquenazi*,[143] o Tribunal de Apelação para o Décimo Primeiro Circuito dos EUA estabeleceu uma lista não exaustiva de elementos que devem ser avaliados separadamente para verificar se um governo controla uma entidade[144] e se a entidade executa alguma função que o governo trata como se dele fosse. No mencionado caso, o DOJ alegou que executivos de uma empresa com sede na Flórida usaram intermediários para fazer pagamento de quase US$ 1.000.000,00 (um milhão de dólares norte-americanos) para funcionários de uma empresa de telecomunicações no Haiti chamada Teleco em troca de taxas mais baixas e outras vantagens negociais. A corte entendeu que a Teleco seria um "instrumento" do governo haitiano, na medida em que era "uma entidade controlada pelo governo de um país estrangeiro que executa uma função que o governo controlador trata como se dele fosse."[145]

3.3.3 A definição de "coisa de valor" e a restrição a presentes, viagens, refeições e entretenimento

O FCPA proíbe a oferta, o pagamento ou a promessa de pagamento de suborno em dinheiro ou mediante a entrega de qualquer

---

a lista dentre as maiores sanções financeiras impostas a uma companhia por violação ao FCPA com o expressivo montante de US$ 1.104.113.797 (um bilhão, cento e quatro milhões, cento e treze mil e setecentos e noventa e sete dólares norte-americanos). Disponível em: <http://fcpa.stanford.edu/statistics-top-ten.html>. Acesso em: 26.12.2018.

143 EUA. Tribunal de Apelação para o Décimo Primeiro Circuito dos EUA, *U.S. v. Esquenazi*, 752 F.3d 912 (2014). Disponível em: <https://caselaw.findlaw.com/us-11th-circuit/1666851.html>. Acesso em: 27.12. 2018.

144 EUA. Tribunal de Apelação para o Décimo Primeiro Circuito dos EUA, *U.S. v. Esquenazi*, 752 F.3d 912 (2014). "To decide if the government "controls" an entity, courts and juries should look to the foreign government's formal designation of that entity; whether the government has a majority interest in the entity; the government's ability to hire and fire the entity's principals; the extent to which the entity's profits, if any, go directly into the governmental fisc, and, by the same token, the extent to which the government funds the entity if it fails to break even; and the length of time these indicia have existed."

145 EUA, Tribunal de Apelação para o Décimo Primeiro Circuito dos EUA, *U.S. v. Esquenazi*, 752 F.3d 912 (2014). Tradução livre para: "An instrumentality under section 78dd–2(h)(2)(A) of the FCPA is an entity controlled by the government of a foreign country that performs a function the controlling government treats as its own."

coisa de valor. A despeito de a lei não definir o que seria "coisa de valor", a jurisprudência consolidou o entendimento de que esta definição abrange qualquer bem equivalente a dinheiro, assim como outras formas de incentivo que tenham algum tipo de valor, tais como viagens, joias, carros, entretenimento, contratação de parentes etc. Robert W. Tarun[146] observa que as cortes americanas, ao decidirem ações relacionadas à prática de corrupção doméstica, interpretam o termo "coisa de valor" de forma ampla, englobando tanto bens tangíveis quanto intangíveis, por exemplo, informação, depoimento de testemunha, bolsa de estudos e equipamentos esportivos.

Outra questão relevante e atual diz respeito à entrega de presentes e pagamentos de viagens, refeições e entretenimento para autoridades públicas estrangeiras, na medida em que o FCPA não estabelece um valor mínimo ou ao menos um padrão para despesas relacionadas a tais itens. Dessa forma, o *Resource Guide to the FCPA* elaborado pelo DOJ e pela SEC é um valioso instrumento para aferir se a entrega de presentes ou o pagamento de viagens, refeições e entretenimento poderia configurar alguma infração ao FCPA.

Segundo o mencionado guia, a entrega de um presente simbólico ou uma pequena lembrança é considerada uma forma apropriada de demonstração de estima e gratidão dentro do meio empresarial. Algumas características acerca de uma entrega adequada de presente por uma empresa à autoridade estrangeira se verificam quando ele é dado de forma aberta e transparente, com o objetivo de refletir estima e gratidão, além de ser devidamente registrado nos livros da empresa e autorizado pela lei do país ao qual a autoridade está vinculada.[147]

Além disso, é pouco provável que uma autoridade estrangeira seja influenciada por itens de valor simbólico, como despesas com táxi,

---

[146] TARUN, Robert W. *The foreign corrupt practices act handbook:* a practical guide for multinational general counsel, transnational lawyers, and white-collar criminal practitioners. Chicago (EUA): ABA Publishing, 2010, p. 10.

[147] EUA. DOJ e SEC. *A Resource Guide to the U.S. Foreign Corrupt Practices Act, Second Edition*, Jul. 2020. p. 14. Disponível em: < https://www.justice.gov/criminal-fraud/file/1292051/download>. Acesso em: 13.07.2020..

refeições e entretenimento dentro do padrão médio. Naturalmente, presentes extravagantes, como carros, casacos de pele e outros itens de luxo acabam por chamar a atenção das agências americanas, pois quanto mais caro o presente, maior a probabilidade de ele ter sido dado com uma má intenção (*bad purpose*).

Nesse contexto, Mark F. Mendelsohn[148] observa que, independentemente do valor do presente dado pela companhia, o que é, de fato, levado em consideração pelas agências americanas para aferir a legalidade da entrega do presente é justamente a intenção por trás da sua entrega pela companhia. Dessa forma, mesmo os presentes de valor simbólico podem justificar a tomada de medidas pelo DOJ e pela SEC com base no FCPA desde que tenham sido doados com a intenção de influenciar a tomada de decisão da autoridade estrangeira receptora.

Assim, é possível afirmar que a natureza, o valor e a transparência de um presente são os elementos determinantes para as agências definirem se a sua entrega teve uma motivação corrupta ou não. As companhias sujeitas ao FCPA devem, portanto, considerar alguns fatores para avaliar se um presente é adequado ou não segundo as regras da mencionada legislação, tais como, (i) se o presente é apropriado dentro do meio empresarial; (ii) se o receptor do presente se sentiria constrangido na hipótese de o presente ser publicamente declarado; (iii) se o valor do presente é excessivo, o que poderia ser interpretado como capaz de influenciar a autoridade estrangeira; (iv) se o presente será entregue de forma aberta e transparente à autoridade estrangeira etc.

No tocante ao pagamento de despesas relacionadas a viagens, hospedagem e entretenimento para autoridades públicas estrangeiras, o FCPA expressamente autoriza o seu pagamento desde que elas sejam (i) razoáveis, autênticas e diretamente relacionadas com certas atividades de marketing (por exemplo, promoção, demonstração ou explicação de produtos e

[148] MENDELSOHN, Mark F. Chapter 26: United States. In: MENDELSOHN, Mark F. (Coord.). *The anti-bribery and anti-corruption review*, 6ª ed. London: The Law Reviews, 2017, p. 320.

serviços) ou com a assinatura do contrato com o governo estrangeiro; e (ii) consideradas legais no país de origem da autoridade estrangeira.[149]

3.3.4 O exame do *business purpose*

Uma das novidades introduzidas no FCPA por meio das emendas editadas em 1998 refere-se aos pagamentos realizados por empresas para autoridades estrangeiras com a intenção de assegurar "qualquer vantagem indevida" na obtenção ou manutenção de algum negócio. Como essa linguagem não é clara o suficiente para indicar qual conduta se enquadraria na hipótese descrita na lei, foi criado o *business purpose test* ("exame do propósito negocial") para avaliar a licitude do pagamento.

Esse exame é interpretado de maneira abrangente de modo a incluir não somente subornos pagos por empresas para autoridades estrangeiras com o objetivo de obter ou manter contratos, mas também aqueles pagos com o objetivo de ganhar alguma vantagem competitiva, como tratamento tributário mais favorável, acesso a informações privilegiadas sobre licitações, influência em julgamentos judiciais etc.

O caso *U.S. v. Kay*,[150] julgado pelo Tribunal de Apelação para o Quinto Circuito dos EUA, tratou do tema relacionado ao *business purpose test* em uma questão concernente ao pagamento de propina por um empresário americano para um oficial haitiano para reduzir as exigências aduaneiras e os impostos incidentes sobre o arroz por ele exportado ao Haiti. A mencionada corte entendeu que o pagamento de propina para autoridades estrangeiras não precisa estar diretamente relacionado com a obtenção de um contrato, pois os pagamentos de suborno para funcionários da aduana ou da fazenda podem, por exemplo, resultar em uma vantagem desleal de uma empresa sobre outras com o objetivo de manter negócios, o que caracteriza violação ao FCPA.

---

[149] EUA. FCPA, U.S.C. 15 § 78dd-1(c)(1) e (2), § 78dd-2(c)(1) e (2) e § 78dd-3(c)(1) e (2).

[150] EUA. Tribunal de Apelação para o Quinto Circuito dos EUA, *U.S. v. Kay*, 513 F.3d 461, 2004. Disponível em: <https://caselaw.findlaw.com/us-5th-circuit/1253730.html>. Acesso em: 28.12.2018.

3.4 As defesas afirmativas previstas no FCPA

O direito processual americano prevê a chamada *affirmative defense* ("defesa afirmativa"), que, segundo Toni M. Fine,[151] "é qualquer base de defesa em que os argumentos do reclamado prevalecem, mesmo que as alegações apresentadas pelo reclamante tenham fundamento." Na prática, pode-se afirmar que a defesa afirmativa trata de uma exclusão de culpabilidade.

No contexto do FCPA, a defesa afirmativa acarreta a inversão do ônus da prova, pela qual é transferido ao réu o ônus de demonstrar a licitude de eventuais pagamentos feitos à autoridade pública estrangeira com base nas seguintes provas:

a) os pagamentos efetuados se referem a despesas razoáveis (em termos de valor e de item) e autênticas, diretamente relacionadas com promoções, demonstração ou explicação de produtos e serviços ou à assinatura ou execução de um contrato com um governo de outro país; ou

b) a legislação escrita do país ao qual a autoridade estrangeira está vinculada expressamente permite que a autoridade receba pagamentos feitos por empresas.

Essas duas defesas afirmativas previstas no FCPA são alvo de crítica pela doutrina, na medida em que limitam sobremaneira a produção das provas pelo acusado de violação ao FCPA.

Conforme assinala Kyle P. Sheahen,[152] a redação da lei não deixa claro como o réu poderá provar que o pagamento das despesas indicados no item (a) acima foi feito de boa-fé e sem a intenção de corromper o oficial estrangeiro, tendo em vista que basta ao DOJ e à SEC alegar que

---

[151] FINE, Toni M. *Introdução ao sistema jurídico anglo-americano*. São Paulo: Ed. WMF Martins Fontes, 2011, p. 102.

[152] SHEAHEN, Kyle P. I´m not going to Disneyland: illusory affirmative defenses under the Foreign Corrupt Practices Act. *Wisconsin International Law Journal*, vol. 28, n. 3, p. 478, 2010.

os pagamentos foram feitos "corruptamente" para a defesa afirmativa cair por terra.

Em relação à obrigatoriedade de o acusado ter que provar que a legislação escrita do país onde o pagamento foi realizado expressamente autoriza o funcionário público estrangeiro a receber determinada quantia, tanto a doutrina quanto o próprio governo americano[153] entendem que tal prova é praticamente impossível. Pode-se até afirmar que se trata de verdadeira "prova diabólica".

3.5 Os pagamentos de facilitação

O FCPA admite uma exceção à proibição de pagamento de subornos para autoridades públicas estrangeiras desde que a quantia seja pequena e tenha como objetivo a execução de ações governamentais não discricionárias de rotina. Em outras palavras, as empresas poderão fazer pagamentos para acelerar ações que o funcionário público já é obrigado a executar rotineiramente e sem qualquer discricionariedade. Esses tipos de pagamentos são denominados "pagamentos de facilitação" (*facilitating payments*) e podem ser destinados para expedição de vistos e licenças e prestação de serviços públicos, como água e energia. O pagamento não poderá influenciar qualquer tomada de decisão pela autoridade estrangeira, como a assinatura de um novo contrato ou a continuação de um negócio com o agente corruptor.

Essa exceção prevista no FCPA é interpretada de forma muito restrita pelas agências americanas e representa uma raridade nas principais legislações internacionais de combate à corrupção, sendo, inclusive,

---

[153] Nesse sentido, o próprio Departamento de Estado dos EUA expressamente assinala a dificuldade de demonstrar que a lei escrita de outro país considera o pagamento lícito. Observe-se: "Whether a payment was lawful under the written laws of the foreign country may be difficult to determine. You should consider seeking the advice of counsel or utilizing the Department of Justice's Foreign Corrupt Practices Act Opinion Procedure when faced with an issue of the legality of such a payment." EUA, US Department of State. Fighting Global Corruption: Business Risk Management, 2001, p. 26. Disponível em: <https://1997-2001.state.gov/global/narcotics_law/0005_inl_corruption.pdf>. Acesso em: 28.12.2018.

objeto de crítica pela OCDE. No seu relatório de combate à corrupção internacional publicado em novembro de 2009, a OCDE recomendou que os seus países-membros tomassem as medidas necessárias para desencorajar as empresas a realizarem pagamentos de facilitação. A OCDE ainda ressalvou que este tipo pagamento tem um efeito corrosivo nas economias e frequentemente são considerados ilícitos nos países onde eles são efetuados.[154] Dessa forma, as companhias sujeitas ao regime do FCPA têm atuado com extrema cautela em relação aos pagamentos de facilitação, apenas autorizando o seu pagamento após consultar os seus advogados.

3.6 A responsabilidade civil, criminal e administrativa

Tanto as pessoas jurídicas quanto físicas respondem civil e criminalmente por eventual violação às regras do FCPA. Na esfera penal, a responsabilidade é subjetiva, sendo, portanto, mandatória a comprovação da culpa ou do dolo do acusado. Em contrapartida, na esfera cível, é possível afirmar que a responsabilidade é objetiva, devendo a agência demonstrar o nexo causal entre a conduta do agente e o resultado obtido.

O DOJ e a SEC podem iniciar e conduzir conjunta ou separadamente investigações relacionadas a potenciais infrações ao FCPA e têm aumentado constantemente os seus recursos e esforços para a aplicação da lei. No entanto, as referidas agências têm competências distintas: enquanto o DOJ é o órgão governamental competente para ajuizamento das ações penais contra empresas e indivíduos, a SEC é responsável pelas ações cíveis contra empresas com valores mobiliários registrados nos EUA e seus diretores, funcionários, acionistas e agentes.

3.6.1 As ações penais

Nas ações penais, é imprescindível que o DOJ demonstre cada elemento da alegada ofensa ao FCPA praticada pelo acusado "além de

---

154 OCDE. *Recommendation of the Council for Further Combating Bribery of Foreign Public Officials in International Business Transactions*, Nov. 26, 2009. Disponível em: <http://www.oecd.org/daf/anti-bribery/44176910.pdf>. Acesso em: 28.12.2018.

uma dúvida razoável" (*beyond a reasonable doubt*). Conforme ensina Toni M. Fine,[155] o critério do *beyond a reasonable doubt* é mais rígido do que aqueles aplicados nos casos civis, porquanto o governo deve "comprovar que não existe nenhuma 'dúvida razoável' acerca da culpa do acusado quanto ao cometimento do crime".

A jurisprudência brasileira, aos poucos, vem adotando este entendimento típico do direito anglo-saxônico, consoante se verifica nas duas ações de competência originárias do Supremo Tribunal Federal AP n. 521/MT[156] e AP n. 580/SP,[157] tendo a relatora Ministra Rosa Weber decidido nesta última ação que:

> a presunção de inocência, princípio cardeal no processo criminal, é tanto uma regra de prova como um escudo contra a punição prematura. Como regra de prova, a formulação mais precisa é o *standard* anglo-saxônico no sentido de que a responsabilidade criminal deve ser provada acima de qualquer dúvida razoável (*proof beyond a reasonable doubt*) e que foi consagrado no art. 66, item 3, do Estatuto de Roma do Tribunal Penal Internacional.

Nesse contexto, Robert W. Tarun[158] assevera que o principal objetivo da defesa do acusado é demonstrar que o DOJ provavelmente não conseguirá provar um único elemento da acusação além da dúvida razoável de modo a dissuadi-lo a prosseguir com a ação criminal.

O mencionado autor ainda pontua a dificuldade enfrentada pelo DOJ em ter suas provas admitidas perante um júri, seja porque

---

155 FINE, Toni M. *Introdução ao sistema jurídico anglo-americano*. São Paulo: Ed. WMF Martins Fontes, 2011, p. 125.

156 SUPREMO TRIBUNAL FEDERAL. Ação Penal n. 521/MT, Primeira Turma, relatora Ministra Rosa Weber, J. 02.12.2014, DJe 06.02.2015.

157 SUPREMO TRIBUNAL FEDERAL. Ação Penal n. 580/SP, Primeira Turma, relatora Ministra Rosa Weber, J. 13.12.2016, DJe 26.06.2017.

158 TARUN, Robert W. *The foreign corrupt practices act handbook:* a practical guide for multinational general counsel, transnational lawyers, and white-collar criminal practitioners. Chicago (EUA): ABA Publishing, 2010, p. 211.

o fato objeto da investigação muitas vezes ocorre no exterior, seja porque testemunhas e documentos relevantes muitas vezes não estão nos EUA.

Outro elemento de difícil prova é a intenção do agente de corromper a autoridade pública estrangeira, razão pela qual é papel da defesa tentar enfraquecer a busca pela intenção corruptiva do agente, tornando o ônus da prova pelo DOJ ainda mais difícil.

Diante dessa dificuldade em comprovar todos os elementos exigidos pelo FCPA além de qualquer dúvida razoável, o DOJ raramente leva adiante ações penais contra empresas, preferindo na grande maioria das vezes celebrar um acordo por meio dos chamados *Non-Prosecution Agreements* e *Deferred Prosecution Agreements*,[159] a fim de encerrar a investigação ou ação penal geralmente mediante o pagamento de certa quantia. Esta prática tornou-se alvo constante de críticas pela doutrina, incluindo Mike Koehler,[160] que afirma que a melhor forma de medir o sucesso na aplicação do FCPA contra empresas é quando o ônus da prova do DOJ é testado no contexto do contraditório de uma ação penal, e não por meio de acordos que, na maioria das vezes, não passam pelo escrutínio do Poder Judiciário.

3.6.2 As ações cíveis

Além de ser o principal órgão regulador do mercado de ações dos EUA, a SEC é responsável pelas investigações e o ajuizamento de ações cíveis relacionadas à violação das regras de anticorrupção e das chamadas provisões contábeis, que são as normas do FCPA concernentes aos controles internos e à manutenção de livros e registros contábeis.

Apesar de não estar expressamente prevista em lei, a construção jurisprudencial dos EUA consolidou o entendimento de que a SEC tem

[159] Esses dois importantes mecanismos de acordo usados pelo DOJ serão analisados adiante.

[160] KOEHLER, Mike. *The Foreign Corrupt Practice Act in a New Era*. Northampton (EUA): Edward Elgar, 2014, p. 195.

um ônus da prova "mais leve" porque a maioria das suas ações são cíveis (e não criminais, tal como ocorre como o DOJ). A doutrina americana chama esse ônus de *preponderance of evidence* ("preponderância da prova"), o que, na prática, representa uma probabilidade maior de vitória da SEC nas ações cíveis, pois basta que a culpa do réu pareça um pouco mais provável do que a sua inocência.[161]

Conforme ensina o advogado americano e ex-diretor assistente da SEC, Russell G. Ryan, a doutrina da preponderância da prova em favor da SEC surgiu por acaso nos EUA na década de 1980. Em 1981, a Suprema Corte dos EUA, ao julgar o caso *Steadman v. SEC*, decidiu que a SEC poderia banir infratores do setor de valores mobiliários com base na preponderância das provas. Na mesma época, dois Tribunais Federais de Apelação concluíram em ações distintas que o critério de preponderância das provas deveria ser concedido em favor da SEC quando esta pleiteasse uma ordem judicial objetivando que um infrator cessasse de violar a lei. Desde então, tal entendimento vem sendo aplicado nas ações cíveis ajuizadas pela SEC com o apoio do Congresso dos EUA, que busca fortalecer os poderes da agência.

Nesse contexto, pode-se dizer que a responsabilidade nas ações cíveis é praticamente objetiva, porquanto a SEC tem um ônus da prova reduzido por força do critério da preponderância da prova decorrente do entendimento da jurisprudência dos EUA (e não do FCPA). Assim, é desnecessário que a SEC demonstre a intenção do réu de praticar o ato de corrupção, mas tão somente o nexo causal entre a conduta por ele praticada e o resultado obtido.

Diferentemente do que ocorre com o DOJ, a SEC não precisa superar o elevado ônus da prova das ações penais, tornando mais fácil o seu êxito nas ações cíveis e, por consequência, a celebração de acordos mais vantajosos pela SEC ocorre com maior frequência.

---

[161] RYAN, Russell G. The SEC's Low Burden of Proof. *Wall Street Journal*, July 14, 2013. Disponível em: <https://www.wsj.com/articles/SB10001424127887323297504578582213820533922?ns=prod/accounts-wsj>. Acesso em: 31.12.2018.

3.7 As sanções civis, penais e administrativas

O FCPA é essencialmente uma lei penal cujos infratores – pessoas físicas e/ou jurídicas – estão sujeitos a sanções penais que podem variar de aplicação de multas a prisão de acordo com as diretrizes insculpidas no próprio FCPA e com as orientações previstas no *United States Sentencing Guidelines (U.S. Sentencing Guidelines).*[162]

Pessoas físicas que violarem deliberadamente as regras antissuborno do FCPA estarão sujeitas ao pagamento de até US$ 250.000,00 (duzentos e cinquenta mil dólares norte-americanos) em multas e/ou até cinco anos de prisão.[163] Aquelas que infringirem as provisões contábeis estabelecidas no FCPA poderão sujeitar-se ao pagamento de multa de US$ 5.000.000,00 (cinco milhões de dólares norte-americanos) e prisão por até 20 anos.[164] Ressalve-se que a lei veda o pagamento ou reembolso das multas impostas a funcionários, diretores ou agente pela companhia ao qual ele esteja vinculado.

No tocante às empresas, estas poderão ser multadas em até US$ 2.500.000,00 (dois milhões e quinhentos mil dólares norte-americanos) por cada violação às provisões contábeis do FCPA[165] e em até US$ 2.000.000,00 (dois milhões de dólares norte-americanos) por violação às normas antissuborno estabelecidas no FCPA.[166]

---

[162] Dada a disparidade na fixação das penas por cometimento de crimes federais, em 1984, o Congresso americano, por meio *do Sentencing Reform Act* (SRA), criou uma agência vinculada ao Poder Judiciário denominada *U.S. Sentencing Commission.* Uma das atribuições conferidas à *U.S. Sentencing Commission* foi a elaboração de um guia para as cortes federais visando à uniformização e à previsibilidade nos cálculos das penas por cometimento de crimes previstos em leis federais, incluindo o FCPA. Esse guia foi denominado *U.S. Sentencing Guidelines* e sua atualização pela SRA é feita anualmente. O DOJ e a SEC seguem as orientações previstas no *U.S. Sentencing Guidelines* na edição de todas as suas resoluções, principalmente, nos acordos firmados com infratores, conforme será exposto adiante.

[163] EUA. FCPA, 15 U.S.C. § 78dd-2(g)(2)(A), § 78dd-3(e)(2)(A) e § 78ff(a).

[164] EUA. FCPA, 15 U.S.C. § 78ff(c)(2)(A).

[165] EUA. FCPA, 15 U.S.C. § 78dd-2(g) e § 78dd-3(e).

[166] EUA. FCPA, 15 U.S.C. § 78ff(a) (provisões contábeis) e § 78dd-2(g)(1)(A) (antissuborno).

Além disso, o *Alternative Fines Act*[167] permite que as cortes federais possam fixar multas maiores do que aquelas estipuladas no FCPA tanto para pessoas físicas quanto jurídicas. Segundo o *Alternative Fines Act*, a multa poderá ser o dobro do benefício econômico obtido a partir do pagamento de suborno desde que os fatos que dão ensejo ao aumento da multa (i) estejam descritos na denúncia e (ii) sejam comprovados além da dúvida razoável ou tenham sido formalmente admitidos na confissão de culpa. O *Alternative Fines Act* é aplicado frequentemente para majorar as penas máximas estipuladas pelo FCPA.

Em relação às sanções civis, o FCPA estabelece que tanto o DOJ quanto a SEC, a depender do caso, poderão impor a pessoas físicas ou jurídicas multas não superiores a US$ 10.000,00 (dez mil dólares) por cada violação deliberada ao FCPA.[168] Em razão dos valores relativamente modestos de tais multas, o DOJ e a SEC com frequência usam outros mecanismos para obter montantes ainda maiores, por exemplo, o confisco de lucros ilicitamente obtidos a partir da prática do suborno, o chamado *disgorgement*.[169]

Por fim, o FCPA também prevê que empresas que tenham infringindo as suas normas poderão ser suspensas ou até mesmo impedidas de contratar com o Governo Federal dos EUA, como o seu Departamento de Defesa. Até mesmo o mero indiciamento por violação ao FCPA poderá tornar a empresa inelegível para contratar com o governo americano. Robert W. Tarun[170] também assinala que a suspensão decretada por uma agência do governo geralmente se estende para as demais e que outro potencial efeito colateral é a suspensão ou o banimento da companhia de capital aberto do mercado de valores mobiliários dos EUA pela SEC.

---

[167] EUA. "Alternative Fines Act", 18 U.S.C. § 3571(d). Disponível em: <https://www.law.cornell.edu/uscode/text/18/3571#>. Acesso em: 31.12.2018.

[168] EUA. FCPA, 15 U.S.C. § 78dd-2(g), § 78dd-3(e) e § 78ff(c).

[169] EUA. FCPA, 15 U.S.C. § 78u, § 78u-3.

[170] TARUN, Robert W. *The foreign corrupt practices act handbook:* a practical guide for multinational general counsel, transnational lawyers, and white-collar criminal practitioners. Chicago (EUA): ABA Publishing, 2010, p. 28.

3.8 Acordos de leniência e o FCPA *Corporate Enforcement Policy*

A legislação americana prevê a possibilidade de pessoas jurídicas celebrarem acordo de leniência com o DOJ e a SEC de modo a reduzir as penalidades monetárias e, com isso, obter acordos mais favoráveis, incluindo o não ajuizamento de ações pelo governo.

Como regra geral, a companhia que pretende fazer jus à celebração de um acordo de leniência deverá reportar voluntariamente a prática de violação ao FCPA, ao DOJ e/ou à SEC e tomar as medidas necessárias para cooperar com as investigações conduzidas pelas agências. A despeito de o *U.S. Sentencing Guidelines* e o *Resource Guide to the FCPA* estipularem que tais medidas serão consideradas na fixação das penalidades impostas à empresa, esses benefícios ainda permanecem obscuros, sendo objeto de calorosa discussão nos círculos jurídicos e empresariais dos EUA, conforme assinala Mark Mendelsohn.[171]

Visando conferir maior clareza e previsibilidade aos acordos de leniência e, com isso, incentivar as empresas a reportarem espontaneamente eventuais ilícitos por elas praticados, em abril de 2016, o DOJ deu início ao *FCPA Pilot Program* ("Programa Piloto de FCPA"). O Programa Piloto de FCPA estabeleceu regras mais transparentes acerca dos potenciais benefícios que as companhias poderiam obter em troca de divulgação voluntária, cooperação e remediação.

Em março de 2017, o DOJ prorrogou o programa por um período indefinido em razão do aumento de divulgações voluntárias pelas empresas. A título de exemplo, duas dessas divulgações voluntárias acabaram resultando em declinações do DOJ no ajuizamento de ações penais (o chamado *declination*) contra a Linde North America, Inc. e a CDM Smith, Inc., tendo em vista que ambas as companhias preencheram todos os requisitos estabelecidos no Programa Piloto, incluindo a

[171] MENDELSOHN, Mark F. Chapter 26: United States. In: MENDELSOHN, Mark F. (Coord.). *The anti-bribery and anti-corruption review*. 6ª ed. London: The Law Reviews, 2017, p. 323.

concordância em restituir os lucros que receberam em razão da má conduta praticada.[172]

Posteriormente, em novembro de 2017, o DOJ anunciou a implantação definitiva das regras de modo a continuar a promover a prática de divulgações voluntárias pelas empresas e também a sua cooperação nas investigações e processos relacionados ao FCPA. O DOJ também fez alguns ajustes a partir do Programa Piloto de FCPA, a fim de definir de forma ainda mais clara e objetiva quais os requisitos para a concessão dos benefícios que a divulgação, a cooperação e a remediação podem resultar. Esta nova política do DOJ passou a ser chamada de *FCPA Corporate Enforcement Policy*.[173]

Por meio dessa política, as empresas poderão gozar de benefícios relevantes, como, por exemplo, a presunção de que o DOJ declinará de ajuizar uma ação penal contra a empresa que fizer a divulgação voluntária de uma má conduta, cooperar plenamente e remediar a situação de forma oportuna e imediata.

Na hipótese de existir alguma circunstância agravante, como o envolvimento da alta administração na prática do ilícito, mas mesmo assim a companhia atender aos demais requisitos previstos no *FCPA Corporate Enforcement Policy*, o DOJ recomenda que o procurador reduza em 50% o valor da multa-base prevista no *U.S. Sentencing Guidelines*.

Caso a empresa deixe de divulgar voluntariamente eventual má conduta, porém decida cooperar plenamente com o DOJ e remediar a situação de forma apropriada, o DOJ recomendará uma redução de 25% do valor da multa-base.

---

[172] Como parte do Programa Piloto de FCPA, o DOJ divulga no seu website uma lista com as empresas beneficiadas com o *declination*. Em 26 de dezembro de 2018, data da última atualização, havia onze empresas beneficiadas, dentre elas, a Linde North America Inc. e a CDM Smith, Inc. Disponível em: <https://www.justice.gov/criminal-fraud/pilot-program/declinations>. Acesso em: 26.12.2018.

[173] EUA. FCPA Corporate Corporate Enforcement Policy, Nov. 2017. Disponível em: <https://www.justice.gov/criminal-fraud/file/838416/download>. Acesso em: 31.12.2018.

Para usufruir dos benefícios listados no *FCPA Corporate Enforcement Policy*, a pessoa jurídica deverá, em suma, (i) reportar voluntariamente ao DOJ as infrações ao FCPA por ela praticadas e todos os fatos relevantes que estejam relacionados com a má conduta; (ii) cessar imediatamente o seu envolvimento na prática dos atos ilícitos; (iii) identificar os demais envolvidos; (iv) cooperar de forma proativa com as investigações conduzidas pelo DOJ fornecendo todos os documentos e as informações relevantes; e (v) remediar de forma adequada e oportuna a situação, aprimorando os controles internos e o seu programa de *compliance*.

Por fim, vale observar que o *FCPA Corporate Enforcement Policy* somente é válido no âmbito do DOJ, uma vez que a SEC até o momento não editou qualquer instrução neste sentido.

3.9 Outros mecanismos de resolução de violações ao FCPA

3.9.1 O *plea bargain*

No *common law*, após a acusação ser recebida, é designada uma audiência prévia de julgamento usualmente chamada de *preliminar hearing* com o objetivo de verificar se há provas suficientes para julgamento do caso pelo júri. Nesta mesma audiência, é dada a oportunidade para o acusado se manifestar acerca do teor da denúncia. Essa resposta do acusado é denominada *plea* e, em síntese, poderá ser de três tipos: (i) declaração de culpado (*guilty plea*); (ii) não culpado (*not guilty plea*); ou (iii) quando não assume nem confessa a culpa, contestando a acusação (*contest plea*).

Diferentemente do que ocorre no Brasil, a confissão no Direito Penal americano não é considerada mera prova, sendo, portanto, o acusado sentenciado imediatamente, sem a necessidade de prosseguir com a ação penal para perquirir a culpa ou o dolo do agente.

Tradicionalmente a acusação e a defesa nos processos criminais tentam evitar os altos custos decorrentes de ações penais ajuizadas contra corporações, razão pela qual, antes que o acusado fale uma das três declarações de *plea* descritas acima, é possível que a defesa e a acusação negociem ou "barganhem" um acordo, o chamado *plea bargain* ("transação penal").

Em regra, nos casos relacionados ao FCPA, os *plea bargains* são assinados por um procurador do DOJ com base em uma prévia investigação conduzida por outra agência governamental (geralmente o FBI) que assinala a existência (ou não) de elementos para oferta da denúncia. Caso positivo, a agência investigadora também indica se o caso deve ser resolvido por meio de julgamento ou de acordo. Ressalve-se que as regras para celebração de acordos previstas no *U.S. Sentencing Guidelines* são observadas pelo DOJ durante a sua negociação e assinatura, a despeito de inexistir um controle judicial significativo.

Como nos EUA o juiz não tem acesso independente às provas e aos indícios obtidos pela acusação sobre um caso criminal, ele não tem como determinar se há provas suficientes contra o acusado, o que dá ampla margem para negociação do acordo. Em regra, no *plea bargain* há assunção de dúvida pelo acusado, porém também pode haver uma acusação menos grave, sendo que a maioria dos casos de negociação de culpa está submetida ao Judiciário.

Ao escolher pela celebração do *plea bargain*, as empresas evitam os elevados custos da ação, apesar de ainda terem que arcar com as despesas diretamente atreladas ao acordo (geralmente há um período de *probation*, no qual a empresa precisa cumprir certas condições) e com os custos colaterais decorrentes da assunção de culpa/condenação criminal, tais como imagem e reputação perante o mercado.

O uso de *plea bargains* para imposição de sanções às empresas violadoras do FCPA tornou-se uma prática comum entre os procuradores e as empresas nos EUA mormente nas hipóteses em que a probabilidade de ajuizamento de ação penal é alta e o seu desfecho é incerto.

3.9.2 O *Non-Prosecution Agreement* e o *Deferred Prosecution Agreement*

A partir de 2004, outras duas modalidades de acordo passaram a ser adotadas com relativa frequência pelo DOJ para resolução de questões atinentes à violação de normas do FCPA: o *Non-Prosecution Agreement* (NPA) e o *Deferred Prosecution Agreement* (DPA). Esses dois institutos permitem que as companhias firmem acordos sem sofrerem sanções criminais e, por consequência, os custos colaterais delas decorrentes, como a proibição de contratar com a Administração Pública. Ao assinarem o NPA ou o DPA, as empresas não se declaram culpadas pela prática de ilícitos tal como ocorre no *plea bargain*, sendo que ambos os instrumentos geralmente são firmados antes ou logo no início da ação penal de modo a evitar os seus elevados custos.

Em contrapartida, por meio da celebração do NPA ou do DPA, o DOJ concorda que não ajuizará nem prosseguirá com eventual ação penal se a empresa cumprir as condições previstas no acordo dentro do prazo convencionado entre as partes. Apesar de o NPA e o DPA terem a mesma natureza e o mesmo objetivo, ambos têm algumas peculiaridades que acabam por diferenciá-los.

No DPA, o DOJ e a empresa celebram um acordo no curso de uma ação penal já iniciada contra a companhia, pelo qual os termos do acordo são apresentados ao juiz para homologação[174] e o procurador requer a suspensão do feito por um determinado lapso de tempo até que a empresa cumpra as condições estabelecidas no DPA. Tão logo isso ocorra, o DOJ desiste da ação.

Já no NPA, a ação penal sequer é iniciada, pois o acordo firmado entre o DOJ e a companhia é feito antes mesmo do seu ajuizamento, sendo que a companhia é liberada de suas obrigações assim que as condições previstas no NPA forem cumpridas.

---

[174] Os DPAs costumam ser homologados judicialmente sem quaisquer alterações. Aparentemente, a única exceção ocorreu no caso *U.S. v. HSBC Bank*, no qual o juiz efetivamente analisou o acordo firmado entre as partes no processo e teceu comentários pertinentes antes de homologá-lo, determinando, todavia, o monitoramento judicial sobre a implementação do DPA mediante o envio periódico de relatórios para a corte. EUA. *U.S. v. HSBC Bank USA*. Caso 1:12-cr-00763-JG, Sentença, 1 jul. 2013. Disponível em: <https://www.justice.gov/sites/default/files/usao-edny/legacy/2015/04/06/HSBC%20Memorandum%20and%20Order%207.1.13.pdf>. Acesso em: 03.01.2019.

Portanto, a principal diferença entre o DPA e o NPA é que o último não é submetido ao escrutínio do Poder Judiciário, o que muitas vezes é alvo de crítica, conforme já discutido na seção 5.6.1.

Recente estudo da FCPAC[175] demonstra a larga utilização do *plea bargain*, do NPA e do DPA pelo DOJ como formas de resolução de questões atinentes ao FCPA. Até junho de 2020, haviam sido firmados 275 *plea bargains*, representando 65,37% de todas as resoluções, e 128 NPAs e DPAs, que representam 30,40% do número de resoluções até então, consoante se verifica no gráfico abaixo:

GRÁFICO 2

Análise da utilização dos diferentes meios de acordo à disposição do DOJ

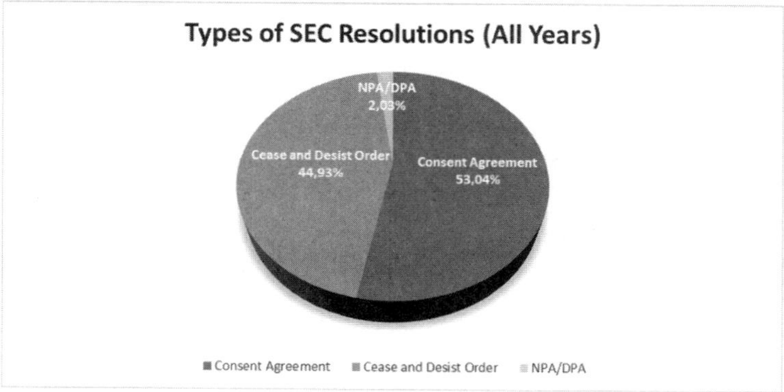

Acreditava-se que o *plea bargain* cairia em desuso a partir do surgimento do NPA e do DPA como meios de resolução de violações ao FCPA em 2004, no entanto, um levantamento elaborado pela FCPAC[176] atesta um efeito contrário: esses três diferentes mecanismos de acordo são usados quase que na mesma proporção desde aquele ano, havendo, aparentemente, certa preferência pelo *plea bargain*.

[175] *Foreign Corrupt Practices Act Clearinghouse* (FCPAC). Disponível em: <http://fcpa.stanford.edu/statistics-analytics.html?tab=6>. Acesso em: 26.12.2018.

[176] *Foreign Corrupt Practices Act Clearinghouse* (FCPAC). Disponível em: <http://fcpa.stanford.edu/statistics-analytics.html?tab=6>. Acesso em: 26.12.2018.

3.10 Os principais acordos celebrados por infrações ao FCPA decorrentes da Operação Lava Jato

Em decorrência das várias investigações derivadas da Operação Lava Jato que trouxeram à tona centenas de crimes de corrupção envolvendo políticos e multinacionais com operações nos EUA e/ou valores mobiliários lá registrados, o Brasil naturalmente despertou a atenção do DOJ e da SEC.

Por meio do Acordo de Assistência Judiciária em Matéria Penal firmado entre o EUA e o Brasil,[177] as agências americanas (DOJ e SEC) e o Ministério Público Federal (MPF) passaram a trocar informações sobre investigações, inquéritos e ações penais em curso nos dois países com o objetivo de processar as companhias envolvidas na prática de malfeitos. Essa cooperação bilateral resultou em acordos multimilionários com grandes multinacionais brasileiras (Petrobras e Odebrecht) e estrangeiras (SBM Offshore) envolvidas na Operação Lava Jato. Esses acordos são considerados os maiores da história do FCPA e serão analisados a seguir à luz daquilo que foi exposto neste capítulo.

3.10.1 O acordo firmado com a Petrobras

Segundo os documentos relacionados ao caso, entre 2004 e 2012, executivos e administradores da Petrobras, bem como empreiteiras e fornecedores da companhia, criaram um esquema de pagamento de propinas e de fraudes em licitações, que, dentre outros lícitos, permitiram que empreiteiras obtivessem e/ou mantivessem contratos com a Petrobras. Em regra, as empreiteiras pagavam propinas em quantia correspondente a uma pequena porcentagem do valor total dos contratos assinados com a Petrobras, que era então rateada entre certos executivos, políticos, partidos políticos e outros indivíduos que facilitaram os pagamentos de suborno. Estima-se que aproximadamente US$ 2 bilhões de dólares norte-americanos foram usados para pagamentos de propinas, dos quais US$ 1 bilhão foi destinado a políticos e partidos políticos. Tais pagamentos foram registrados nos livros da Petrobras como despesas legítimas e ativos da Petrobras.

---

[177] BRASIL. *Decreto n. 3.810*, de 2 maio 2001.

Em 27 de setembro de 2018, o DOJ anunciou a celebração de um NPA com a Petrobras, pelo qual a empresa concordou em pagar o montante de US$ 853.200.000,00 (oitocentos e cinquenta e três milhões e duzentos mil dólares norte-americanos) a título de multa criminal, sendo que 10% deste valor será destinado para o DOJ, 10% para a SEC e 80% para o MPF. A Petrobras também concordou em informar ao DOJ sobre o *status* do seu programa de *compliance* por um período de três anos. O acordo também menciona a cooperação da Petrobras e as suas medidas de remediação que teriam justificado a redução das multas em 25%.[178]

Quanto ao acordo de natureza administrativa firmado entre a Petrobras e a SEC, esta emitiu uma ordem chamada *cease and desist* ("cessar e desistir") contra a Petrobras, determinando que esta deixasse de violar os seus livros e registros contábeis, bem como as provisões de controles internos do FCPA. Além disso, a Petrobras aceitou pagar o valor de US$ 711.000.000,00 (setecentos e onze milhões de dólares norte-americanos) correspondente aos lucros obtidos ilicitamente (*disgorgement*), acrescido de juros no valor de US$ 222.473.797,00 (duzentos e vinte e dois milhões, quatrocentos e setenta e três mil, setecentos e noventa e sete dólares norte-americanos). A SEC considerou que tal obrigação foi satisfeita pela Petrobras mediante o pagamento do acordo firmado com os seus acionistas nos autos da *class action* que tramitou perante a corte federal de Nova Iorque.[179]

3.10.2 Os acordos firmados com a Odebrecht e com a Braskem

De acordo com os documentos apresentados pelo DOJ, entre 2001 e 2016, a Odebrecht estava envolvida em um esquema de pagamentos

---

[178] EUA. *DOJ*. NPA firmado entre o DOJ e a Petrobras, 26 set. 2018. Disponível em: <http://fcpa.stanford.edu/fcpac/documents/5000/003744.pdf>. Acesso em: 31.12.2018.

[179] EUA. *SEC*. Comunicado à imprensa, 27 set. 2018. Disponível em: <http://fcpa.stanford.edu/fcpac/documents/5000/003743.pdf>. Acesso em: 31.12.2018.

ilegais para autoridades públicas estrangeiras nos seguintes países: Angola, Argentina, Brasil, Colômbia, República Dominicana, Equador, Guatemala, México, Moçambique, Panamá, Peru e Venezuela. A empresa teria pago propinas para obter contratos em mais de cem projetos em doze países diferentes. Para facilitar a execução do esquema, a Odebrecht instalou dentro da companhia uma divisão especial chamada "Divisão de Operações Estruturadas" que, segundo o DOJ, funcionou como um verdadeiro departamento de propinas da Odebrecht e das empresas a ela relacionadas. O DOJ alega que a companhia pagou aproximadamente US$ 788.000.000,00 (setecentos e oitenta e oito milhões de dólares norte-americanos) em subornos e obteve um lucro de US$ 3.336.000.000,00 (três bilhões e trezentos e trinta e seis milhões de dólares norte-americanos) em decorrência dos contratos obtidos a partir do pagamento de propinas no período de quinze anos.

Em 16 de dezembro de 2016, o DOJ ajuizou ação perante a corte federal de Nova Iorque alegando que a Odebrecht violou as normas antissuborno estabelecidas no FCPA.[180] Em 21 de dezembro de 2016, as partes assinaram o *plea bargain*,[181] pelo qual a Odebrecht declarou-se culpada e concordou em pagar uma multa no valor de US$ 2.600.000.000,00 (dois bilhões e seiscentos milhões de dólares norte-americanos), além de contratar um monitor de *compliance* independente pelo período de três anos. O referido montante será repartido entre os Estados Unidos, o Brasil e a Suíça.

Outro aspecto interessante do acordo é que o valor inicialmente calculado pelo DOJ a título de multa foi de aproximadamente US$ 4.500.000.000,00 (quatro bilhões e quinhentos milhões de dólares norte-americanos), já descontada a porcentagem de 25% sobre o valor da multa-base por força da cooperação e da remediação da companhia. Contudo,

---

180 EUA. *DOJ*. Denúncia apresentada pelo DOJ contra a Odebrecht perante a corte federal de Nova Iorque, NY, 6 dez. 2016. Disponível em: < http://fcpa.stanford.edu/fcpac/documents/4000/003405.pdf>. Acesso em: 31.12.2018.

181 EUA. *DOJ*. *Plea bargain* firmado entre o DOJ e a Odebrecht, 21 dez. 2016. Disponível em: <http://fcpa.stanford.edu/fcpac/documents/4000/003392.pdf>. Acesso em: 31.12.2018.

tal montante era muito mais do que a Odebrecht poderia pagar, razão pela qual o DOJ, após realizar um minucioso estudo acerca da capacidade financeira da Odebrecht, aceitou reduzir a multa em US$ 2.100.000.000,00 (dois bilhões e cem milhões de dólares norte-americanos).

Paralelamente, a Braskem, uma companhia controlada pela Odebrecht, também firmou um *plea bargain* com o DOJ em 21 de dezembro de 2016,[182] pelo qual confessou a sua culpa na infração das regras antissuborno do FCPA e concordou em pagar o valor de US$ 632.626.336,81 (seiscentos e trinta e dois milhões, seiscentos e vinte e seis mil, trezentos e trinta e seis dólares norte-americanos e oitenta e um centavos) a título de multa, além de restituir o montante de US$ 325.000.000,00 (trezentos e vinte e cinco milhões de dólares norte-americanos) referente ao lucro obtido de forma ilícita. Assim como a Odebrecht, a Braskem também aceitou contratar um monitor de *compliance* independente pelo período de três anos. O valor da multa será rateado entre os Estados Unidos (15%), Suíça (15%) e Brasil (70%). Quanto à restituição do lucro obtido ilicitamente, o DOJ entendeu que tal obrigação será satisfeita em razão do acordo firmado entre a Braskem e a SEC descrito abaixo.

A Braskem também firmou acordo com a SEC em 21 de dezembro de 2016, pelo qual se comprometeu a jamais violar o FCPA, e aceitou restituir o montante de US$ 325.000.000,00 (trezentos e vinte e cinco milhões de dólares norte-americanos) referente ao lucro obtido de maneira ilícita, além contratar um monitor de *compliance* independente pelo período de três anos. O pagamento do valor acordado será rateado entre os Estados Unidos e o Brasil.

3.10.3 Os acordos firmados com a SBM Offshore e a SBM USA

A SBM Offshore é uma companhia holandesa de capital aberto cujas principais atividades são o desenvolvimento de projetos, o fornecimento,

---

[182] EUA. *SEC. Plea bargain* firmado entre a SEC e a Braskem, 21 dez. 2016. Disponível em: <http://fcpa.stanford.edu/fcpac/documents/4000/003410.pdf>. Acesso em: 31.12.2018.

a instalação e a operação de plataformas flutuantes para extração de petróleo *offshore*. A SBM Offshore também tem uma subsidiária sediada no Texas, EUA, denominada SBM USA.

Com base nas informações apresentadas na denúncia protocolada pelo DOJ em 21 de novembro de 2017,[183] a SBM USA pagou propinas a pelo menos três funcionários da Petrobras por meio de um agente intermediário. O objetivo das propinas era assegurar a assinatura de novos contratos e a manutenção de antigos contratos com a Petrobras. No total, a SBM USA conseguiu um lucro no montante de US$ 13.200.000,00 (treze milhões e duzentos mil dólares norte-americanos) em decorrência da assinatura e manutenção dos aludidos contratos.

Em 29 de novembro de 2017, o DOJ e a SBM USA firmaram um *plea bargain*,[184] pelo qual a SBM USA confessou ter violado as regras antissuborno previstas no FCPA e concordou em pagar uma multa no importe de US$ 500.000,00 (quinhentos mil dólares norte-americanos), além de restituir o valor de US$ 13.200.000,00 (treze milhões e duzentos mil dólares norte-americanos) referente ao lucro obtido de forma ilegal.

Paralelamente, em 30 de novembro de 2017, o DOJ e a SBM Offshore também firmaram um DPA[185] pelo qual a companhia se obrigou a pagar a quantia de US$ 238.000.000,00 (duzentos e trinta e oito milhões de dólares norte-americanos) a título de multas e restituição de lucro.

3.11 Como é feito o cálculo das multas estipuladas nos acordos

Consoante já exposto, para calcular o montante das multas objeto dos acordos firmados com as partes infratoras, tanto o DOJ quanto a

[183] EUA. *DOJ*. Denúncia apresentada pelo DOJ contra a SBM USA perante a corte federal de Houston, Texas, 21 nov. 2017. Disponível em: <http://fcpa.stanford.edu/fcpac/documents/5000/003616.pdf>. Acesso em: 31.12.2018.

[184] EUA. *DOJ*. *Plea bargain* firmado entre o DOJ e a SBM USA, 29 nov. 2017. Disponível em: <http://fcpa.stanford.edu/fcpac/documents/5000/003617.pdf>. Acesso em: 31.12.2018.

[185] EUA. *DOJ*. *Deferred Prosecution Agreement* celebrado entre o DOJ e a SBM Offshore, 30 nov. 2017. Disponível em: < http://fcpa.stanford.edu/fcpac/documents/5000/003614.pdf>. Acesso em: 31.12.2018.

SEC observam os parâmetros estabelecidos pelo *U.S. Sentencing Guidelines*, que serve como um norte para as cortes federais americanas para dosimetria de penas. Segundo Mike Koehler,[186] as agências deverão considerar os seguintes fatores para apurar o valor das multas a serem desembolsadas pelas empresas:

> a) O grau de gravidade do ato lesivo praticado pelo agente no tocante à violação das normas antissuborno do FCPA (oferecer, dar, solicitar ou receber propina);
>
> b) O grau de gravidade do ato lesivo poderá ser majorado a depender do valor do benefício auferido com o pagamento da propina. Isso resulta no grau total de gravidade da má conduta e o valor da multa-base correspondente;
>
> c) A partir daí, é feito o cálculo da pontuação da culpabilidade da companhia na prática da má conduta. Para tanto, alguns elementos são levados em consideração, como o número de empregados da organização, o envolvimento da alta administração no esquema, o histórico criminal da empresa, a existência de um programa de *compliance* etc.;
>
> d) A pontuação de culpabilidade da companhia então é multiplicada por um coeficiente mínimo e outro coeficiente máximo que são definidos com fundamento nos graus de gravidade da conduta e de culpabilidade do agente. Como resultado, as agências obtêm uma faixa com as quantias das multas que poderão ser aplicadas ao caso concreto, cabendo ao DOJ e à SEC escolher aquele valor que achar mais apropriado.

Para ilustrar o complexo cálculo elaborado pelas agências americanas para apurar o valor das multas impostas às empresas infratoras, confira-se abaixo um breve resumo do cálculo descrito pelo DOJ no *plea bargain* firmado com a Odebrecht.

O DOJ entendeu que o grau de gravidade do ato lesivo praticado pela Odebrecht era o mais elevado, na medida em que havia alcançado

[186] KOEHLER, Mike. *The Foreign Corrupt Practice Act in a New Era*. Northampton (EUA): Edward Elgar, 2014, pp. 182-183.

48 pontos em razão da soma dos seguintes fatores/pontos previstos no *U.S. Sentencing Guidelines*:

Dispositivo do USSG	Fundamento	Pontuação
USSG § 2C.1(a)(2)	Pontuação-base pela prática do ato lesivo	12
USSG § 2C.1(b)(1)	Existência de múltiplos subornos	+ 2
USSG § 2C.1(b)(2)	Valor do benefício obtido pelo infrator é superior a US$ 550 mil	+ 30
USSG § 2C.1(b)(3)	Envolvimento de funcionário público do alto escalão	+ 4
	Total do grau lesivo do ato lesivo praticado pela Odebrecht	**48**

Tabela 1- Cálculo do grau do ato lesivo praticado pela Odebrecht à luz do USSG[187]

Com fundamento no § 8C2.4(a)(2) do *U.S. Sentencing Guidelines* que estabelece que a multa-base para o tipo de caso da Odebrecht é "o ganho pecuniário obtido pela organização a partir da ofensa",[188] o DOJ adotou como multa-base o expressivo montante de US$ 3.336.000.000,00 (três bilhões e trezentos e trinta e seis milhões de dólares norte-americanos), o qual foi previamente ajustado pelas partes.

Ato contínuo, o DOJ calculou o grau de culpabilidade da Odebrecht na prática do ato ilícito com fulcro no § 8C2.5 e no § 8C.4.1 do *U.S. Sentencing Guidelines*. Confira-se:

---

[187] Elaboração própria.

[188] EUA. *U.S. Sentencing Guidelines*, § 8C2.4(a)(2). (a) The base fine is the greatest of: (2) the pecuniary gain to the organization from the offense.

Dispositivo do USSG	Fundamento	Pontuação
USSG § 8C2.5(a)	Pontuação-base pela culpa na prática do ato ilícito	5
USSG § 8C2(b)(1)(A)(i)	Número de funcionários superior a 5.000 e participação da alta administração	+ 5
USSG § 8C2(e)	Obstrução da Justiça	+ 3
USSG § 8C2(g)(2)	Divulgação voluntária e cooperação	- 2
USSG § 8C4.1	Substancial assistência contra outros infratores	- 2
	Total do grau de culpabilidade da Odebrecht	**9**

Tabela 2 – Cálculo do grau de culpabilidade praticado pela Odebrecht à luz do USSG[189]

Após ter definido as pontuações concernentes aos graus de gravidade da conduta praticada pela Odebrecht (48 pontos) e de culpabilidade (9 pontos), o DOJ calculou a faixa na qual o valor da multa a ser imposta à companhia deveria se enquadrar da seguinte forma:

[189] Elaboração própria.

Valor-base para o cálculo da multa:	US$ 3.336 bilhões
Multiplicadores aplicáveis com base nos graus de gravidade da conduta e de culpabilidade da Odebrecht:	1.8 (mín.) /3.6 (máx.)
Faixa do valor da multa a ser imposta:	**Entre US$ 6.004.800.000,00 e US$ 12.009.600,00**

Tabela 3 – Cálculo da faixa do valor da multa a ser imposta[190]

Tendo em vista que a Odebrecht cooperou com as investigações e o processo conduzidos pelo DOJ, bem como tomou as medidas necessárias para remediação da situação, o DOJ decidiu reduzir em 25% o valor da multa-base calculada acima (US$ 6.004.000.000,00), o que resultou na quantia de US$ 4.503.600,00 (quatro bilhões, quinhentos e três milhões e seiscentos mil dólares norte-americanos) a título de multa por violação às disposições antissuborno do FCPA.

3.12 Os efeitos do combate à corrupção transnacional nas empresas que atuam no país

No final de 2018, a *International Chamber of Commerce – Brasil* (ICC Brasil) e a empresa de auditoria *Deloitte* apresentaram o resultado de uma interessante pesquisa sobre o estágio de empresas que atuam no Brasil em relação à adoção de práticas de *compliance*, de anticorrupção e de cultura de integridade corporativa.[191]

A pesquisa contou com a colaboração de 211 empresas, sendo que mais de um quarto das empresas da amostra tinham receita líquida superior a R$ 10 bilhões. Entre as companhias participantes, destacam-se aquelas com atuação nos seguintes setores de atividade: manufatura (22%), serviços (19%) e infraestrutura (18%).

---

190 Elaboração própria.

191 DELOITTE; INTERNATIONAL CHAMBER OF COMMERCE – Brasil. *Integridade corporativa no Brasil* – Evolução do compliance e das boas práticas empresariais nos últimos anos. Pesquisa 2018. Disponível em: <https://www2.deloitte.com/br/pt/pages/risk/articles/integridade-corporativa-evolucao-do-compliance.html>. Acesso em 05.01.2019.

Dentre os diversos resultados obtidos por meio do estudo, um deles em particular se mostra relevante para este capítulo, no tocante a como o combate à corrupção transnacional tem surtido efeito nas companhias que atuam globalmente. Segundo os dados da pesquisa, "para competir internacionalmente, muitas empresas – especialmente as de menor porte – sentem a necessidade de elevar as réguas de suas práticas de governança, controles e gestão de risco".

Nesse sentido, confira-se os dados dos gráficos extraídos da pesquisa que indicam o aumento das políticas de *compliance* adotadas por empresas com atuação no Brasil para poder exportar. Até 2017, o principal motivo pela mudança de comportamento se dava por conta das exigências do país de origem, sendo que tal número deverá decair nos próximos anos, pois, aparentemente, os clientes internacionais também passaram a demandar a adoção de políticas por seus fornecedores.

GRÁFICOS 3

Empresas entrevistadas que tiveram que adequar as suas políticas de compliance para poder exportar e os principais motivos

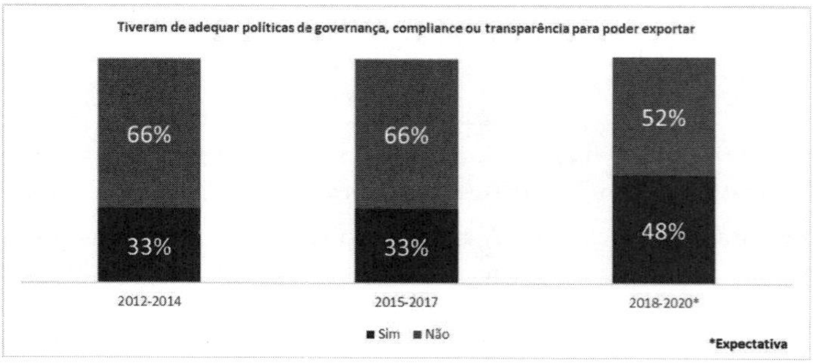

3.13 A política de coordenação de penas corporativas e a questão do *piling on*

Com a expansão do combate à corrupção de funcionários públicos estrangeiros para outros países por meio das diversas convenções que cuidam do tema, notadamente a Convenção da OCDE, há uma crescente cooperação internacional entre as agências americanas e outros órgãos similares em outros países, como o Ministério Público Federal (MPF),[192] com uma troca constante de informações sobre processos, investigações e dados. Isso também ocorre dentro dos EUA por meio de uma interlocução constante entre as agências federais (DOJ e SEC) e as agências de aplicação de leis estaduais dos cinquenta estados americanos.

Dessa forma, nos EUA, tornou-se comum que as empresas passassem a sofrer múltiplas sanções pela mesma conduta em diferentes jurisdições. Existem alguns exemplos recentes desse fenômeno, chamado nos EUA de *piling on*, como os casos da Braskem[193], da Odebrecht e da SBM Offshore, que se obrigaram a pagar quantias milionárias ao governo americano por força dos seus respectivos acordos celebrados com o DOJ e a SEC. Contudo, essas mesmas companhias também firmaram acordos de leniência com a Controladoria-Geral da União (CGU), pelos quais também se comprometeram a pagar valores expressivos.[194]

---

[192] Conforme Acordo de Assistência Judiciária em Matéria Penal firmado entre os EUA e o Brasil descrito na seção 3.10 (BRASIL. *Decreto n. 3.810,* de 2 maio 2001).

[193] O Resource Guide to the FCPA apresenta o caso da Braskem como exemplo de como o DOJ, a SEC e as autoridades brasileiras e suíças se compuseram para evitar a aplicação de múltiplas sanções pela mesma conduta ilícita praticada pela Braskem no Brasil, EUA e Suíça. EUA. DOJ e SEC. *A Resource Guide to the U.S. Foreign Corrupt Practices Act*, Second Edition, Jul. 2020, p. 71. Disponível em: <https://www.justice.gov/criminal-fraud/file/1292051/download>. Acesso em: 13.07.2020.

[194] Consoante notícia publicada no website da CGU em 31.05.2019, a Braskem firmou acordo de leniência com a CGU e se comprometeu a pagar um valor total de R$ 2.870.000.000,00 (dois bilhões, oitocentos e setenta milhões de reais). (BRASIL. Controladoria-Geral da União. **CGU e AGU celebram acordo de leniência com a Braskem S.A.**, de 31.05.2019. Disponível em: <https://www.gov.br/cgu/pt-br/assuntos/noticias/2019/05/cgu-e-agu-celebram-acordo-de-leniencia-com-a-braskem-s-a>. Acesso em: 13.07.2020).

Conforme notícia veiculada no website da CGU em 09.07.2018, a Odebrecht assinou acordo de leniência com a CGU pelo qual se obrigou a pagar o valor de R$ 2.720.000.000,00

Visando conter o avanço do instituto do *piling on*, o DOJ editou uma Política de Coordenação para Resolução das Penalidades Corporativas (ou Política Anti-Piling On) que foi incluída no manual que guia as atividades dos procuradores americanos, o *U.S. Attorneys' Manual at § 1-12.100,*[195] que, em síntese, estabelece quatro princípios básicos:

a) os procuradores devem se ater à sua obrigação ética de não usar a sua autoridade para aplicar leis criminais para, de forma desleal, obter, ou tentar obter, pagamentos adicionais de multas administrativas ou civis;

b) quando diversos membros do DOJ estão investigando a mesma conduta praticada pela empresa, os procuradores deverão coordenar os seus trabalhos de modo a evitar a imposição desnecessária de multas ou penalidades repetidas contra a companhia com o objetivo de obter um resultado equitativo;

c) o DOJ também deve se empenhar para, conforme o caso, considerar as multas e penalidades impostas por outras autoridades federais, estaduais, municipais e de outros países quando estiver negociando um acordo com a empresa para resolver o caso envolvendo o mesmo ato ilícito; e

---

(dois bilhões e setecentos e vinte milhões de reais) ao longo de 22 anos a título de pagamentos de dano, enriquecimento ilícito e multa (BRASIL. Controladoria-Geral da União. **Acordo de leniência com a Odebrecht prevê ressarcimento de 2,7 bilhões**, de 09.07.2018. Disponível em: <http://www.cgu.gov.br/noticias/2018/07/acordo-de-leniencia-com-a-odebrecht-preve-ressarcimento-de-2-7-bilhoes>. Acesso em: 05.01.2019).

No caso da SBM Offshore, a CGU veiculou notícia no seu website em 26 jul. 2018 comunicando a assinatura do acordo de leniência com a SBM Offshore, pelo qual esta se comprometeu a pagar R$ 1.220.000.000,00 (um bilhão e duzentos e vinte milhões de reais) entre valores de multa e ressarcimento de danos, dentre outras medidas (BRASIL. Controladoria-Geral da União. **Acordo de leniência com a SBM Offshore ressarcirá R$ 1,22 bilhão à Petrobras**, de 26 jul. 2018. Disponível em: <http://www.cgu.gov.br/noticias/2018/07/acordo-de-leniencia-com-a-sbm-offshore-ressarcira-r-1-22-bilhao-a-petrobras>. Acesso em: 05.01.2019).

[195] EUA. DOJ. **U.S. Attorneys' Manual at § 1-12.100**. Disponível em: < https://www.justice.gov/jm/jm-1-12000-coordination-parallel-criminal-civil-regulatory-and-administrative-proceedings>. Acesso em: 05.01.2019.

d) os procuradores deverão seguir alguns fatores para determinar se a coordenação e o rateio com outras autoridades são apropriados. Estão incluídos entre esses fatores: a gravidade da conduta praticada pela companhia, as disposições legais concernentes a multa e penalidades, o risco de um atraso injustificado para chegar a uma resolução final, a adequação e a pronta divulgação da conduta pela empresa e a sua cooperação com o DOJ.

Como se vê, assim como no sistema jurídico brasileiro, o princípio de independência de instância também é consagrado nos EUA – até de forma mais ampla. Tendo em vista o caráter ultraterritorial[196] estipulado no artigo 1º, parágrafo único,[197] e no artigo 28[198] da Lei Anticorrupção, entendemos que a Política de Coordenação para Resolução das Penalidades Corporativas (ou Política Anti-Piling On) implementada pelo DOJ também poderá adotar política semelhante pelas diversas autoridades máximas de cada órgão ou entidade pública que podem celebrar acordo de leniência com pessoas jurídicas cuja mesma conduta está sendo investigada tanto por autoridades brasileiras quanto estrangeiras.

---

[196] Conforme Modesto Carvalhosa, "a ultraterritorialidade simplesmente amplia a esfera de aplicação da Lei nacional para além de suas fronteiras, sem alterar a extensão do direito punitivo (*jus puniendi*) ou da definição do território. Resulta dessa ultraterritorialidade que um ato delituoso cometido fora do território de um Estado poderia, por circunstâncias especiais, ser julgado segundo a Lei desse mesmo Estado" (CARVALHOSA, Modesto. **Considerações sobre a lei anticorrupção das pessoas jurídicas**. Lei 12.846/2013. São Paulo: Editora Revista dos Tribunais, 2015, p. 114).

[197] Art. 1º Esta Lei dispõe sobre a responsabilização objetiva administrativa e civil de pessoas jurídicas pela prática de atos contra a Administração Pública, nacional ou estrangeira.

Parágrafo único. Aplica-se o disposto nesta Lei às sociedades empresárias e às sociedades simples, personificadas ou não, independentemente da forma de organização ou modelo societário adotado, bem como a quaisquer fundações, associações de entidades ou pessoas, ou sociedades estrangeiras, que tenham sede, filial ou representação no território brasileiro, constituídas de fato ou de direito, ainda que temporariamente.

[198] Art. 28. Esta Lei aplica-se aos atos lesivos praticados por pessoa jurídica brasileira contra a Administração Pública estrangeira, ainda que cometidos no exterior.

Nesse contexto, filiamos à tese defendida por Walfrido Warde[199] sobre a criação de uma autarquia, "isto é, uma pessoa jurídica de direito público de capacidade exclusivamente administrativa, com patrimônio e receita, que congregue partícipes de todos os órgãos de Estado componentes do aparato estatal de controle" para planejar uma política de combate à corrupção de alcance nacional.

Dentre as diversas funções dessa nova autarquia listadas pelo autor, por exemplo, o "guichê único" para a celebração de acordos de leniência por meio de um Comitê de Leniência, sugerimos a inclusão de mais uma finalidade: o trabalho de coordenação com governos estrangeiros para imposição de sanções contra empresas cujas condutas estejam sendo investigadas simultaneamente no Brasil e em outros países, de modo a, por um lado, aplicar as penalidades de forma razoável e proporcional e, por outro, coibir a ocorrência do *piling on*.

---

[199] WARDE, Walfrido. *O espetáculo da corrupção:* como um sistema corrupto e o modo de combatê-lo estão destruindo o país. Rio de Janeiro: LeYa, 2018, p. 129.

Capítulo IV

O COMBATE À CORRUPÇÃO NO BRASIL E NA AMÉRICA LATINA

4.1 Tratados internacionais

A partir da segunda metade do século XX, houve uma onda crescente de combate à corrupção no mundo. Conforme descrito anteriormente, os casos americanos, como o escândalo Watergate, dentre outros, foram responsáveis por intensificar a criação de medidas punitivas para combater a corrupção e responsabilizar os agentes envolvidos pela prática de atos corruptivos contra a Administração Pública, nacional ou estrangeira. Como visto no capítulo anterior, em consequência dos casos de corrupção que desestabilizaram a política norte-americana, em 1977 foi elaborado o FCPA a fim de punir aqueles (pessoas físicas ou jurídicas) que praticassem atos considerados corruptivos.

A edição do FCPA se fundamentou nos princípios norteadores do sistema capitalista, quais sejam, livre concorrência e mercado. Como o pagamento de propina a um agente público afeta a concorrência e infringe as leis do mercado, os atos corruptivos vão de encontro aos princípios capitalistas para além da questão ética e moral em sentido amplo.[200]

---

[200] PETRELLUZZI, Marco Vinicio; RIZEK JUNIOR, Rubens Naman. *Lei Anticorrupção:* origens, comentários e análise da legislação crrelata. São Paulo: Saraiva, 2014.

A princípio, somente as companhias americanas se submeteram à legislação anticorrupção, o que trouxe desvantagens competitivas no mercado externo, pois não havia regras semelhantes nos demais países. Deste modo, os EUA foram levados a exigir medidas internacionais de combate à corrupção e especialmente de punição às empresas envolvidas com a prática de corrupção de agentes públicos.

Nesse contexto, o primeiro acordo multilateral para combater a corrupção foi firmado pelos Estados-membros da Organização para a Cooperação e Desenvolvimento Econômico (OCDE) e também por outros países (como Argentina, Brasil e Chile), a denominada Convenção sobre o Combate da Corrupção de Funcionários Públicos Estrangeiros em Transações Comerciais Internacionais (Convenção da OCDE).[201] Tal convenção foi ratificada pelo Brasil em 15 de junho de 2000 e promulgada pelo Decreto n. 3.678/00.[202] O propósito principal da Convenção da OCDE é prevenir e combater a corrupção de funcionários públicos estrangeiros no âmbito das transações comerciais internacionais.

De acordo com o Artigo 2 da Convenção da OCDE, cada parte deve tomar todas as medidas necessárias ao estabelecimento das responsabilidades de pessoas jurídicas pela corrupção de funcionário público estrangeiro, conforme seus princípios jurídicos.[203] É importante sublinhar a proposição "conforme seus princípios jurídicos", pois o conteúdo da Convenção da OCDE deve ser observado em consonância com os respectivos ordenamentos jurídicos de cada país que assinou o documento.

---

[201] OECD Convention on Combating Bribery of Foreign Public Officials in International Business Transactions. Disponível em: <http://www.oecd.org/corruption/oecdantibriberyconvention.htm>. Acesso em: 11.11.2018.

[202] BRASIL. *Decreto n. 3.678*, de 30 nov. 2000. Promulga a Convenção sobre o Combate da Corrupção de Funcionários Públicos Estrangeiros em Transações Comerciais Internacionais, concluída em Paris, 17 dez. 1997. Disponível em: <http://www.planalto.gov.br/ccivil_03/decreto/D3678.htm>. Acesso em: 11.11.2018.

[203] Article 2 – Responsibility of Legal Persons. Each Party shall take such measures as may be necessary, in accordance with its legal principles, to establish the liability of legal persons for the bribery of a foreign public official. Disponível em: <http://www.oecd.org/corruption/oecdantibriberyconvention.htm>. Acesso em: 11.11.2018.

Caso o ordenamento jurídico de determinado país não previsse a possibilidade de sancionar penalmente uma pessoa jurídica, deveria ser assegurado sancioná-la financeiramente de modo proporcional ao ato corruptivo praticado, observado o Artigo 3 da Convenção da OCDE.[204] Para Modesto Carvalhosa,[205] a Convenção da OCDE constitui o mais importante instrumento de combate internacional à corrupção.

No âmbito da Organização dos Estados Americanos (OEA), também foi firmado um documento de combate à corrupção, a Convenção Interamericana contra a Corrupção (Convenção da OEA),[206] de 29 de março de 1996. No Brasil, a Convenção da OEA foi aprovada pelo Decreto Legislativo n. 152,[207] de 25 de junho de 2002, com reserva ao artigo XI, §1º, "c" (aborda a tipificação da prática de *lobby* na decisão de autoridade pública com o objetivo de obter proveito ilícito). A Convenção da OEA foi ratificada pelo Brasil em 10 de julho de 2002 e promulgada por meio do Decreto n. 4.410/2002.[208]

---

204 Article 3 – Sanctions. 1. The bribery of a foreign public official shall be punishable by effective, proportionate and dissuasive criminal penalties. The range of penalties shall be comparable to that applicable to the bribery of the Party's own public officials and shall, in the case of natural persons, include deprivation of liberty sufficient to enable effective mutual legal assistance and extradition. 2. In the event that, under the legal system of a Party, criminal responsibility is not applicable to legal persons, that Party shall ensure that legal persons shall be subject to effective, proportionate and dissuasive non-criminal sanctions, including monetary sanctions, for bribery of foreign public officials. 3. Each Party shall take such measures as may be necessary to provide that the bribe and the proceeds of the bribery of a foreign public official, or property the value of which corresponds to that of such proceeds, are subject to seizure and confiscation or that monetary sanctions of comparable effect are applicable. 4. Each Party shall consider the imposition of additional civil or administrative sanctions upon a person subject to sanctions for the bribery of a foreign public official. Disponível em: <http://www.oecd.org/corruption/oecdantibribery convention.htm>. Acesso em: 11 nov. 2018.

205 CARVALHOSA, Modesto. *Considerações sobre a lei anticorrupção das pessoas jurídicas.* Lei 12.846/2013. São Paulo: Editora Revista dos Tribunais, 2015.

206 Disponível em: <http://www.oas.org/juridico/portuguese/treaties/b-58.htm>. Acesso em: 14.11.2018.

207 BRASIL. Câmara dos Deputados. *Decreto Legislativo n. 152*, 25 jun. 2002. Disponível em: <http://www2.camara.leg.br/legin/fed/decleg/2002/decretolegislativo-152-25-junho-2002-459890-convencao-1-pl.html>. Acesso em: 14.11.2018.

208 BRASIL. *Decreto n. 4.410,* de 7 out. 2002. Promulga a Convenção Interamericana

Conforme o Artigo II, os propósitos da Convenção da OEA são: (i) promover e fortalecer o desenvolvimento de mecanismos necessários para prevenir, detectar, punir e erradicar a corrupção e (ii) promover, facilitar e regular a cooperação entre os membros da OEA a fim de assegurar a eficácia das medidas e ações adotadas para prevenir, detectar, punir e erradicar a corrupção no exercício das funções públicas e os atos de corrupção vinculados a seu exercício.[209] Dentre outros fatores, a Convenção da OEA trata das medidas preventivas no Artigo III, define os atos de corrupção no Artigo VI, trata do suborno transnacional no Artigo VIII e do enriquecimento ilícito no Artigo IX.

Uma comparação entre a Convenção da OEA e a Convenção da OCDE revela que a Convenção da OEA criminaliza os atos de corrupção praticados por funcionários públicos estrangeiros e dispõe sobre uma diversidade de práticas de corrupção de modo mais abrangente em comparação à Convenção da OCDE. A Convenção da OEA foi responsável por criar um mecanismo específico de acompanhamento de sua efetivação pelos países-membros que a ratificaram, qual seja: Mecanismo de Acompanhamento da Implantação da Convenção Interamericana contra a Corrupção (MESICIC).

Complementarmente ao MESICIC,[210] o Departamento de Cooperação Jurídica da Secretaria de Assuntos Jurídicos da OEA desenvolveu o Portal Anticorrupção das Américas como uma ferramenta para auxiliar o acesso à informação em matéria de transparência na gestão pública e cooperação contra a corrupção na esfera da OEA, inclusive os atos realizados no âmbito do MESICIC. Desde sua criação, o MESICIC emitiu centenas de informes com recomendações para que os países-membros aperfeiçoassem seus ordenamentos jurídicos e suas instituições

contra a Corrupção, de 29 de março de 1996, com reserva para o art. XI, parágrafo 1º, inciso "c". Disponível em: <http://www.planalto.gov.br/ccivil_03/decreto/2002/D4410.htm>. Acesso em: 14.11.2018.

[209] Disponível em: <http://www.oas.org/juridico/portuguese/treaties/b-58.htm>. Acesso em: 14.11.2018.

[210] Disponível em: <http://www.oas.org/juridico/portuguese/Combate.htm>. Acesso em: 21.11.2018.

para combater a corrupção em diversas matérias, como: prevenção de conflito de interesses, preservação de recursos públicos, capacitação ética, participação da sociedade civil no combate à corrupção, controle interno nas empresas para prevenir e detectar práticas corruptas e tipificação dos atos de corrupção, entre outros.

No âmbito da Organização das Nações Unidas (ONU), foi aprovada a Convenção nas Nações Unidas contra a Corrupção (Convenção de Mérida) em 31 de julho de 2003 na cidade de Mérida, no México, a qual deu origem à denominação da referida Convenção.[211]

Os principais temas tratados pela Convenção de Mérida são: prevenção, penalização, recuperação de ativos e cooperação internacional. Em matéria de prevenção à corrupção, o capítulo da Convenção de Mérida pertinente ao tema estabelece que os Estados-partes implementem políticas contra a corrupção de modo a promover a participação da sociedade civil e efetivar os princípios do Estado de Direito, como a integridade e a transparência. Os sistemas de seleção e recrutamento dos Estados-partes devem se basear em critérios objetivos a fim de aumentar a transparência no financiamento de campanhas, por exemplo.

Além disso, a Convenção de Mérida orienta que sejam elaborados códigos de conduta que disciplinem medidas de estímulo a denúncias de corrupção e de desestímulo a qualquer ação que possa gerar conflitos de interesses. Os processos de licitação devem permitir a equidade de participação e estabelecer critérios impessoais. O acesso às contas públicas também deve ser ampliado para fomentar a participação social nos processos licitatórios. Para combater a corrupção, é fundamental a independência do Poder Judiciário e do Ministério Público. Além das medidas de prevenção à corrupção no setor público, a Convenção de Mérida também trata da prevenção no setor privado, como o desenvolvimento de padrões de auditoria para as empresas, a previsão de sanções civis, administrativas e penais, entre outras medidas.

---

[211] *ONU*. Disponível em: <http://www.unodc.org/unodc/en/treaties/CAC/index.html>. Acesso em: 21.11.2018.

No capítulo referente à penalização, a Convenção de Mérida exige que os Estados-partes adotem tipificações criminais que transcendam as formas básicas de corrupção, como o suborno e o desvio de recursos públicos, ou seja, os atos que colaboram para a corrupção, como a obstrução da justiça, tráfico de influência e lavagem de recursos decorrentes da corrupção, também devem ser introduzidos nos ordenamentos jurídicos dos Estados-partes sob tipificação criminal. Conforme o texto da Convenção, os seguintes atos devem necessariamente ser tipificados como crime: suborno a funcionários públicos, corrupção ativa, fraude e apropriação indébita, lavagem de dinheiro e obstrução da justiça.

O suborno, para ser considerado crime, deve ser a promessa, oferta ou entrega de uma vantagem indevida a um servidor público ou outra pessoa ou entidade, para agir ou não no exercício de suas funções oficiais. Aquele que solicitar ou aceitar tais vantagens indevidas também pratica o crime de suborno. Também é tipificado como crime a fraude, a apropriação indébita ou qualquer desvio de recursos por funcionário público em benefício próprio ou de terceiros, de qualquer propriedade, fundos públicos ou privados ou qualquer objeto de valor confiado ao funcionário devido ao exercício de sua função. Por obstrução de justiça, entende-se a manipulação de testemunhas e a interferência no exercício da função de membros da Justiça por meio de uso de força, ameaças ou intimidação.

Já no capítulo sobre recuperação de ativos, a Convenção de Mérida estabelece que os Estados-partes devem se apoiar por meio de medidas de cooperação e assistência entre si. As instituições financeiras dos Estados-partes devem se comprometer a verificar a identidade dos respectivos clientes, controlar com maior precisão as contas dos altos funcionários públicos e reportar transações suspeitas às autoridades competentes, entre outras medidas. A recuperação direta de ativos envolve a viabilidade de um Estado-parte possuir um regime que possibilite a outro Estado-parte instituir um processo para recuperar ativos ou intervir para fomentar o pedido de compensação.

Deste modo, um Estado-parte pode propor uma ação civil no Poder Judiciário de outro membro para reivindicar o direito à propriedade de bens obtidos através de corrupção. O sistema judiciário de um Estado-parte pode condenar os culpados por corrupção a compensar o outro Estado-parte. Assim sendo, os Estados-partes devem consentir com o cumprimento de uma ordem de confisco ou congelamento emitida por uma corte de outro Estado-parte. A regra geral prevista pela Convenção de Mérida determina que os Estados-partes devem alienar os bens confiscados e devolver aos proprietários originais, em caso de fraude, desvio de recursos públicos ou lavagem de recursos adquiridos ilegalmente.

Por fim, no capítulo relativo à cooperação internacional, a importância do apoio internacional é sublinhada na medida em que os esforços para combater a corrupção exigem uma atuação conjunta dos países, como assistência jurídica mútua na coleta de provas, nos processos de extradição e na investigação, busca e apreensão de bens obtidos por meio de corrupção. Uma novidade trazida pela Convenção de Mérida em matéria de cooperação internacional diz respeito ao princípio da dupla incriminação, conforme o qual um país não é obrigado a extraditar pessoas que praticaram atos que não são tipificados como crime localmente. A inovação contida no texto da Convenção reside na possibilidade de extradição mesmo em caso de crimes não tipificados como tal no território em que foram cometidos.

Nos crimes expressamente tratados pela convenção, a extradição deve ser garantida. Vale ressaltar que os crimes de corrupção não devem ser considerados crimes políticos. A Convenção de Mérida serve de base legal para os países que condicionam a extradição à existência de tratados. Caso o país não extradite os cidadãos nacionais, pode fazer uso do pedido de extradição de outro país para fundamentar o processo interno. Logo, os Estados-partes devem harmonizar suas leis nacionais com os tratados internacionais assinados. Caso seja demonstrada a perseguição por gênero, raça, religião, nacionalidade, etnia ou opiniões políticas, o pedido de extradição pode ser recusado pelo Estado-parte. No entanto, a Convenção aconselha consultar o país solicitante antes de recusar o pedido de extradição, para que seja possível apresentar informações adicionais relevantes a um eventual desfecho em outro sentido.

A Convenção de Mérida apresenta medidas de assistência jurídica mútua em investigações e processos referentes aos crimes previstos em seu próprio texto. Dentre as medidas, vale ressaltar as seguintes: indicar uma autoridade central para receber, executar e transmitir pedidos de assistência jurídica mútua, não permitir a recusa de assistência jurídica mútua fundamentada no sigilo bancário e viabilizar a assistência jurídica mútua em caso de ausência de dupla criminalização. Para efetivar o conteúdo da Convenção, torna-se imprescindível a celebração de acordos bilaterais ou multilaterais a fim de criar órgãos mistos de investigação para investigar e processar casos que envolvam um ou mais Estados-partes.

A partir das convenções internacionais ratificadas pelo Brasil e dos decorrentes mecanismos de acompanhamento dos compromissos de combate à corrupção, em 2010, foi encaminhado à Câmara dos Deputados o Projeto de Lei n. 6.826,[212] que dispõe sobre a responsabilização administrativa e civil das pessoas jurídicas pela prática de atos contra a Administração Pública, nacional ou estrangeira. A Exposição de Motivos Interministerial n. 00011/2009 – CGU/MJ/AGU (EMI EMI n. 00011 2009)[213] explica que o objetivo do anteprojeto era "suprir uma lacuna existente no sistema jurídico pátrio no que tange à responsabilização de pessoas jurídicas pela prática de atos ilícitos contra a Administração Pública, em especial, por atos de corrupção e fraude em licitações e contratos administrativos".

Em outros termos, o Projeto de Lei n. 6.826/2010, que deu origem à Lei n. 12.846/2013,[214] a princípio pretendia inserir a responsabilidade

---

[212] BRASIL. Câmara dos Deputados. *Projeto de Lei n. 6.826*, de 18 de fevereiro de 2010. Disponível em: <http://www.camara.gov.br/proposicoesWeb/fichadetramitacao?idProposicao=466400>. Acesso em: 21.11. 2018.

[213] BRASIL. Subchefia de Assuntos Parlamentares. *Exposição de Motivos Interministerial n. 00011/2009 CGU/MJ/AGU,* de 23 out. 2009. Disponível em: <http://www.planalto.gov.br/ccivil_03/Projetos/EXPMOTIV/EMI/2010/11%20-%20CGU%20MJ%20AGU.htm>. Acesso em: 21.11.2018.

[214] BRASIL. *Lei n. 12.846*, de 1º ago. 2013. Dispõe sobre a responsabilização administrativa e civil de pessoas jurídicas pela prática de atos contra a Administração

administrativa e civil da pessoa jurídica no ordenamento jurídico brasileiro a fim de seguir os compromissos internacionais ratificados pelo país. Houve a opção pela responsabilidade administrativa e civil da pessoa jurídica, já que a responsabilidade penal não era suficiente para oferecer mecanismos efetivos para punir sociedades empresárias. Devido à natureza e aplicação da responsabilidade civil, conforme analisado no Capítulo 1, tal responsabilidade é a mais compatível com os objetivos sancionatórios aplicáveis às sociedades empresárias. Já a responsabilidade administrativa serve melhor à celeridade e efetividade como instrumento de repressão de desvios por meio de contratos administrativos e procedimentos licitatórios.

Com a finalidade de atender aos compromissos internacionais assinados pelo Brasil no combate à corrupção, a EMI n. 00011 2009 sublinha que, para suprir a ausência de meios específicos para atingir o patrimônio das pessoas jurídicas e ressarcir os prejuízos causados por atos corruptivos, é imperativo criar uma legislação específica para responsabilizar, civil e administrativamente, as pessoas jurídicas envolvidas em atos contra a Administração Pública. Além disso, a Administração Pública estrangeira também demandava proteção, o que foi cumprido pelo Projeto de Lei n. 6.826/2010, devido novamente aos compromissos internacionais assumidos pelo Brasil ao ratificar a Convenção de Mérida, a Convenção da OEA e a Convenção da OCDE.

A alteração no Código Penal introduzida pela Lei n. 10.467/2002[215] tipificou a corrupção ativa em transação comercial internacional somente para as pessoas físicas, sem alcançar as pessoas jurídicas beneficiadas pela prática da corrupção. Assim, ao ratificar as três convenções internacionais supracitadas, o Brasil se comprometeu a punir as pessoas jurídicas envolvidas em atos de corrupção, como o suborno transnacional que envolve a corrupção ativa de funcionários públicos estrangeiros e

---

Pública, nacional ou estrangeira, e dá outras providências. Disponível em: <http://www.planalto.gov.br/ccivil_03/_ato2011-2014/2013/lei/l12846.htm>. Acesso em: 21.11.2018.

[215] Disponível em: <http://www.planalto.gov.br/ccivil_03/LEIS/2002/L10467.htm>. Acesso em: 21.11.2018.

organizações internacionais. Após a transformação do Projeto de Lei n. 6.826/10 na Lei n. 12.846/13, o sistema nacional de combate à corrupção[216] foi fortalecido.

No entanto, a Lei n. 12.846/2013 não foi a primeira a responsabilizar as pessoas jurídicas que praticam atos lesivos à Administração Pública. Vale destacar, dentre outras, a Lei n. 8.429/1992,[217] aplicável àquele que induzisse ou concorresse para a prática de ato de improbidade ou se beneficiasse dele direta ou indiretamente, mesmo se não fosse agente público; ou seja, a pessoa jurídica poderia ser responsabilizada. No âmbito constitucional, os artigos 14, §9º,[218] 37, §4º[219] e 85, V[220] da Constituição Federal tratam da probidade que deve caracterizar a Administração Pública.

4.2 Legislações nacionais na América Latina

As legislações nacionais de combate à corrupção na América Latina foram criadas e atualizadas, sobretudo, devido aos casos de corrupção

[216] HEINEN, Juliano. *Comentários à lei anticorrupção:* Lei n. 12.846/2013. Belo Horizonte: Fórum, 2015.

[217] BRASIL. *Lei n. 8.429,* de 2 jun. 1992. Dispõe sobre as sanções aplicáveis aos agentes públicos nos casos de enriquecimento ilícito no exercício de mandato, cargo, emprego ou função na Administração Pública direta, indireta ou fundacional e dá outras providências. Disponível em: <http://www.planalto.gov.br/ ccivil_03/LEIS/L8429.htm>. Acesso em: 21.11.2018.

[218] Art. 14 – § 9º Lei complementar estabelecerá outros casos de inelegibilidade e os prazos de sua cessação, a fim de proteger a probidade administrativa, a moralidade para exercício de mandato considerada vida pregressa do candidato, e a normalidade e legitimidade das eleições contra a influência do poder econômico ou o abuso do exercício de função, cargo ou emprego na administração direta ou indireta. (Redação dada pela Emenda Constitucional de Revisão n. 4, de 1994).

[219] Art. 37 – § 4º Os atos de improbidade administrativa importarão a suspensão dos direitos políticos, a perda da função pública, a indisponibilidade dos bens e o ressarcimento ao erário, na forma e gradação previstas em lei, sem prejuízo da ação penal cabível.

[220] Art. 85. São crimes de responsabilidade os atos do Presidente da República que atentem contra a Constituição Federal e, especialmente, contra: V – a probidade na administração;

ligados às maiores empreiteiras da região. O Brasil liderou esse movimento de criação de legislações específicas e efetivas de combate e também de prevenção à corrupção. Os países latino-americanos têm fortalecido as investigações e se apoiado para deter os envolvidos na prática de corrupção e outros ilícitos conexos. No Brasil, a Operação Lava Jato teve impacto fundamental no combate à corrupção e se refletiu também em outros países, como Argentina, Peru e Equador. A referida Operação pode ser considerada um marco para a história da corrupção na América Latina.

Desde 2014, a Operação Lava Jato tem investigado e punido executivos de grandes empresas, agentes públicos e intermediários envolvidos nos complexos processos de corrupção. Além disso, o desenvolvimento de programas de *compliance* por empresas nacionais tem sido relevante desde o início da operação. A série de mudanças jurídicas e institucionais para garantir e ampliar a transparência tem buscado responsabilizar tanto as pessoas naturais quanto as pessoas jurídicas e esta é justamente a inovação necessária para combater a corrupção em sua plenitude. Assim sendo, novos mecanismos e novas normas para enfrentar a corrupção e os seus desdobramentos têm sido elaborados por meio de reformas nas instituições e no ordenamento jurídico nacional.

Dentre as múltiplas consequências da Operação Lava Jato, é possível identificar um aumento exponencial no número de investigações na esfera pública e na esfera privada (além das próprias empresas que têm conduzido investigações internas para apurar eventuais atos ilícitos).

A história da América Latina, conforme analisado no capítulo 2, é marcada por sucessivos movimentos de exploração, conflitos socioeconômicos e violência, o que pode levar a crer na possibilidade de certa transformação cultural cujo reflexo seria exatamente atender ao anseio social por combate e extinção da corrupção intrínseca à história da região. Uma maior e efetiva transparência colabora para o ambiente de negócios ainda que, durante o processo, haja perdas para as empresas.

As transformações na cultura negocial na América Latina demandam um aparato regulatório capaz de investigar e punir pessoas físicas, pessoas jurídicas e agentes públicos envolvidos nas diversas práticas de corrupção.

Por fim, cabe lembrar que as atuais democracias latino-americanas são recentes, quando comparadas aos demais países do Ocidente, e que as ditaduras militares pelas quais o continente passou no século XX contribuíram para dificultar uma cultura de transparência nas organizações, dentre outros desserviços políticos e sociais.

4.2.1 Argentina

Na Argentina, a Lei n. 27.401, de 8 de novembro de 2017,[221] estabeleceu o regime de responsabilidade penal aplicável a pessoas jurídicas, de capital nacional ou estrangeiro, com ou sem participação estatal. Dentre as razões para a criação da aludida lei, destacam-se: (i) os compromissos internacionais firmados pela Argentina; (ii) o interesse do governo argentino em tornar o país membro da OCDE; e (iii) diversos casos de corrupção, como o escândalo que envolveu a empreiteira brasileira Odebrecht e o pagamento de propinas a agentes públicos argentinos.[222] Em casos de suborno nacional e estrangeiro a funcionários públicos argentinos, tráfico de influência, enriquecimento ilícito, falsificação de livros e documentos, entre outros, a lei argentina prevê a responsabilidade penal e administrativa.

Nos últimos dois anos foram promulgadas na Argentina as principais leis anticorrupção e, por isso, ainda não foi possível a produção de dados relevantes a respeito da aplicação de tais normas de combate à corrupção. O Regime de Responsabilidade Penal das Pessoas Jurídicas, que entrou em vigor em 1º de março de 2018, regula o comportamento dos funcionários públicos e exige que as políticas empresariais se

---

[221] ARGENTINA. *Lei n. 27.401*, de 8 nov. 2017. Disponível em: <http://servicios.infoleg.gob.ar/infolegInternet/verNorma.do?id=296846>. Acesso em: 1 dez. 2018.

[222] Disponível em: <https://www.clarin.com/politica/odebrecht-fiscales-argentina-brasil-lograron-acuerdo-declaren-arrepentidos-brasilenos_0_ByGQobGSX.html>. Acesso em: 01.12.2018.

adequem aos seus termos. Por exemplo, recomenda-se que as pessoas jurídicas submetidas ao Regime de Responsabilidade Penal implementem programas de integridade conforme as ações, os mecanismos e procedimentos internos para promover supervisão e também prevenir, identificar e corrigir irregularidades e eventuais atos ilícitos descritos na Lei n. 27.401/2017.

Como a Argentina é um país federal, o Código Penal aprovado pelo Congresso Federal se aplica a todo o país, porém, as regras sobre deveres éticos dos agentes públicos são de competência específica de cada província. Dessa forma, para o escopo do presente estudo, importam as regras anticorrupção previstas no Código Penal Argentino e as normas complementares em âmbito federal, não em âmbito provincial. O conceito de funcionário público empregado nas normas federais anticorrupção é considerado amplo e se define pelo exercício de funções públicas, por isso a definição de funcionário público pode variar conforme o caso.

A Argentina firmou tratados internacionais, como a Convenção Interamericana contra a Corrupção, a Convenção contra o Suborno de Funcionários Públicos Estrangeiros em Transações Internacionais e a Convenção da ONU contra a Corrupção. O suborno transnacional foi combatido através do artigo 258 bis[223] do Código Penal Argentino, o

[223] Artículo 258 bis – Será reprimido con prisión de un (1) a seis (6) años e inhabilitación especial perpetua para ejercer la función pública el que, directa o indirectamente, ofreciere, prometiere u otorgare, indebidamente, a un funcionario público de otro Estado o de una organización pública internacional, ya sea en su beneficio o de un tercero, sumas de dinero o cualquier otro objeto de valor pecuniario u otras compensaciones tales como dádivas, favores, promesas o ventajas, a cambio de que dicho funcionario realice u omita realizar un acto relacionado con el ejercicio de sus funciones públicas, o para que haga valer la influencia derivada de su cargo en un asunto vinculado a una transacción de naturaleza económica, financiera o comercial. Se entenderá por funcionario público de otro Estado, o de cualquier entidad territorial reconocida por la Nación Argentina, a toda persona que haya sido designada o electa para cumplir una función pública, en cualquiera de sus niveles o divisiones territoriales de gobierno, o en toda clase de organismo, agencia o empresa pública en donde dicho Estado ejerza una influencia directa o indirecta. (Artículo sustituido por art. 30 de la Ley nº 27.401 B.O. 1/12/2017. Vigencia: a los noventa (90) días de su publicación en

qual pune aquele que oferece ou promete a um funcionário público de outro Estado ou de uma organização pública internacional valores em dinheiro, objetos de valor pecuniário ou vantagens em troca de determinado ato relacionado ao exercício de suas funções públicas ou influência sobre determinado assunto relacionado a uma transação de natureza econômica, financeira ou comercial.

As condutas dos funcionários públicos locais são reguladas pela Lei n. 25.188/1999,[224] conhecida como Lei de Ética da Função Pública, conforme a qual os funcionários públicos não podem receber benefícios pessoais indevidos relacionados a um ato inerente às suas funções, tampouco exigir condições especiais derivadas de tais atos. A Lei de Ética da Função Pública também proíbe o recebimento de presentes, favores ou doações por funcionários públicos devido às suas funções. Contudo, há uma exceção que a Lei de Ética da Função Pública admite, qual seja, os favores de cortesia ou costume diplomático.

O Decreto n. 1.179/2016[225] dispõe sobre a ética no exercício da função pública e regulamenta quando os favores de cortesia ou costume diplomático podem ser aceitos, assim como seu registro e seus meios de incorporação ao patrimônio público. A regra é proibir toda pessoa que exerça uma função pública de receber presentes, doações ou benefícios com base no desempenho de suas funções públicas. A exceção regulada pelo Decreto n. 1.179/2016 envolve os favores de costume diplomático (como os reconhecimentos protocolares recebidos de governos, órgãos internacionais ou entidades sem fins lucrativos, nas condições previstas em lei ou conforme costume oficial) e os favores de cortesia (como presentes, doações, benefícios ou gratificações considerados demonstrações

---

el Boletín Oficial de la República Argentina) (ARGENTINA. *Código Penal.* Disponível em: <http://servicios. infoleg.gob.ar/infolegInternet/anexos/15000-19999/16546/texact.htm#25>. Acesso em: 01.12.2018).

[224] ARGENTINA. *Lei n. 25.188/99*, de 26 out. 1999. Disponível em: <https://www.economia.gob.ar/digesto/leyes/ley25188.htm>. Acesso em: 01.12.2018.

[225] ARGENTINA. *Decreto n. 1.179/16,* de 18 nov. 2016. Disponível em: <http://servicios.infoleg.gob.ar/infolegInternet/anexos/265000-269999/267949/norma.htm>. Acesso em: 01.12.2018.

ou atos para manifestar atenção, respeito ou afeto em situações costumeiras). Portanto, somente funcionários em situações especiais legalmente previstas ou por costume podem conceder favores em determinadas circunstâncias excepcionais.

A Lei de Ética da Função Pública também prevê a nulidade de atos emitidos por meio de conflitos de interesse ou incompatibilidades. Para regulamentar a representação do Estado em situações de conflitos de interesses foi promulgado o Decreto n. 201/2017[226] e para regulamentar as obrigações dos ofertantes em processos de contratação e licitações públicas de apresentar uma Declaração Juramentada de Interesses foi promulgado o Decreto n. 202/2017.[227] Para aplicar tais normas, criou-se o denominado Escritório Anticorrupção, que também tem atuado na verificação de incompatibilidades ou situações de conflitos de interesses.

O Código Penal Argentino prevê como delitos contra a Administração Pública: suborno e tráfico de influências, em âmbito nacional ou transnacional; negociações incompatíveis com funções públicas; concussão; enriquecimento ilícito de funcionários públicos e alteração de documentos, como balanços e relatórios. A Lei de Responsabilidade Penal das Pessoas Jurídicas (Lei n. 27.401/2017) alterou o Código Penal ao ampliar sua aplicação a delitos praticados no exterior por funcionários públicos argentinos no exercício de suas funções e também a delitos de suborno de funcionário público estrangeiro praticado no exterior por cidadãos argentinos ou pessoas jurídicas sediadas na Argentina.

Além disso, a Lei de Responsabilidade Penal das Pessoas Jurídicas dispõe sobre a aplicação de sanções a pessoas jurídicas por delitos de suborno e tráfico de influências, incompatibilidades com o exercício de

[226] ARGENTINA. *Decreto n. 201/17*, de 22 mar. 2017. Disponível em: <http://servicios.infoleg.gob.ar/infolegInternet/anexos/270000-274999/272922/norma. htm>. Acesso em: 01.12.2018.

[227] ARGENTINA. *Decreto n. 202/17*, de 22 mar. 2017. Disponível em: <http://servicios.infoleg.gob.ar/infolegInternet/anexos/270000-274999/272923/norma. htm>. Acesso em: 01.12.2018.

funções públicas, concussão, enriquecimento ilícito de funcionários públicos e falsificação de documentos, nas hipóteses em que os delitos se realizarem com intervenção, interesse ou benefício da pessoa jurídica. É possível que se exclua a responsabilidade da pessoa jurídica apenas se a pessoa natural que praticou o crime atuou em benefício exclusivo e sem proveito à pessoa jurídica. A Lei de Responsabilidade Penal das Pessoas Jurídicas prevê dois tipos de responsabilidade: (i) acumulativa (não exclui a responsabilidade da pessoa natural que atuou como autor ou como cúmplice); (ii) condicional (o delito foi cometido por pessoal natural em benefício da pessoa jurídica).

As sanções previstas pela Lei de Responsabilidade Penal das Pessoas Jurídicas são: multa de duas a cinco vezes o benefício indevido; suspensão total ou parcial de atividades por até dez anos; suspensão para participar de concursos ou licitações por até dez anos; dissolução e liquidação da personalidade; perda ou suspensão de benefícios; e publicação de um extrato da sentença condenatória. A Lei de Responsabilidade Penal das Pessoas Jurídicas não obriga que todas as pessoas jurídicas apresentem Programas de Integridade, porém, para contratar junto ao governo argentino será exigido necessariamente que a pessoa jurídica contratante tenha implementado um Programa de Integridade. Os seguintes elementos são exigidos pela lei nos Programas de Integridade: ser adequado aos riscos específicos da atividade, tamanho e capacidade econômica da pessoa jurídica e incluir um Código de Ética com as políticas internas para prevenir crimes em toda relação com o setor público.

Se a pessoa jurídica tiver denunciado espontaneamente o delito, se tiver implementado um programa de integridade e se devolver o benefício indevido obtido, é possível que seja eximida de pena ou responsabilidade administrativa, conforme a Lei de Responsabilidade Penal das Pessoas Jurídicas. Também há a previsão, na mesma lei, da possibilidade de firmar acordos de colaboração eficaz entre a pessoa jurídica e o Ministério Público Fiscal argentino, pelos quais a pessoa jurídica se obriga a cooperar mediante delação de informações ou dados úteis e comprováveis. Sobre os denominados *whistleblowers*, a Lei de Responsabilidade Penal das Pessoas Jurídicas não prevê uma regulamentação expressa, no entanto, prevê nos programas de integridade a inclusão de canais internos de denúncia de irregularidades e políticas de proteção a denunciantes.

Conforme o Código Penal argentino, a lavagem de dinheiro é tipificada como um delito que pode ser cometido por pessoas físicas ou jurídicas, em nome, sob intervenção ou em benefício da pessoa jurídica. Como a Argentina é membro do Grupo de Ação Financeira Internacional (GAFI), aderiu aos "Padrões Internacionais de Combate à Lavagem de Dinheiro e ao Financiamento do Terrorismo e da Proliferação".[228] A Unidade de Informação Financeira (UIF)[229] é a instituição responsável pela aplicação do regime administrativo de prevenção de lavagem de dinheiro.

4.2.2 Brasil

No Brasil, a Lei n. 12.846/2013, ou Lei Anticorrupção, é a principal norma anticorrupção local. Desde sua entrada em vigor em 29 de janeiro de 2014, a Controladoria-Geral da União (CGU) tem agido para aplicar a Lei Anticorrupção.[230] Por exemplo, criou em 2017 o Sistema CGU-PJ que unifica as informações sobre as ações realizadas no Poder Executivo Federal. Até janeiro de 2018 haviam sido instaurados 183 procedimentos administrativos de responsabilização (PARs) para investigar atos corruptivos praticados por pessoas jurídicas. O Governo Federal já aplicou 30 penalidades (7 publicações extraordinárias e 23 multas sobre o faturamento bruto anual), totalizando R$ 12.010.130,21 (doze milhões, dez mil, cento e trinta reais e vinte e um centavos).

---

[228] Disponível em: <https://www.argentina.gob.ar/uif/internacional/gafi>. Acesso em: 01.12.2018.

[229] "La Unidad de Información Financiera es el organismo con autonomía y autarquía financiera a cargo del análisis, el tratamiento y la transmisión de información a los efectos de prevenir e impedir el Lavado de Activos (LA) y la Financiación del Terrorismo (FT)". Disponível em: <https://www.argentina.gob.ar/uif>. Acesso em: 01.12.2018.

[230] BRASIL. Controladoria-Geral da União. *Governo Federal aplica 30 punições a empresas por fraude, propina e financiamento ilícito*. Brasília, DF, 22 jan. 2018. Disponível em: <http://www.cgu.gov.br/noticias/2018/01/governo-federal-pune-30-empresas-por-fraude-propina-e-financiamento-ilicito>. Acesso em: 08.12.2018.

As punições vigentes são divulgadas no Cadastro Nacional de Empresas Punidas (CNEP) e são retiradas conforme os pagamentos das multas são efetuados ou por efeitos suspensivos em recursos.

As normas brasileiras anticorrupção, como o Código Penal, a Lei n. 8.429/1992 (Lei de Improbidade Administrativa) e a própria Lei n. 12.846/2013 (Lei Anticorrupção), preveem sanções a atos de corrupção contra agentes públicos nacionais e estrangeiros. Quanto à corrupção de agentes públicos estrangeiros, a legislação brasileira prevê sanções administrativas, civis e penais, sendo que as sanções penais somente se aplicam a pessoas físicas. O Código Penal brasileiro criminaliza, conforme o artigo 337-B,[231] introduzido pela Lei n. 10.467/2002, a prática de atos de corrupção contra agentes públicos estrangeiros. A Lei Anticorrupção, por sua vez, aplica-se exclusivamente a pessoas jurídicas pela prática de atos lesivos contra a Administração Pública, ou seja, além dos atos de corrupção, aplica-se também a outros atos contra a administração brasileira ou estrangeira.

A Lei Anticorrupção prevê sanções aplicáveis em dois âmbitos: administrativo e judicial. Sobre a responsabilidade administrativa, a lei dispõe no artigo 6º as seguintes sanções: multa, no valor de 0,1% a 20% do faturamento bruto do último exercício anterior ao da instauração do processo administrativo, excluídos os tributos, a qual nunca será inferior à vantagem auferida, quando for possível sua estimação; e publicação extraordinária da decisão condenatória.

A multa foi regulamentada pelo Decreto n. 8.420/2015[232] da seguinte maneira: (i) 1% a 2,5% se houver continuidade dos atos lesivos

---

[231] BRASIL. *Decreto-Lei n. 2.848,* de 7 dez. 1940, Código Penal. Corrupção ativa em transação comercial internacional – Art. 337-B. Prometer, oferecer ou dar, direta ou indiretamente, vantagem indevida a funcionário público estrangeiro, ou a terceira pessoa, para determiná-lo a praticar, omitir ou retardar ato de ofício relacionado à transação comercial internacional: (Incluído pela Lei n. 10.467, de 11.6.2002). Pena – reclusão, de 1 (um) a 8 (oito) anos, e multa. (Incluído pela Lei n. 10467, de 11.6.2002). Parágrafo único. A pena é aumentada de 1/3 (um terço), se, em razão da vantagem ou promessa, o funcionário público estrangeiro retarda ou omite o ato de ofício, ou o pratica infringindo dever funcional. (Incluído pela Lei n. 10.467, de 11.6.2002).

[232] BRASIL. *Decreto n. 8.420,* de 18 mar. 2015. Regulamenta a Lei no 12.846, de 1º

no tempo; (ii) 1% a 2,5% para tolerância ou ciência de pessoas do corpo diretivo ou gerencial da pessoa jurídica; (iii) 1% a 4% no caso de interrupção no fornecimento de serviço público ou na execução de obra contratada; (iv) 1% para a situação econômica do infrator com base na apresentação de índice de Solvência Geral – SG e de Liquidez Geral – LG superiores a um e de lucro líquido no último exercício anterior ao da ocorrência do ato lesivo; (v) 5% no caso de reincidência, assim definida a ocorrência de nova infração, idêntica ou não à anterior, tipificada como ato lesivo pelo art. 5º da Lei n. 12.846/2013, em menos de cinco anos, contados da publicação do julgamento da infração anterior; e (vi) no caso de os contratos mantidos ou pretendidos com o órgão ou entidade lesado, serão considerados, na data da prática do ato lesivo, os seguintes percentuais: (a) 1% em contratos acima de R$ 1.500.000,00 (um milhão e quinhentos mil reais); (b) 2% em contratos acima de R$ 10.000.000,00 (dez milhões de reais); (c) 3% em contratos acima de R$ 50.000.000,00 (cinquenta milhões de reais); (d) 4% em contratos acima de R$ 250.000.000,00 (duzentos e cinquenta milhões de reais); e (e) 5% em contratos acima de R$ 1.000.000.000,00 (um bilhão de reais).

No âmbito judicial, a Lei Anticorrupção concede autorização às Advocacias Públicas, órgãos de representação judicial e ao Ministério Público para propor ações judiciais a fim de aplicar tais sanções: (i) perdimento dos bens, direitos ou valores que representem vantagem ou proveito direta ou indiretamente obtidos da infração, ressalvado o direito do lesado ou de terceiro de boa-fé; (ii) suspensão ou interdição parcial de suas atividades; (iii) dissolução compulsória da pessoa jurídica; e (iv) proibição de receber incentivos, subsídios, subvenções, doações ou empréstimos de órgãos ou entidades públicos e de instituições financeiras públicas ou controladas pelo Poder Público, pelo prazo mínimo de um ano e máximo de cinco anos.

---

de agosto de 2013, que dispõe sobre a responsabilização administrativa de pessoas jurídicas pela prática de atos contra a Administração Pública, nacional ou estrangeira, e dá outras providências. Disponível em: <http://www.planalto.gov.br/ccivil_03/_Ato2015-2018/2015/Decreto/D8420.htm>. Acesso em: 08.12.2018.

Quanto à corrupção de agentes públicos brasileiros, além das penalidades previstas acima que se aplicam tanto a agentes públicos estrangeiros como a nacionais, o Código Penal tipifica atos de corrupção ativa no artigo 333[233] e de corrupção passiva no artigo 317.[234] Ao lado das sanções penais às pessoas físicas e das sanções civis e administrativas às pessoas jurídicas, a Lei n. 8.429/1992 (Lei de Improbidade Administrativa) dispõe sobre as sanções aplicáveis aos agentes públicos nos casos de enriquecimento ilícito no exercício de mandato, cargo, emprego ou função na Administração Pública direta, indireta ou fundacional, exclusivamente brasileira.

A Lei de Improbidade Administrativa prevê sanções aos agentes públicos e aos particulares envolvidos na prática de ato ilícito ou que tenham se beneficiado de alguma maneira. Os atos de improbidade administrativa são de quatro ordens: (i) importam enriquecimento ilícito (artigo 9º); (ii) causam prejuízo ao erário (artigo 10); (iii) decorrentes de concessão ou aplicação indevida de benefício financeiro ou tributário (artigo 10-A); e (iv) atentam contra os princípios da Administração Pública (artigo 11). As sanções dependem do ato praticado, sendo as seguintes: (i) no caso do artigo 9º, perda dos bens ou valores acrescidos ilicitamente ao patrimônio, ressarcimento integral do dano, quando houver, perda da função pública, suspensão dos direitos políticos de oito

---

233 Código Penal – Corrupção ativa – Art. 333 – Oferecer ou prometer vantagem indevida a funcionário público, para determiná-lo a praticar, omitir ou retardar ato de ofício: Pena – reclusão, de 2 (dois) a 12 (doze) anos, e multa. (Redação dada pela Lei n. 10.763, de 12.11.2003). Parágrafo único – A pena é aumentada de um terço, se, em razão da vantagem ou promessa, o funcionário retarda ou omite ato de ofício, ou o pratica infringindo dever funcional.

234 Código Penal – Corrupção passiva – Art. 317 – Solicitar ou receber, para si ou para outrem, direta ou indiretamente, ainda que fora da função ou antes de assumi-la, mas em razão dela, vantagem indevida, ou aceitar promessa de tal vantagem: Pena – reclusão, de 2 (dois) a 12 (doze) anos, e multa. (Redação dada pela Lei n. 10.763, de 12.11.2003). §1º – A pena é aumentada de um terço, se, em consequência da vantagem ou promessa, o funcionário retarda ou deixa de praticar qualquer ato de ofício ou o pratica infringindo dever funcional. §2º – Se o funcionário pratica, deixa de praticar ou retarda ato de ofício, com infração de dever funcional, cedendo a pedido ou influência de outrem: Pena – detenção, de três meses a um ano, ou multa.

a dez anos, pagamento de multa civil de até três vezes o valor do acréscimo patrimonial e proibição de contratar com o Poder Público ou receber benefícios ou incentivos fiscais ou creditícios, direta ou indiretamente, ainda que por intermédio de pessoa jurídica da qual seja sócio majoritário, pelo prazo de dez anos; (ii) no caso do artigo 10, ressarcimento integral do dano, perda dos bens ou valores acrescidos ilicitamente ao patrimônio, se concorrer esta circunstância, perda da função pública, suspensão dos direitos políticos de cinco a oito anos, pagamento de multa civil de até duas vezes o valor do dano e proibição de contratar com o Poder Público ou receber benefícios ou incentivos fiscais ou creditícios, direta ou indiretamente, ainda que por intermédio de pessoa jurídica da qual seja sócio majoritário, pelo prazo de cinco anos; (iii) no caso do artigo 10-A, perda da função pública, suspensão dos direitos políticos de 5 a 8 anos e multa civil de até 3 vezes o valor do benefício financeiro ou tributário concedido; (iv) no caso do artigo 11, ressarcimento integral do dano, se houver, perda da função pública, suspensão dos direitos políticos de três a cinco anos, pagamento de multa civil de até cem vezes o valor da remuneração percebida pelo agente e proibição de contratar com o Poder Público ou receber benefícios ou incentivos fiscais ou creditícios, direta ou indiretamente, ainda que por intermédio de pessoa jurídica da qual seja sócio majoritário, pelo prazo de três anos.

A ultraterritorialidade é admitida em todos os crimes contra o patrimônio ou fé pública da União, Distrito Federal, estados, municípios, territórios, empresas públicas, sociedades de economia mista, autarquias ou fundações públicas. Isso significa que tais crimes se sujeitam à lei brasileira, ainda que tenham sido cometidos no exterior.[235] A Lei Anticorrupção também se aplica a atos ilícitos praticados por pessoa jurídica brasileira contra a Administração Pública estrangeira, mesmo quando cometidos no exterior. Além disso, a Lei Anticorrupção oferece um rol

---

[235] Código Penal – Art. 7º – Ficam sujeitos à lei brasileira, embora cometidos no estrangeiro: I – os crimes: [...] b) contra o patrimônio ou a fé pública da União, do Distrito Federal, de Estado, de Território, de Município, de empresa pública, sociedade de economia mista, autarquia ou fundação instituída pelo Poder Público (Incluído pela Lei n. 7.209, de 1984).

taxativo de atos ilícitos contra a Administração Pública, além dos atos de corrupção propriamente ditos. São considerados atos lesivos à administração: fraudes a licitações e contratos administrativos e atos contra a Administração Pública por meio de pessoa jurídica. Uma observação crítica à Lei Anticorrupção, especificamente ao artigo 5º, revela que determinadas condutas citadas já constam em outras normas, como a Lei de Improbidade Administrativa, a Lei para Licitações e Contratos da Administração Pública, dentre outras, o que pode causar conflito de competência e consequentemente certos entraves na construção da jurisprudência sobre o tema.

Os controles internos e contábeis são regulados por normas da Comissão de Valores Mobiliários (CVM), do Banco Central do Brasil, entre outras instituições. O supracitado Decreto n. 8.420/2015 regulamenta a Lei Anticorrupção na esfera federal e prevê critérios de avaliação de programas de integridade de pessoas jurídicas. A Controladoria-Geral da União (CGU), por sua vez, publicou o "Programa de Integridade: Diretrizes para Empresas Privadas", o qual, apesar de não ser vinculativo, pretende apresentar diretrizes que possam auxiliar as empresas a construir ou aperfeiçoar Programas de Integridade. O próprio texto do documento destaca que se trata de um "guia orientativo" sem caráter normativo ou vinculante. As diretrizes ali previstas não criam direitos ou garantias, sejam relacionados a eventual análise de Programa de Integridade em processo de responsabilização com base na Lei Anticorrupção ou a qualquer outro processo ou procedimento nas esferas administrativa ou judicial.

Conforme analisado no Capítulo 1 , a teoria da responsabilidade penal da pessoa jurídica no Brasil foi introduzida pela Constituição Federal de 1988 e se restringe aos crimes ambientais, vide a Lei n. 9.605/1998.[236] Portanto, exceto na hipótese de crime ambiental, as pessoas jurídicas não respondem penalmente, a responsabilidade das

---

[236] BRASIL. Lei n. 9.605, de 12 de fevereiro de 1998. Dispõe sobre as sanções penais e administrativas derivadas de condutas e atividades lesivas ao meio ambiente, e dá outras providências. Disponível em: <http://www.planalto.gov.br/ccivil_03/LEIS/L9605.htm>. Acesso em: 01.12.2018.

pessoas jurídicas se limita ao âmbito civil e administrativo. A responsabilidade atribuída às pessoas jurídicas pela Lei Anticorrupção condiz com a responsabilidade objetiva e, a princípio, independe da demonstração de culpa ou dolo. No artigo 1º da Lei Anticorrupção consta expressamente que "esta Lei dispõe sobre a responsabilização objetiva administrativa e civil de pessoas jurídicas pela prática de atos contra a Administração Pública, nacional ou estrangeira".

As sanções impostas às pessoas jurídicas podem ser reduzidas nos seguintes casos previstos pelo Decreto n. 8.420/2015, citado anteriormente: (i) não consumação da infração; (ii) comprovação de ressarcimento pela pessoa jurídica dos danos causados; (iii) colaboração da pessoa jurídica com a investigação ou a apuração do ato lesivo, independentemente do acordo de leniência; (iv) comunicação espontânea pela pessoa jurídica antes da instauração do PAR acerca da ocorrência do ato lesivo; e (v) comprovação de a pessoa jurídica possuir e aplicar um programa de integridade.

O Decreto n. 8.420/2015 estabelece também critérios para a avaliação de programas de integridade, são eles: (i) comprometimento da alta direção da pessoa jurídica; (ii) padrões de conduta, código de ética, políticas e procedimentos de integridade, aplicáveis a todos os empregados e administradores; (iii) padrões de conduta, código de ética e políticas de integridade estendidas, quando necessário, a terceiros; (iv) treinamentos periódicos sobre o programa de integridade; (v) análise periódica de riscos para realizar adaptações necessárias ao programa de integridade; (vi) registros contábeis que reflitam de forma completa e precisa as transações da pessoa jurídica; (vii) controles internos que assegurem a pronta elaboração e confiabilidade de relatórios e demonstrações financeiros da pessoa jurídica; (viii) procedimentos específicos para prevenir fraudes e ilícitos no âmbito de processos licitatórios, na execução de contratos administrativos ou em qualquer interação com o setor público, ainda que intermediada por terceiros; (ix) independência, estrutura e autoridade da instância interna responsável pela aplicação do programa de integridade e fiscalização de seu cumprimento; (x) canais de denúncia de irregularidades, abertos e amplamente divulgados a funcionários e terceiros, e de mecanismos destinados à proteção de denunciantes de boa-fé; (xi) medidas disciplinares em caso de violação do programa de integridade; (xii) procedimentos que assegurem a pronta interrupção de irregularidades ou infrações detectadas e a tempestiva remediação dos danos gerados; (xiii) diligências apropriadas para contratação e supervisão de terceiros; (xiv) verificação, durante os processos de fusões, aquisições e reestruturações societárias, do cometimento de irregularidades ou ilícitos ou da existência de vulnerabilidades nas pessoas jurídicas envolvidas; (xv) monitoramento contínuo do programa de integridade visando ao seu aperfeiçoamento na prevenção, detecção e combate à ocorrência dos atos lesivos previstos no art. 5º da Lei n. 12.846/2013; e (xvi) transparência da pessoa jurídica quanto a doações para candidatos e partidos políticos.

No processo de avaliação desses critérios devem ser consideradas as seguintes características da pessoa jurídica: (i) quantidade de funcionários, empregados e colaboradores; (ii) complexidade da hierarquia interna e a quantidade de departamentos, diretorias ou setores; (iii) utilização de agentes intermediários como consultores ou representantes comerciais; (iv) setor do mercado em que atua; (v) países em que atua, direta ou indiretamente; (vi) grau de interação com o setor público e relevância de autorizações, licenças e permissões governamentais em suas operações; (vii) quantidade e localização das pessoas jurídicas que integram o grupo econômico; e (viii) qualificação como microempresa ou empresa de pequeno porte.

Outra inovação trazida pela Lei Anticorrupção é o acordo de leniência com pessoas jurídicas. Conforme disposto no artigo 16 dessa lei, a autoridade máxima de cada órgão ou entidade pública pode celebrar acordo de leniência com as pessoas jurídicas responsáveis pela prática dos atos lesivos à Administração Pública nacional ou estrangeira e que colaborem de forma efetiva com as investigações, sendo necessário que de tal colaboração decorra: a identificação dos demais envolvidos na infração, conforme o caso, e a obtenção de informações e documentos que comprovem o ilícito investigado. Para que o acordo de leniência seja celebrado devem ser cumpridos conjuntamente os seguintes requisitos: (i) a pessoa jurídica seja a primeira a se manifestar sobre seu interesse em cooperar para a apuração do ato ilícito; (ii) a pessoa jurídica cesse completamente seu envolvimento na infração investigada a partir da data de propositura do acordo; e (iii) a pessoa jurídica admita sua participação no ilícito e coopere plena e permanentemente com as investigações e o processo administrativo, comparecendo a todos os atos processuais até seu encerramento.

Quanto à regulamentação nacional sobre *whistleblower*, ainda não existe norma específica no ordenamento jurídico brasileiro. Já quanto à regulamentação brasileira sobre lavagem de dinheiro, há desde 1998 uma lei específica sobre os crimes de lavagem e ocultação de bens, direitos e valores, vide a Lei n. 9.613/1998.[237] Conforme o artigo 1º (alterado pela Lei n. 12.683/2012), os crimes de "lavagem" ou ocultação de bens, direitos e valores implicam "ocultar ou dissimular a natureza, origem, localização, disposição, movimentação ou propriedade de bens, direitos ou valores provenientes, direta ou indiretamente, de infração penal". As pessoas físicas ou jurídicas que tenham como atividade principal ou acessória, cumulativamente ou não, aquelas citadas no artigo 9º da Lei n. 9.613/1998, são obrigadas a apresentar um programa de *compliance* e declarar eventuais operações suspeitas.

4.2.3 Chile

Assim como o Brasil, o Chile firmou a Convenção da OCDE e a Convenção de Mérida, o que levou ao desenvolvimento de legislação específica no Chile sobre combate e prevenção da corrupção. No Chile, ao contrário do Brasil, é possível imputar responsabilidade penal às pessoas jurídicas, conforme dispõe a Lei n. 20.393/2009,[238] a qual estabelece a responsabilidade penal das pessoas jurídicas nos delitos de lavagem de

---

[237] BRASIL. *Lei n. 9.613,* de 3 de mar. 1998. Dispõe sobre os crimes de "lavagem" ou ocultação de bens, direitos e valores; a prevenção da utilização do sistema financeiro para os ilícitos previstos nesta Lei; cria o Conselho de Controle de Atividades Financeiras – COAF, e dá outras providências. Disponível em: <http://www.planalto.gov.br/ccivil_03/LEIS/L9613.htm>. Acesso em: 01.12.2018.

[238] CHILE. *Lei n. 20.393,* de 2 dez. 2009. Disponível em: <https://www.leychile.cl/Navegar?idNorma=1008668>. Acesso em: 01.12.2018.

ativos, financiamento de terrorismo, entre outros. Para que o Chile fosse aceito como membro na OCDE foi necessário promulgar essa lei, assim como a incorporação ao Código Penal Chileno[239] do delito de suborno a funcionários públicos estrangeiros em transações comerciais internacionais.

A responsabilidade penal da pessoa jurídica depende da responsabilidade da pessoa física, que atua como autora, cúmplice ou ocultando o ato ilícito, e também das seguintes condições: o crime precisa ter sido cometido em benefício da pessoa jurídica, por pessoas físicas relacionadas à pessoa jurídica, seus administradores ou aquele que atuar sob sua direção. O modelo de prevenção sugerido pela Lei n. 20.393/2009 tem caráter voluntário e possui requisitos, previstos no artigo 4º, quais sejam: indicar um encarregado de prevenção, definir meios e poderes do encarregado de prevenção, estabelecer um sistema de prevenção de delitos, supervisar e certificar o sistema de prevenção de delitos.

O encarregado de prevenção será designado pela autoridade administrativa máxima da pessoa jurídica, sendo que ele deverá permanecer no

---

[239] CHILE. *Código Penal*, de 12 nov. 1874. Artículo 251 bis. El que, con el propósito de obtener o mantener para sí o para un tercero cualquier negocio o ventaja en el ámbito de cualesquiera transacciones internacionales o de una actividad económica desempeñada en el extranjero, ofreciere, prometiere, diere o consintiere en dar a un funcionario público extranjero un beneficio económico o de otra naturaleza en provecho de éste o de un tercero, en razón del cargo del funcionario, o para que omita o ejecute, o por haber omitido o ejecutado, un acto propio de su cargo o con infracción a los deberes de su cargo, será sancionado con la pena de reclusión menor en su grado máximo a reclusión mayor en su grado mínimo y, además, con multa del duplo al cuádruplo del beneficio ofrecido, prometido, dado o solicitado, e inhabilitación absoluta temporal para cargos u oficios públicos en su grado máximo. Si el beneficio fuere de naturaleza distinta de la económica, la multa será de cien a mil unidades tributarias mensuales. Los bienes recibidos por el funcionario público caerán siempre en comiso.

Artículo 251 ter. Para los efectos de lo dispuesto en el artículo anterior, se considera funcionario público extranjero toda persona que tenga un cargo legislativo, administrativo o judicial en un país extranjero, haya sido nombrada o elegida, así como cualquier persona que ejerza una función pública para un país extranjero, sea dentro de un organismo público o de una empresa pública. También se entenderá que inviste la referida calidad cualquier funcionario o agente de una organización pública internacional.

Disponível em: <https://www.leychile.cl/Navegar?idNorma=1984#2510>. Acesso em: 01.12.2018.

cargo por até três anos (prorrogável por mais três anos). A pessoa designada deve ter total autonomia em relação aos administradores, sócios, proprietários, acionistas ou controladores da sociedade empresária. Quanto à definição de meios e poderes do encarregado de prevenção, a lei determina que constituem meios e poderes suficientes os seguintes: recursos materiais para realizar sua atividade, tendo em vista o tamanho e a capacidade econômica da pessoa jurídica e acesso à administração da pessoa jurídica a fim de informar sobre as medidas e planos implementados, assim como para prestar contas.

Sobre o estabelecimento de um sistema de prevenção de delitos, o modelo deve incluir as atividades da pessoa jurídica que possam gerar ou favorecer o risco de crimes, assim como estabelecer regras e procedimentos a fim de prevenir o cometimento de crimes. A possibilidade de sanções administrativas internas também é um elemento do sistema de prevenção de delitos. Por fim, a supervisão e certificação do sistema de prevenção de delitos trata de uma obrigação de controlar e supervisionar o modelo a fim de garantir sua adequação às melhores práticas. As pessoas jurídicas podem certificar a efetividade de seu próprio modelo de prevenção de delitos e o certificado deve conter a descrição das receitas, tamanho e outros requisitos previstos na lei.

No Chile, a existência de um modelo de prevenção permite diminuir a pena, mas não constitui uma excludente de responsabilidade, pois se o crime foi praticado é evidente que o modelo de prevenção foi falho. Assim, na hipótese de crime praticado a pessoa jurídica é penalmente responsável. A certificação dos modelos de prevenção, portanto, não isenta de responsabilidade a pessoa jurídica. A Lei n. 20.393/2009 estabelece que a responsabilidade penal da pessoa jurídica depende de falta de direção e supervisão. O objetivo dessa lei é conduzir funções públicas ao ambiente corporativo, por meio de mecanismos de responsabilidade penal. A existência de um programa de *compliance*, portanto, não extingue a responsabilidade penal da pessoa jurídica.

Nesse sentido, o artigo 3º da Lei n. 20.393/2009 atribui responsabilidade penal às pessoas jurídicas pelos crimes indicados no artigo

1º[240] e cometidos, direta ou indiretamente, em seu interesse ou benefício por seus proprietários, controladores, gerentes, executivos, representantes ou aquele que realizar atividade de administração ou supervisão, sempre que o cometimento do crime decorrer da violação dos deveres de direção e supervisão. As pessoas jurídicas também são responsáveis por crimes cometidos por pessoas físicas sob direção ou supervisão direta das pessoas mencionadas anteriormente. Os deveres de direção e supervisão serão considerados cumpridos se antes do cometimento do crime a pessoa jurídica já havia adotado e implementado modelos de prevenção para evitar crimes como aquele que foi cometido. Além disso, as pessoas jurídicas não serão responsabilizadas nos casos em que as pessoas físicas houverem praticado o crime exclusivamente em vantagem própria ou em favor de terceiros.

As sanções estabelecidas pela Lei n. 20.393/2009 variam conforme o tipo e a gravidade do ato ilícito, sendo assim vale destacar as seguintes sanções impostas às pessoas jurídicas: dissolução, multa, perda total ou parcial dos benefícios fiscais, perda do direito de fornecer bens e serviços ao governo, entre outras. Além disso, o dano à reputação da pessoa jurídica afeta negativamente o valor da companhia. Em matéria de extraterritorialidade da lei chilena, os tribunais nacionais chilenos têm competência para investigar e punir os crimes de suborno a funcionários públicos estrangeiros praticados fora do Chile por cidadãos chilenos ou estrangeiros com residência no Chile, conforme o artigo 6º. n. 2, do Código Orgânico de Tribunais do Chile.[241]

---

[240] CHILE. *Lei n. 20.393*, de 02 dez. 2009. Artículo 1º – Contenido de la ley. La presente ley regula la responsabilidad penal de las personas jurídicas respecto de los delitos previstos en el artículo 27 de la ley N.19.913, en el artículo 8º de la ley N.18.314 y en los artículos 240, 250, 251 bis, 287 bis, 287 ter, 456 bis A y 470, numerales 1º y 11, del Código Penal; el procedimiento para la investigación y establecimiento de dicha responsabilidad penal, la determinación de las sanciones procedentes y la ejecución de éstas. En lo no previsto por esta ley serán aplicables, supletoriamente, las disposiciones contenidas en el Libro I del Código Penal y el Código Procesal Penal y en las leyes especiales señaladas en el inciso anterior, en lo que resultare pertinente. Para los efectos de esta ley, no será aplicable lo dispuesto en el inciso segundo del artículo 58 del Código Procesal Penal.

[241] CHILE. *Código Orgânico de Tribunais*, de 9 jul. 1943. Art. 6º Quedan sometidos a la

Em matéria de lavagem de ativos, a Lei n. 19.913/2003 criou a Unidade de Análise Financeira (UAF)[242] e modificou várias disposições sobre lavagem de ativos. Os tribunais de justiça chilenos têm competência para autorizar a análise de informações sobre operações bancárias de determinadas pessoas que estejam respondendo processualmente por crimes relacionados ao cumprimento de obrigações tributárias, conforme o artigo 62 do Código Tributário chileno.[243] Já para prevenir conflitos de interesses de funcionários públicos, a Lei n. 20.880/2016[244] dispõe sobre probidade na função pública e prevenção de conflitos de interesses, conjuntamente com o Decreto Supremo n. 2 de 2016,[245] que

---

jurisdicción chilena los crímenes y simples delitos perpetrados fuera del territorio de la República que a continuación se indican: [...] 2º) La malversación de caudales públicos, fraudes y exacciones ilegales, la infidelidad en la custodia de documentos, la violación de secretos, el cohecho, cometidos por funcionarios públicos chilenos o por extranjeros al servicio de la República y el cohecho a funcionarios públicos extranjeros, cuando sea cometido por un chileno o por una persona que tenga residencia habitual en Chile. Disponível em: <https://www.leychile.cl/Navegar?idNorma=25563>. Acesso em: 01.12.2018.

242 "La Unidad de Análisis Financiero (UAF) es un servicio público descentralizado, con personalidad jurídica y patrimonio propios, que se relaciona con el (la) Presidente (a) de la República de Chile, a través del Ministerio de Hacienda. La UAF se creó mediante la Ley Nº 19.913, que se publicó en el Diario Oficial el 18 de diciembre de 2003. El objetivo de la UAF es prevenir e impedir la utilización del sistema financiero, y de otros sectores de la actividad económica chilena, para la comisión de los delitos de lavado de activos (LA) y financiamiento del terrorismo (FT). Para ello realiza inteligencia financiera, emite normativa, fiscaliza su cumplimiento, impone sanciones administrativas, capacita y difunde información de carácter público". Disponível em: <https://www.uaf.cl/>. Acesso em: 01.12.2018.

243 Artículo 62 – La Justicia Ordinaria podrá autorizar el examen de información relativa a las operaciones bancarias de personas determinadas, comprendiéndose todas aquellas sometidas a secreto o sujetas a reserva, en el caso de procesos por delitos que digan relación con el cumplimiento de obligaciones tributarias. Igual facultad tendrán los Tribunales Tributarios y Aduaneros cuando conozcan de un proceso sobre aplicación de sanciones conforme al artículo 161. [...]. Disponível em: <https://www.leychile.cl/Navegar?idNorma=6374>. Acesso em: 1 dez. 2018.

244 CHILE. *Lei n. 20.880*, de 05 jan. 2016. Disponível em: <https://www.leychile.cl/Navegar?idNorma=1086062>. Acesso em: 01.12.2018.

245 CHILE. *Decreto Supremo n. 2,* de 02 jun. 2016. Disponível em: <https://www.leychile.cl/Navegar?idNorma=1091123>. Acesso em: 01.12.2018.

trata dos padrões de transparência esperados dos funcionários públicos por meio dos seguintes mecanismos: Declaração de Interesses e Patrimônio[246] e Mandato Especial de Administração de Carteira de Valores.[247]

4.2.4 Colômbia

A Colômbia, assim como o Brasil, ratificou a Convenção de Mérida, a Convenção da OEA e a Convenção da OCDE. Para cumprir com tais compromissos internacionais, em 2011, a Colômbia promulgou a Lei n. 1.474,[248] sobre o fortalecimento dos mecanismos de prevenção, investigação e sanção de atos de corrupção e a efetividade do controle da gestão pública. Tal lei, também conhecida como Estatuto Anticorrupção, inovou ao estabelecer medidas administrativas, disciplinares, fiscais e penais para combater a corrupção em suas múltiplas práticas. Outra importância da Lei n. 1.474 está na identificação e punição das pessoas jurídicas privadas que tenham se beneficiado de crimes contra a Administração Pública ou qualquer outra conduta punível relacionada ao patrimônio público.

O Estatuto Anticorrupção obedece aos tratados internacionais firmados pela Colômbia na medida em que insere as pessoas jurídicas como sujeitos nos atos processuais, prevê penas e sanções, mecanismos de investigação e julgamento, execução de políticas preventivas, previsão de benefícios por colaboração, entre outras medidas. Para refutar a ideia de que a corrupção seria um problema restrito à esfera pública, o Estatuto Anticorrupção promove a integridade na esfera privada e prevê penas para condutas associadas à corrupção na esfera privada. Nesse sentido, a corrupção privada é tipificada no artigo 16[249] como a promessa,

---

[246] Párrafo 5º Del contenido de la declaración de intereses y patrimonio.

[247] Párrafo 7º Del mandato especial de administración de cartera de valores.

[248] COLÔMBIA. *Lei n. 1.474,* de 12 jul. 2011. Disponível em: <http://wp.presidencia.gov.co/sitios/normativa/leyes/Documents/Juridica/Ley%201474%20de%2012%20de%20Julio%20de%202011.pdf >. Acesso em: 01.12.2018.

[249] Artículo 16. Corrupción privada. La Ley 599 de 2000 tendrá un artículo 250A, el cual quedará así: El que directamente o por interpuesta persona prometa, ofrezca o

oferta ou concessão de qualquer benefício a diretores, administradores, empregados ou assessores de uma pessoa jurídica em troca de favores, em termos gerais.

As medidas administrativas previstas pelo Estatuto Anticorrupção incluem a incapacidade para contratar aqueles que cometem atos de corrupção; via de regra, são as pessoas físicas declaradas responsáveis judicialmente pela comissão de crimes contra a Administração Pública colombiana ou aqueles condenados por crimes relacionados à filiação, promoção ou financiamento de grupos ilegais, crimes contra a humanidade, narcotráfico na Colômbia ou no exterior, ou suborno transnacional. Tal incapacidade pode se estender às pessoas jurídicas, suas matrizes e filiais, das quais as pessoas físicas mencionadas sejam sócias, exceto em caso de sociedades anônimas abertas. O prazo de duração dessa incapacidade é de vinte anos, conforme o artigo 1º do Estatuto Anticorrupção.

Também há a previsão sobre a incapacidade para contratar aqueles que financiam campanhas políticas; proibição para que ex-funcionários públicos administrem interesses privados; incapacidade para que ex-funcionários públicos contratem com o Estado; nomeação de responsável pelo controle interno (para verificar e avaliar o Sistema de Controle, o Presidente da República colombiana indicará o chefe da unidade do órgão de controle interno nas entidades estaduais do poder executivo); controle e vigilância do setor de seguridade social em matéria de saúde; sistema preventivo de práticas financeiras de risco e de atenção no setor da saúde do sistema geral de seguridade social em saúde, entre outras medidas administrativas previstas.

---

conceda a directivos, administradores, empleados o asesores de una sociedad, asociación o fundación una dádiva o cualquier beneficio no justificado para que le favorezca a él o a un tercero, en perjuicio de aquella, incurrirá en prisión de cuatro (4) a ocho (8) años y multa de diez (10) hasta de mil (1.000) salarios mínimos legales mensuales vigentes. Con las mismas penas será castigado el directivo, administrador, empleado o asesor de una sociedad, asociación o fundación que, por sí o por persona interpuesta, reciba, solicite o acepte una dádiva o cualquier beneficio no justificado, en perjuicio de aquella. Cuando la conducta realizada produzca un perjuicio económico en detrimento de la sociedad, asociación o fundación, la pena será de seis (6) a diez (10) años.

Já em relação às medidas penais contra a corrupção pública e privada, o Estatuto Anticorrupção prevê a exclusão de benefícios em caso de crimes contra a Administração Pública relacionados à corrupção, como corrupção privada, administração desleal, utilização indevida de informação privilegiada, evasão fiscal, omissão de controle no setor da saúde, tráfico de influências de particular, enriquecimento ilícito, suborno transnacional, entre outros. As medidas penais contra pessoas jurídicas compreendem as pessoas jurídicas que tenham se beneficiado de crimes contra a Administração Pública da Colômbia ou outra conduta punível relacionada ao patrimônio público, praticados pelo representante legal da pessoa jurídica ou seus administradores, de modo direito ou indireto, conforme o artigo 34 do Estatuto Anticorrupção.

No campo das medidas disciplinares para combater a corrupção, há a previsão dos sujeitos que se submetem a tais medidas, vide artigo 44 do Estatuto, o qual determina que as medidas disciplinares se aplicam aos particulares que realizam tarefas de supervisão de contratos públicos, aqueles que exercem funções públicas, permanente ou temporariamente, e também aqueles que administram recursos públicos. Paralelamente ao Estatuto Anticorrupção, outras regulamentações foram produzidas na Colômbia, como o Decreto n. 0019/2012[250] (dispõe sobre normas para suprir ou reformar regulações, procedimentos e trâmites desnecessários existentes na Administração Pública), Lei n. 1712/2014[251] (lei de transparência e de direito de acesso à informação pública nacional), Lei n. 1762/2015[252] (dispõe sobre instrumentos para prevenir, controlar e sancionar o contrabando, a lavagem de ativos e a evasão fiscal), Decreto n. 1674/2016[253] (qualifica as pessoas expostas politicamente) e Lei

---

[250] COLÔMBIA. *Decreto n. 0019/12*, de 10 jan. 2012. Disponível em: <https://www.mintic.gov.co/portal/604/articles-3567_documento.pdf>. Acesso em: 01.12.2018..

[251] COLÔMBIA. *Lei n. 1712/14,* de 06 mar. 2014. Disponível em: <https://www.mintic.gov.co/portal/604/articles-7147_documento.pdf>. Acesso em: 01.12.2018.

[252] COLÔMBIA. *Lei n. 1762/15*, de 06 jul. 2015. Disponível em: <http://wp.presidencia.gov.co/sitios/normativa/leyes/Documents/LEY%201762%20DEL%2006%20DE%20JULIO%20DE%202015.pdf>. Acesso em: 01.12.2018.

[253] COLÔMBIA. *Decreto n. 1674/16*. Disponível em: <http://es.presidencia.gov.co/normativa/normativa/>. Acesso em: 1 dez. 2018.

n. 1778/2016[254] (dispõe sobre a responsabilidade das pessoas jurídicas por atos de corrupção transnacional e outras disposições em matéria de luta contra a corrupção).

Em 2013, o Conselho Nacional de Política Econômica e Social (Conpes) apresentou o documento n. 167,[255] componente da Política Pública Integral Anticorrupção (PPIA). O objetivo principal do documento era fortalecer as ferramentas e mecanismos para prevenir, investigar e sancionar a corrupção na Colômbia. A PPIA se apresenta de dois modos: pelo documento Conpes e por outro documento com outras ferramentas de gestão de políticas públicas anticorrupção. As ações que foram propostas no documento n. 167 pretendiam preventivamente melhorar o acesso e a qualidade da informação pública, aperfeiçoar as ferramentas de gestão anticorrupção, aumentar o controle social sobre a Administração Pública, fomentar a integridade e a cultura da legalidade no governo e na sociedade.

Além de medidas preventivas, o documento n. 167 também apresentava medidas para investigação e sanções, como ações para combater a impunidade em atos ilícitos relacionados à corrupção. O documento Conpes e a própria PPIA resultaram de um processo participativo de instituições públicas, agentes sociais e políticos nacionais e locais. Assim sendo, o propósito geral do documento é o fortalecimento de ferramentas e mecanismos de prevenção, investigação e sanção da corrupção, tendo em vista o denominado princípio da corresponsabilidade, ou seja, o setor privado deve agir ativamente na prevenção e no combate contra a corrupção, sempre observando o Estatuto Anticorrupção e as regulamentações paralelas em matéria de luta contra a corrupção. Por sua vez, a Lei n. 1778/2016 estabelece a responsabilidade administrativa das

---

[254] COLÔMBIA. *Lei n. 1778/16*, de 21 out. 2016. Disponível em: <http://es.presidencia.gov.co/normativa/normativa/DECRETO%201674%20DEL%2021%20DE%20OCTUBRE%20DE%202016.pdf>. Acesso em: 01.12.2018.

[255] COLÔMBIA. *Documento Conpes n. 167*. Consejo Nacional de Política Económica y Social. Departamento Nacional de Planeación. República de Colombia. Disponível em: <http://www.anticorrupcion.gov.co/ SiteAssets/Paginas/Publicaciones/Conpes_167.pdf>. Acesso em: 01.12.2018.

pessoas jurídicas por suborno de funcionários públicos estrangeiros em transações comerciais internacionais e a responsabilidade penal das pessoas físicas que cometam suborno transnacional.

A legislação colombiana anticorrupção permite a diminuição da sanção para pessoas jurídicas por meio de determinados instrumentos previstos em lei, como programas de ética e transparência empresarial. Nesse sentido, a Superintendência de Sociedades da Colômbia publicou a Resolução n. 100-002657[256] em 2016 e a Circular Externa n. 100-000003[257] também em 2016, conforme as quais determinadas pessoas jurídicas devem apresentar programas de ética e transparência. Assim, é possível reduzir a sanção imposta caso a Superintendência de Sociedades identifique a existência de um programa de ética e transparência empresarial formulado e implementado na companhia.

O regime especial para investigar e punir administrativamente as pessoas jurídicas envolvidas em suborno transnacional, previsto no artigo 20 da Lei n. 1778/2016,[258] compreende as investigações conduzidas pela Superintendência de Sociedades e as consequentes sanções por atos de suborno transnacional em negócios ou transações internacionais

---

256 COLÔMBIA. *Resolução n. 100-002657*, de 25 jul. 2016. Disponível em: <https://forvm.com.co/wp-content/uploads/2016/08/Resoluci%C3%B3n-N%C3%BAmero-100-002657-de-25-07-2016.-Superintendencia-de-Sociedades..pdf>. Acesso em: 01.12.2018.

257 COLÔMBIA. *Circular Externa n. 100-000003*, de 19 jul. 2018. Disponível em: <https://www.supersociedades.gov.co/nuestra_entidad/normatividad/normatividad_circulares/Forms/DispForm.aspx?ID=205 >. Acesso em: 01.12.2018.

258 Artículo 20. Actuaciones y diligencias para la investigación administrativa del soborno transnacional. Para el ejercicio de las competencias previstas en esta ley, la Superintendencia de Sociedades podrá realizar todas las actuaciones autorizadas por la ley para el ejercicio de sus funciones de inspección, vigilancia y control. En especial, podrán: 1. Realizar visitas de inspección, decretar y practicar pruebas y recaudar toda la información conducente. 2. Solicitar a las personas naturales y jurídicas el suministro de datos, informes, libros y papeles de comercio que se requieran para el esclarecimiento de los hechos. 3. Interrogar, bajo juramento y con observancia de las formalidades previstas para esta clase de pruebas en el Código General del Proceso, a cualquier persona cuyo testimonio pueda resultar útil para el esclarecimiento de los hechos durante el desarrollo de sus funciones.

envolvendo pessoa jurídica domiciliada na Colômbia. Isso significa que o suborno nacional não é regulado e, portanto, na prática a luta contra a corrupção não se dá de maneira integral. Adicionalmente, o artigo 23[259] prevê o dever da Superintendência de Sociedades de fomentar a utilização de programas de ética e transparência empresarial, regras internas de auditoria e meios para prevenir o suborno transnacional.

Ao contrário do Brasil, Argentina, Chile, México e Peru, que regularam também o suborno doméstico nas respectivas leis de responsabilidade das pessoas jurídicas por diversos atos de corrupção, a Colômbia restringiu sua legislação anticorrupção ao suborno transnacional sem incluir o doméstico. O combate à corrupção deve incluir também o combate ao produto da corrupção, ou seja, devem ser criados instrumentos para impossibilitar a absorção de recursos ilícitos pela economia sob o disfarce da legalidade, como ocorre nos casos de lavagem de ativos. Para combater a lavagem de ativos e o financiamento do terrorismo, a Colômbia ratificou os seguintes tratados internacionais: (i) Convenção das Nações Unidas contra o tráfico de entorpecentes e substâncias psicotrópicas[260] (aprovada internamente pela Lei n. 67/1993);[261] (ii) Convenção Internacional para a Repressão do Financiamento do Terrorismo[262] (aprovada pela Lei n. 808/2003);[263] (iii) Convenção das

---

[259] Artículo 23. Programas de ética empresarial. La Superintendencia de Sociedades promoverá en las personas jurídicas sujetas a su vigilancia la adopción de programas de transparencia y ética empresarial, de mecanismos internos anticorrupción, de mecanismos y normas internas de auditoría, promoción de la transparencia y de mecanismos de prevención de las conductas señaladas en el artículo 2º de la presente ley. La Superintendencia determinará las personas jurídicas sujetas a este régimen, teniendo en cuenta criterios tales como el monto de sus activos, sus ingresos, el número de empleados y objeto social.

[260] United Nations Convention against Illicit Traffic in Narcotic Drugs and Psychotropic Substances, 1988. Disponível em: <https://www.unodc.org/unodc/en/treaties/illicit-trafficking.html>. Acesso em: 01.12.2018.

[261] Disponível em: <http://suin-juriscol.gov.co/viewDocument.asp?ruta=Leyes/1618560>. Acesso em: 01.12.2018.

[262] International Convention for the Suppression of the Financing of Terrorism, 1999. Disponível em: <http://www.un.org/law/cod/finterr.htm>. Acesso em: 01.12.2018.

[263] Disponível em: <http://www.funcionpublica.gov.co/eva/gestornormativo/norma.php?i=8282>. Acesso em: 01.12.2018.

Nações Unidas contra o Crime Organizado Transnacional[264] (aprovada pela Lei n. 800/2003);[265] e (iv) Convenção das Nações Unidas contra a Corrupção (Convenção de Mérida)[266] (aprovada pela Lei n. 970/2005).[267]

Conforme mencionado anteriormente, o GAFI publicou quarenta recomendações para prevenir a lavagem de ativos e o financiamento do terrorismo, posteriormente emitiu os padrões internacionais para combater a lavagem de ativos e o financiamento do terrorismo. Sobre a regulamentação interna para lutar contra a lavagem de ativos e o financiamento do terrorismo, a Colômbia promulgou a Lei n. 526/1999[268] que criou a Unidade de Informação e Análise Financeira (UIAF) para receber informações dos funcionários das autoridades que exercem atividades de controle, inspeção e vigilância.[269]

4.2.5 México

No México, em 2015, foi criado o Sistema Nacional Anticorrupção (SNA), que coordena os agentes sociais e as autoridades das distintas ordens de governo para prevenir, investigar e sancionar a corrupção. Pela primeira vez no país foram unidos esforços institucionais, apoiados

[264] United Nations Convention against Transnational Organized Crime, 2000. Disponível em: <https://www.unodc.org/unodc/en/organized-crime/intro/UNTOC.html>. Acesso em: 1 dez. 2018.

[265] Disponível em: <https://www.mininterior.gov.co/sites/default/files/ley_800_2003.pdf>. Acesso em: 01.12.2018.

[266] United Nations Convention against Corruption, 2003. Disponível em: <https://www.unodc.org/unodc/ en/treaties/CAC/>. Acesso em: 01.12.2018.

[267] Disponível em: <http://suin-juriscol.gov.co/viewDocument.asp?ruta=Leyes/1671940>. Acesso em: 01.12.2018.

[268] Disponível em: <http://www.suin-juriscol.gov.co/viewDocument.asp?ruta=Leyes/1661995>. Acesso em: 01.12.2018.

[269] Artículo 10. Obligaciones de las Entidades del Estado. Las autoridades que ejerzan funciones de inspección, vigilancia y control, instruirán a sus vigilados sobre las características, periodicidad y controles en relación con la información a recaudar para la Unidad Administrativa Especial de que trata esta ley, de acuerdo con los criterios e indicaciones que reciban de ésta sobre el particular.

pela transparência e prestação de contas, para fortalecer a confiança dos cidadãos nas instituições permeadas pela legalidade e as boas práticas. A reforma constitucional que criou o SNA representou um marco histórico para o México na sua luta contra a corrupção. As reformas constitucionais anticorrupção foram publicadas no Diário Oficial da Federação (DOF) em 27 de maio de 2015 e constituem a base de toda a legislação infraconstitucional sobre a matéria, as quais foram publicadas no DOF em 18 de julho de 2016, formando o SNA.

No âmbito geral das reformas em matéria de combate à corrupção, foram tomadas as seguintes medidas: ações executivas para prevenir a corrupção e evitar conflitos de interesses; reformas em matéria de transparência, como a reforma do Artigo 6º da Constituição Mexicana[270] e a promulgação da Lei Federal de Transparência e Acesso à Informação Pública;[271] reformas em matéria de combate à corrupção, como a reforma de quatorze artigos constitucionais (22, 28, 41, 73, 74, 76, 79, 104, 108, 109, 113, 114,116 e 122). Para efetivar o Sistema Nacional Anticorrupção foi preciso emitir, reformar e alterar ordenamentos jurídicos. As leis secundárias do SNA aprovadas são: Lei Geral do Sistema Nacional Anticorrupção, Lei Geral de Responsabilidades Administrativas, Lei Orgânica do Tribunal Federal de Justiça Administrativa, Lei de Fiscalização e Responsabilização da Federação, reforma da Lei Orgânica da

---

[270] MÉXICO. *Constituição Política dos Estados Unidos Mexicanos*, de 5 fev. 1917. Artículo 6º [...] El organismo autónomo previsto en esta fracción, se regirá por la ley en materia de transparencia y acceso a la información pública y protección de datos personales en posesión de sujetos obligados, en los términos que establezca la ley general que emita el Congreso de la Unión para establecer las bases, principios generales y procedimientos del ejercicio de este derecho. (Adicionado mediante Decreto publicado en el Diario Oficial de la Federación el 7 de febrero de 2014). En su funcionamiento se regirá por los principios de certeza, legalidad, independencia, imparcialidad, eficacia, objetividad, profesionalismo, transparencia y máxima publicidad. (Adicionado mediante Decreto publicado en el Diario Oficial de la Federación el 7 de febrero de 2014). Disponível em: < http://www.sct.gob.mx/JURE/doc/cpeum.pdf>. Acesso em: 01.12.2018.

[271] MÉXICO. *Ley Federal de Transparencia e Acceso a la Información Pública Nueva* **Ley**, publicada no Diário Oficial de la Federación em 9.5.2016. Disponível em: <http:// www.diputados.gob.mx/ LeyesBiblio/pdf/LFTAIP_270117.pdf>. Acesso em: 01.12.2018.

Procuradoria-Geral da República, reforma do Código Penal Federal e reforma da Lei Orgânica da Administração Pública Federal.

A respeito do Sistema Nacional Anticorrupção, o objetivo da lei que o regula é indicar as responsabilidades e as sanções que devem ser infligidas às pessoas naturais e jurídicas, de nacionalidade mexicana ou estrangeira, participantes de contratações públicas federais ou transações comerciais internacionais (atos e procedimentos efetivados por órgão ou organização pública de outro país, ou caso haja a participação de servidor público estrangeiro, com atuação direta ou mesmo indireta de pessoa física ou jurídica de nacionalidade mexicana). Estão obrigadas a cumprir a Lei Geral do Sistema Nacional Anticorrupção todas as pessoas físicas e jurídicas que participem de algum modo nas contratações públicas ou no desenvolvimento de transações comerciais internacionais.

A Lei Geral do SNA visa estabelecer as bases de coordenação entre a Federação, as entidades federativas, os municípios e a prefeitura da Cidade do México para concretizar o funcionamento do SNA, previsto no artigo 113 da Constituição Mexicana,[272] e para que as autoridades

[272] Artículo 113. El Sistema Nacional Anticorrupción es la instancia de coordinación entre las autoridades de todos los órdenes de gobierno competentes en la prevención, detección y sanción de responsabilidades administrativas y hechos de corrupción, así como en la fiscalización y control de recursos públicos. Para el cumplimiento de su objeto se sujetará a las siguientes bases mínimas: I. El Sistema contará con un Comité Coordinador que estará integrado por los titulares de la Auditoría Superior de la Federación; de la Fiscalía Especializada en Combate a la Corrupción; de la secretaría del Ejecutivo Federal responsable del control interno; por el presidente del Tribunal Federal de Justicia Administrativa; el presidente del organismo garante que establece el artículo 6o. de esta Constitución; así como por un representante del Consejo de la Judicatura Federal y otro del Comité de Participación Ciudadana; II. El Comité de Participación Ciudadana del Sistema deberá integrarse por cinco ciudadanos que se hayan destacado por su contribución a la transparencia, la rendición de cuentas o el combate a la corrupción y serán designados en los términos que establezca la ley, y III. Corresponderá al Comité Coordinador del Sistema, en los términos que determine la Ley: a) El establecimiento de mecanismos de coordinación con los sistemas locales; b) El diseño y promoción de políticas integrales en materia de fiscalización y control de recursos públicos, de prevención, control y disuasión de faltas administrativas y hechos de corrupción, en especial sobre las causas que los generan; c) La determinación de los mecanismos de suministro, intercambio, sistematización y actualización de la información

competentes atuem na prevenção, investigação e sanção a atos ilícitos administrativos e atos de corrupção. Os objetivos da lei, em termos gerais, são: (i) fornecer o necessário para que todos possam acessar as informações por meio de procedimentos simples e céleres; (ii) tornar transparente a gestão pública por meio da disseminação de informação precisa, verificável, inteligível, relevante e completa; (iii) proporcionar a prestação de contas aos cidadãos; (iv) regular os meios de impugnação; (v) possibilitar a verificação dos cidadãos sobre as atividades públicas; (vi) consolidar a abertura das instituições do Estado mexicano, a partir de iniciativas de governo aberto para melhorar a gestão pública por meio da difusão de informações de modo aberto e acessível, como também a participação efetiva da sociedade nesse processo de transparência; (vii) fomentar a participação dos cidadãos na tomada de decisões públicas para contribuir com a consolidação da democracia; e (viii) promover uma cultura de transparência e acesso à informação pública.

A autoridade que investiga e pune aqueles que cometerem infrações contra a Administração Pública Federal e nas contratações públicas com participação dos estados e municípios é a Secretaria da Função Pública. Para executar a lei anticorrupção mexicana, no campo das contratações públicas efetivadas pelas Câmaras de Deputados e Senadores,

---

que sobre estas materias generen las instituciones competentes de los órdenes de gobierno; d) El establecimiento de bases y principios para la efectiva coordinación de las autoridades de los órdenes de gobierno en materia de fiscalización y control de los recursos públicos; e) La elaboración de un informe anual que contenga los avances y resultados del ejercicio de sus funciones y de la aplicación de políticas y programas en la materia. Derivado de este informe, podrá emitir recomendaciones no vinculantes a las autoridades, con el objeto de que adopten medidas dirigidas al fortalecimiento institucional para la prevención de faltas administrativas y hechos de corrupción, así como al mejoramiento de su desempeño y del control interno. Las autoridades destinatarias de las recomendaciones informarán al Comité sobre la atención que brinden a las mismas. Las entidades federativas establecerán sistemas locales anticorrupción con el objeto de coordinar a las autoridades locales competentes en la prevención, detección y sanción de responsabilidades administrativas y hechos de corrupción. (Artículo reformado mediante decreto publicado en el Diario Oficial de la Federación el 27 de mayo de 2015. N. de E. IIJ: De conformidad al artículo quinto transitorio del decreto por el que se reforma, entrará en vigor en la misma fecha en que lo hagan las leyes generales del Sistema Nacional Anticorrupción.).

as seguintes autoridades são competentes: Suprema Corte de Justiça da Nação,[273] Conselho do Poder Judiciário Federal,[274] Tribunal Eleitoral do Poder Judiciário da Federação,[275] Tribunal Federal de Justiça Administrativa,[276] Junta Federal de Conciliação e Arbitragem,[277] Tribunal Federal de Conciliação e Arbitragem,[278] Tribunais Agrários,[279] Auditoria

---

[273] MÉXICO. *Suprema Corte de Justicia de la Nación*. Disponível em: <https://www.scjn.gob.mx/>. Acesso em: 08.12.2018.

[274] Consejo de la Judicatura Federal. Disponível em: <http://www.cjf.gob.mx/>. Acesso em: 08.12.2018.

[275] "El Tribunal Electoral del Poder Judicial de la Federación es un órgano especializado del Poder Judicial de la Federación, encargado de resolver controversias en materia electoral, proteger los derechos político-electorales de los ciudadanos e impartir justicia en el ámbito electoral. Está conformado por una Sala Superior, integrada por siete magistrados y magistradas; cinco salas regionales y una sala especializada, integradas por tres magistrados y magistradas". Disponível em: <https://www.te.gob.mx/>. Acesso em: 8 dez. 2018.

[276] "El proyecto de la Ley Federal de Procedimiento Contencioso Administrativo tiene su base en el actual procedimiento previsto en el título VI del Código Fiscal de la Federación, al cual se le hicieron las adecuaciones que se estimaron pertinentes para establecer un nuevo procedimiento, que sea "ágil, seguro y transparente". Disponível em: <http://www.tfjfa.gob.mx/>. Acesso em: 08.12.2018.

[277] "La función cotidiana de la Junta Federal de Conciliación y Arbitraje es impartir justicia, promoviendo la paz social y armonía en las relaciones laborales, mediante la conciliación y el arbitraje. Garantizando a trabajadores y patrones o empleadores de las ramas industriales y empresas de jurisdicción federal, respeto a la Ley, transparencia, certeza y seguridad jurídica en la resolución de los conflictos laborales". Disponível em: <https://www.gob.mx/jfca>. Acesso em: 08.12.2018.

[278] "El Tribunal Federal de Conciliación y Arbitraje es un órgano de impartición de justicia laboral competente para dar solución a los conflictos laborales individuales y colectivos que se suscitan entre las dependencias de la Administración Pública Federal, del Gobierno del Distrito Federal, sus trabajadores y sus organizaciones sindicales". Disponível em: <http://www.tfca.gob.mx/>. Acesso em: 08.12.2018.

[279] "El acceso a la información debe ser el pilar sobre el que se construyan las políticas y acciones en materia de transparencia, rendición de cuentas y participación ciudadana que permitan generar un puente de diálogo sincero entre autoridades y ciudadanos. Mediante estas acciones habremos de fortalecer un gobierno más abierto al escrutinio público y fomentar una relación entre sociedad y gobierno basada en la confianza, la colaboración y la responsabilidad compartida. En cumplimiento con el Artículo 70º de la Ley General de Transparencia y Acceso a la Información Pública, así como del Artículo 68º de la Ley Federal de Transparencia y Acceso a la Información Pública, a

Superior da Federação[280] e Comissão Nacional dos Direitos Humanos,[281] entre outros.

O processo administrativo sancionador pode ser instaurado de ofício ou por denúncia. Vale notar que todo funcionário público mexicano deve denunciar as ações ou omissões, sujeitas à sanção, cometidas durante o exercício de suas atividades. A Lei Federal de Responsabilidades Administrativas dos Servidores Públicos[282] prevê as sanções aplicáveis por falta administrativa; são elas: (i) advertência privada ou pública; (ii) suspensão do emprego, cargo ou comissão por um período de três dias a um ano; (iii) demissão; (iv) sanção econômica; e (v) inabilitação temporária para executar trabalhos, cargos ou comissões no serviço público.

Nos artigos transitórios da Lei Federal de Responsabilidades Administrativas dos Servidores Públicos, há a previsão de que para a adequada aplicação do critério de avaliação de proposições por meio do mecanismo de pontos e porcentagens, referidas no artigo 36 da Lei de Aquisições, Locações e Serviços do Setor Público[283] e artigo 38 da Lei

---

continuación de desglosan los puntos aplicables a los Tribunales Agrarios". Tribunales Agrarios. Disponível em: <http://www.tribunalesagrarios.gob.mx/ta/>. Acesso em: 08.12.2018.

280 "La Auditoría Superior de la Federación (ASF) es el órgano técnico especializado de la Cámara de Diputados, dotado de autonomía técnica y de gestión, se encarga de fiscalizar el uso de los recursos públicos federales en los tres Poderes de la Unión; los órganos constitucionales autónomos; los estados y municipios; y en general cualquier entidad, persona física o moral, pública o privada que haya captado, recaudado, administrado, manejado o ejercido recursos públicos federales. El resultado final de la labor de la ASF son los Informes Individuales de Auditoría y el Informe General Ejecutivo del Resultado de la Fiscalización Superior de la Cuenta Pública". Disponível em: <https://www.asf.gob.mx/>. Acesso em: 08.12.2018.

281 Comisión Nacional de los Derechos Humanos. Disponível em: <http://www.cndh.org.mx/>. Acesso em: 08.12.2018.

282 MÉXICO. *Ley Federal de Responsabilidades Administrativas de los Servidores Públicos*. Disponível em: <http://www.diputados.gob.mx/LeyesBiblio/abro/lfrasp.htm>. Acesso em: 08.12.2018.

283 Artículo 36. Las dependencias y entidades para la evaluación de las proposiciones deberán utilizar el criterio indicado en la convocatoria a la licitación. [...]. Disponível

de Obras Públicas e Serviços Relacionados,[284] sendo que a Secretaria da Função Pública deverá emitir as diretrizes correspondentes em um prazo máximo de noventa dias corridos.

A Lei Geral de Responsabilidades Administrativas,[285] por sua vez, objetiva distribuir competências entre as ordens de governo para determinar as responsabilidades administrativas dos servidores públicos, suas obrigações, as sanções aplicáveis por atos ou omissões que pratiquem e aquelas que correspondam aos particulares vinculados com faltas administrativas graves, assim como os procedimentos correspondentes para sua aplicação. Dentro do escopo da Lei Geral de Responsabilidades Administrativas está o estabelecimento de princípios e obrigações que permeiam as funções dos servidores públicos; também o estabelecimento de faltas administrativas graves e não graves dos servidores públicos, as sanções aplicáveis e os procedimentos para sua aplicação, assim como a atuação das autoridades competentes para tal fim; o estabelecimento de mecanismos de prevenção, correção e investigação de responsabilidades administrativas; e a criação das bases para que os entes públicos estabeleçam políticas eficazes de ética pública e responsabilidade no serviço público.

Há também a Lei Orgânica do Tribunal Federal de Justiça Administrativa,[286] pela qual foi criado o Tribunal Federal de Justiça Administrativa, órgão autônomo e com jurisdição plena. Tal lei determinou a integração, organização, as atribuições e o funcionamento do Tribunal Federal de Justiça Administrativa com autonomia para emitir decisões.

---

em: <http://www.diputados.gob.mx/ LeyesBiblio/pdf/14_101114.pdf>. Acesso em: 08.12.2018.

[284] Artículo 38. Todo interesado que satisfaga los términos de la convocatoria y las bases de licitación pública, tendrá derecho a presentar proposiciones. Disponível em: <http://www.congreso-hidalgo.gob.mx/>. Acesso em: 08.12.2018.

[285] MÉXICO. *Ley General de Responsabilidades Administrativas*. Acesso em: http://www.diputados.gob.mx/ LeyesBiblio/pdf/LGRA.pdf>. Acesso em: 08.12.2018.

[286] MÉXICO. *Ley Orgánica del Tribunal Federal de Justicia Administrativa*. Acesso em: <http://www.diputados.gob. mx/LeyesBiblio/pdf/LOTFJA.pdf>. Acesso em: 08.12.2018.

Esse Tribunal pertence ao Sistema Nacional Anticorrupção e se sujeita às determinações do artigo 113 da Constituição Mexicana. As resoluções emitidas pelo Tribunal devem observar os princípios da legalidade, publicidade, respeito aos direitos humanos, verdade material, razoabilidade, proporcionalidade, presunção de inocência, tipicidade e devido processo legal.

O Código Penal Federal[287] prevê as sanções impostas àqueles que praticam atos de corrupção, sejam servidores públicos ou não. Por servidor público entende-se todo aquele que desempenhe um trabalho, cargo ou comissão de qualquer natureza na Administração Pública Federal centralizada ou do Distrito Federal, organismos descentralizados, empresas de participação estatal majoritária, organizações e sociedades relacionadas, fideicomissos públicos, empresas estatais, nos órgãos constitucionais autônomos, no Congresso da União, ou no Poder Judicial Federal, ou que gerenciem recursos econômicos federais. As sanções também podem ser impostas a qualquer pessoa que participe da perpetuação de algum dos delitos previstos no Código Penal Federal. Nesses casos, quando o causador do dano for um particular, a sanção de inabilitação para exercer cargo público deverá ser imposta pelo juiz, assim como a sanção de inabilitação para participar em aquisições, arrendamentos, concessões, serviços ou obras públicas. A sanção poderá variar conforme as seguintes condições: danos e prejuízos patrimoniais causados por atos ou omissões; circunstâncias socioeconômicas do responsável; condições exteriores e meios de execução; e o montante do benefício obtido, conforme artigo 212 do Código Penal Federal.

No título décimo do Código Penal Federal mexicano estão dispostos os crimes de corrupção; são eles: exercício ilícito de serviço público (artigo 214), abuso de autoridade (artigo 215), coalizão de servidores públicos (artigo 216), uso ilícito de poderes e faculdades (artigo 217), concussão (artigo 218), intimidação (artigo 219), exercício abusivo de funções (artigo 220), tráfico de influência (artigo 221), suborno

---

287 MÉXICO. *Código Penal Federal*. Disponível em: <https://www.juridicas.unam.mx/legislacion/ordenamiento/codigo-penal-federal>. Acesso em: 08.12.2018.

(artigo 222), suborno a servidores públicos estrangeiros (artigo 222 bis), peculato (artigo 223) e enriquecimento ilícito (artigo 224).

As disposições da Lei Orgânica da Administração Pública Federal[288] se propõem a fortalecer a Secretaria da Função Pública para prevenir e combater a corrupção, sendo que o objetivo geral do Sistema Nacional Anticorrupção é servir aos cidadãos. Para prevenir e punir a corrupção, é fundamental a existência de instituições autônomas capazes de prevenir, investigar e sancionar os atos de corrupção relacionados às autoridades federais, estaduais e municipais. O SNA também é composto por um Conselho Consultivo dirigido pelo Comitê de Participação Cidadã,[289] formado por um Secretariado Técnico.

O Sistema Nacional Anticorrupção também é composto por um Comitê Coordenador,[290] responsável pelo estabelecimento de mecanismos de cooperação entre os membros do SNA. Dentre as sanções previstas pelo SNA, ressaltam-se aquelas aplicáveis a servidores públicos que pratiquem faltas administrativas graves e não graves. Aos servidores públicos que cometam faltas administrativas graves, o Tribunal Federal de Justiça Administrativa poderá impor uma ou mais das seguintes sanções: suspensão de trinta a noventa dias corridos do trabalho, cargo ou comissão; destituição do trabalho, cargo ou comissão; sanção econômica; e inabilitação temporal para exercer trabalhos, cargos ou comissões no

---

[288] MÉXICO. *Ley Orgánica de la Administración Pública Federal*. Disponível em: <http://www.ordenjuridico.gob. mx/Documentos/Federal/pdf/wo13235.pdf>. Acesso em: 08.12.2018.

[289] "El CPC tiene las facultades de proponer políticas anticorrupción, metodologías e indicadores de evaluación y, sobretodo, vigilar el funcionamiento del Sistema Nacional Anticorrupción. Es por esto que debe trabajar en conjunto con el Comité Coordinador y el Secretario Técnico para la integración del componente ciudadano en la conformación de los informes, recomendaciones y políticas públicas que se consideren necesarias para el buen funcionamiento del Sistema". Disponível em: <https://cpc.org.mx/>. Acesso em: 08.12.2018.

[290] "Es la instancia responsable de definir los mecanismos de coordinación entre los integrantes del Sistema Nacional Anticorrupción y tiene bajo su encargo el diseño, promoción y evaluación de políticas públicas de combate a la corrupción". Disponível em: <https://www.gob.mx/sesna/articulos/comite-coordinador-del-sna>. Acesso em: 08.12.2018.

serviço público e para participar em aquisições, arrendamentos, serviços ou obras públicas. Já aos servidores públicos que cometam faltas administrativas não graves, a Secretaria ou os órgãos internos de controle poderão impor uma ou mais das seguintes sanções: advertência pública ou privada; suspensão de um a trinta dias corridos do trabalho, cargo ou comissão; destituição de seu trabalho, cargo ou comissão; e inabilitação temporal de três meses a um ano para desempenhar trabalhos, cargos ou comissões no serviço público e para participar de aquisições, arrendamentos, serviços ou obras públicas.[291]

No âmbito internacional, o México ratificou as mesmas convenções firmadas pelo Brasil, quais sejam: (i) a Convenção da OCDE; (ii) a Convenção da OEA; e (iii) a Convenção de Mérida. No âmbito do Acordo de Livre Comércio Norte-Americano (NAFTA), formado por México, Estados Unidos e Canadá, novas disposições anticorrupção têm sido incorporadas ao acordo. Os Estados Unidos apresentaram um documento, denominado *Objetivos da Renegociação do NAFTA*,[292] o qual requer que os membros do acordo criminalizem a corrupção, prevejam mecanismos de prevenção e também penalidades aplicadas a casos de acusação de suspeitos de envolvimento em atividades corruptas.

Canadá, Estados Unidos e México participam da OCDE e da Convenção da OCDE, assim como da OEA e da Convenção Interamericana Contra a Corrupção da OEA. Por isso, os Estados Unidos aplicam o FCPA e o Canadá aplica o *Corruption of Foreign Public Officials Act*\.[293] Com a finalidade de se nivelar, ou ao menos se assemelhar, ao nível de combate à corrupção observado nos Estados

---

291 MÉXICO. *Manual sobre el Sistema Nacional Anticorrupción para Servidoras y Servidores Públicos Federales*. Disponível em: <https://www.gob.mx/cms/uploads/attachment/file/194144/Manual_SNA.pdf>. Acesso em: 08.12.2018.

292 NAFTA. *Objectives for the NAFTA Renegotiation*. Disponível em: <https://ustr.gov/sites/default/files/files/ Press/Releases/NAFTAObjectives.pdf>. Acesso em: 08.12.2018.

293 CANADÁ. *Corruption of Foreign Public Officials Act*. Disponível em: <https://laws-lois.justice.gc.ca/eng/acts/c-45.2/>. Acesso em: 08.12.2018.

Unidos e Canadá, o México cada vez mais fortalecido o seu Sistema Anticorrupção.

Esse sistema é responsável por apoiar as instituições públicas incumbidas de investigar e sancionar os atos de corrupção, inclusive os atos praticados em transações internacionais. Além disso, o Sistema Anticorrupção pretende cumprir com todos os compromissos internacionais ratificados pelo México e, assim, impõe às pessoas jurídicas privadas a adoção de um código de ética, como também a manutenção de livros e registros. Entre os países-membros do NAFTA, verifica-se cooperação e intercâmbio de informações a fim de colaborar com investigações anticorrupção, inclusive com a identificação de pessoas jurídicas responsáveis e agentes públicos envolvidos.

Por exemplo, no documento supracitado *Objetivos da Renegociação do NAFTA*, em matéria anticorrupção, sugere-se elaborar disposições que comprometam cada país-membro a criminalizar a corrupção governamental, a tomar medidas para desestimular a corrupção e para sancionar adequadamente os envolvidos em atividades corruptas, especialmente pela exigência de adoção e manutenção de requisitos para as empresas manterem livros e registros precisos (a fim de facilitar a detecção e o rastreamento de pagamentos), pelo incentivo ao estabelecimento de códigos de conduta para incentivar elevados padrões éticos do funcionalismo público e pela exigência de que as partes proíbam a dedução de pagamentos corruptos para fins de imposto de renda.

4.2.6 Peru

A legislação anticorrupção do Peru, do mesmo modo que a da Argentina, prevê a responsabilidade objetiva para pessoas jurídicas, públicas e privadas, envolvidas em suborno de funcionários públicos. O Código Penal peruano[294] prevê crimes cometidos por funcionários

---

[294] PERU. *Decreto Legislativo n. 635*, de 08 abr. 1991, institui o Código Penal do Peru. Disponível em: <http://spij.minjus.gob.pe/content/publicaciones_oficiales/img/CODIGOPENAL.pdf>. Acesso em: 08.12.2018.

públicos, dentre eles: colusão simples e agravada (artigo 384),[295] patrocínio ilegal (artigo 385),[296] peculato doloso e culposo (artigo 387),[297] peculato por uso (artigo 388),[298] suborno passivo próprio (artigo 393),[299] suborno passivo impróprio (artigo 394),[300] suborno passivo específico

---

[295] Artículo 384º – Colusión simple y agravada El funcionario o servidor público que, interviniendo directa o indirectamente, por razón de su cargo, en cualquier etapa de las modalidades de adquisición o contratación pública de bienes, obras o servicios, concesiones o cualquier operación a cargo del Estado concierta con los interesados para defraudar al Estado o entidad u organismo del Estado, según ley, será reprimido con pena privativa de libertad no menor de tres ni mayor de seis años y con ciento ochenta a trescientos sesenta y cinco días-multa. El funcionario o servidor público que, interviniendo directa o indirectamente, por razón de su cargo, en las contrataciones y adquisiciones de bienes, obras o servicios, concesiones o cualquier operación a cargo del Estado mediante concertación con los interesados, defraudare patrimonialmente al Estado o entidad u organismo del Estado, según ley, será reprimido con pena privativa de libertad no menor de seis ni mayor de quince años y con trescientos sesenta y cinco a setecientos treinta días-multa.

[296] Artículo 385º – El que, valiéndose de su calidad de funcionario o servidor público, patrocina intereses de particulares ante la administración pública, será reprimido con pena privativa de libertad no mayor de dos años o con prestación de servicio comunitario de veinte a cuarenta jornadas.

[297] Artículo 387º – El funcionario o servidor público que se apropia o utiliza, en cualquier forma, para sí o para otro, caudales o efectos cuya percepción, administración o custodia le estén confiados por razón de su cargo, será reprimido con pena privativa de libertad no menor de cuatro ni mayor de ocho años y con ciento ochenta a trescientos sesenta y cinco días-multa. [...].

[298] Artículo 388º – El funcionario o servidor público que, para fines ajenos al servicio, usa o permite que otro use vehículos, máquinas o cualquier otro instrumento de trabajo pertenecientes a la administración pública o que se hallan bajo su guarda, será reprimido con pena privativa de libertad no menor de dos ni mayor de cuatro años y con ciento ochenta a trescientos sesenta y cinco días-multa. [...].

[299] Artículo 393º – El funcionario o servidor público que acepte o reciba donativo, promesa o cualquier otra ventaja o beneficio, para realizar u omitir un acto en violación de sus obligaciones o el que las acepta a consecuencia de haber faltado a ellas, será reprimido con pena privativa de libertad no menor de cinco ni mayor de ocho años e inhabilitación conforme a los incisos 1 y 2 del artículo 36º del Código Penal y con ciento ochenta a trescientos sesenta y cinco días-multa. [...].

[300] Artículo 394º – El funcionario o servidor público que acepte o reciba donativo, promesa o cualquier otra ventaja o beneficio indebido para realizar un acto propio de su cargo o empleo, sin faltar a su obligación, o como consecuencia del ya realizado, será reprimido con pena privativa de libertad no menor de cuatro ni mayor de seis años e inhabilitación conforme a los incisos 1 y 2 del artículo 36º del Código Penal y con ciento ochenta a trescientos sesenta y cinco días-multa. [...].

(artigo 395),[301] corrupção passiva de auxiliares jurisdicionais (artigo 396),[302] negociação incompatível ou aproveitamento indevido de cargo (artigo 399)[303] e enriquecimento ilícito (artigo 401).[304]

Além disso, o Código Penal peruano estabelece também crimes cometidos por indivíduos, como: suborno ativo genérico (artigo 397),[305] suborno ativo transnacional (artigo 397-A),[306] suborno ativo

---

[301] Artículo 395º – El Magistrado, Árbitro, Fiscal, Perito, Miembro de Tribunal Administrativo o cualquier otro análogo a los anteriores que bajo cualquier modalidad acepte o reciba donativo, promesa o cualquier otra ventaja o beneficio, a sabiendas que es hecho con el fin de influir o decidir en asunto sometido a su conocimiento o competencia, será reprimido con pena privativa de libertad no menor de seis ni mayor de quince años e inhabilitación conforme a los incisos 1 y 2 del artículo 36º del Código Penal y con ciento ochenta a trescientos sesenta y cinco días-multa. [...].

[302] Artículo 396º – Si en el caso del artículo 395º, el agente es secretario judicial, relator, especialista, auxiliar jurisdiccional o cualquier otro análogo a los anteriores, será reprimido con pena privativa de libertad no menor de cinco ni mayor de ocho años e inhabilitación conforme a los incisos 1 y 2 del artículo 36º del Código Penal y con ciento ochenta a trescientos sesenta y cinco días-multa.

[303] Artículo 399º – Negociación incompatible o aprovechamiento indebido de cargo El funcionario o servidor público que indebidamente en forma directa o indirecta o por acto simulado se interesa, en provecho propio o de tercero, por cualquier contrato u operación en que interviene por razón de su cargo, será reprimido con pena privativa de libertad no menor de cuatro ni mayor de seis años e inhabilitación conforme a los incisos 1 y 2 del artículo 36º del Código Penal y con ciento ochenta a trescientos sesenta y cinco días-multa.

[304] Artículo 401º – El funcionario o servidor público que, abusando de su cargo, incrementa ilícitamente su patrimonio respecto de sus ingresos legítimos será reprimido con pena privativa de libertad no menor de cinco ni mayor de diez años y con trescientos sesenta y cinco a setecientos treinta días-multa. [...].

[305] Artículo 397º – El que, bajo cualquier modalidad, ofrece, da o promete a un funcionario o servidor público donativo, promesa, ventaja o beneficio para que realice u omita actos en violación de sus obligaciones, será reprimido con pena privativa de libertad no menor de cuatro ni mayor de seis años y con trescientos sesenta y cinco a setecientos treinta días-multa. [...].

[306] Artículo 397º-A – El que, bajo cualquier modalidad, ofrezca, otorgue o prometa directa o indirectamente a un funcionario o servidor público de otro Estado o funcionario de organismo internacional público donativo, promesa, ventaja o beneficio indebido que redunde en su propio provecho o en el de otra persona, para que dicho servidor o funcionario público realice u omita actos propios de su cargo o empleo, en violación de sus obligaciones o sin faltar a su obligación para obtener o retener un negocio u otra

específico (artigo 398)[307] e tráfico de influências (artigo 400).[308]

Em outubro de 2016, foi criada a Comissão Presidencial de Integridade (CPI) para promover a integridade, prevenir e punir a prática de corrupção, estabelecer mecanismos de segurança, como a obrigação dos principais funcionários públicos de apresentar declarações a fim de impedir conflitos de interesses, constituir um Sistema Nacional de Transparência, criar mecanismos de transparência nas contratações públicas e implantar um sistema de responsabilidade penal de pessoas jurídicas por atos de corrupção. Com o Decreto de Urgência n. 003-2017,[309] os projetos de obras públicas com pessoas jurídicas investigadas por corrupção foram assegurados, a fim de evitar a paralisação das obras.

Para combater a corrupção no setor privado, foi promulgada a Lei n. 30.424/2016,[310] que regula a responsabilidade administrativa das pessoas jurídicas pelo crime de suborno ativo transnacional. As pessoas jurídicas devem ser responsabilizadas pelos atos de suborno envolvendo funcionário público de outro país por parte de um funcionário privado

---

ventaja indebida en la realización de actividades económicas o comerciales internacionales, será reprimido con pena privativa de la libertad no menor de cinco años ni mayor de ocho años y con trescientos sesenta y cinco a setecientos treinta días-multa.

[307] Artículo 398º – El que, bajo cualquier modalidad, ofrece, da o promete donativo, ventaja o beneficio a un Magistrado, Fiscal, Perito, Árbitro, Miembro de Tribunal administrativo o análogo con el objeto de influir en la decisión de un asunto sometido a su conocimiento o competencia, será reprimido con pena privativa de libertad no menor de cinco ni mayor de ocho años e inhabilitación accesoria conforme a los incisos 2, 3 y 4 del artículo 36º del Código Penal y con trescientos sesenta y cinco a setecientos treinta días-multa. [...].

[308] Artículo 400º – El que, invocando o teniendo influencias reales o simuladas, recibe, hace dar o prometer para sí o para un tercero, donativo o promesa o cualquier otra ventaja o beneficio con el ofrecimiento de interceder ante un funcionario o servidor público que ha de conocer, esté conociendo o haya conocido un caso judicial o administrativo, será reprimido con pena privativa de libertad no menor de cuatro ni mayor de seis años y con ciento ochenta a trescientos sesenta y cinco días-multa.

[309] PERU. *Decreto de Urgência n. 003-2017*. Disponível em: <https://busquedas.elperuano.pe/>. Acesso em: 08.12.2018.

[310] PERU. *Lei n. 30.424/16*. Disponível em: <https://busquedas.elperuano.pe/>. Acesso em: 08.12.2018.

de uma pessoa jurídica. Neste caso, aplica-se o princípio da extraterritorialidade para que a legislação penal peruana possa valer também em outros territórios além do nacional, ou quando o crime prejudicar o Estado peruano. Em 2017, foi publicado o Decreto n. 1.352 que modificou a Lei n. 30.424 para ampliar os atos ilícitos e incluir o suborno ativo genérico, o suborno ativo transnacional, o suborno ativo específico e a lavagem de ativos. Além disso, o Decreto n. 1.352 determinou que as pessoas jurídicas com mecanismos de prevenção reais e eficazes poderiam não ser responsabilizadas, desde que houvesse um relatório prévio da Superintendência de Mercado de Valores (SMV).[311]

O Decreto n. 1.352 também estabelece o conteúdo do modelo de prevenção cujos requisitos mínimos são: (i) um encarregado de prevenção, indicado pela administração da pessoa jurídica, que deve atuar com autonomia; (ii) identificação, avaliação e mitigação de riscos para prevenir crimes por meio da pessoa jurídica; (iii) implementação de instrumentos de denúncia; (iv) difusão e capacitação do modelo de prevenção; e (v) avaliação e monitoramento contínuo do modelo de prevenção. O Plano Nacional de Integridade e Luta contra a Corrupção, regulado pelo Decreto Supremo n. 092/2017-PCM,[312] pretende estabelecer que cada órgão estatal aplique um modelo próprio de prevenção de delitos. Quanto à lavagem de ativos, no Peru a prática foi punida por meio do Decreto Legislativo n. 1.106[313] que pune dois

---

[311] "La Superintendencia del Mercado de Valores (SMV) es un organismo técnico especializado adscrito al Ministerio de Economía y Finanzas que tiene por finalidad velar por la protección de los inversionistas, la eficiencia y transparencia de los mercados bajo su supervisión, la correcta formación de precios y la difusión de toda la información necesaria para tales propósitos. Tiene personería jurídica de derecho público interno y goza de autonomía funcional, administrativa, económica, técnica y presupuestal". Disponível em: <http://www.smv.gob.pe/>. Acesso em: 08.12.2018.

[312] PERU. *Decreto Supremo n. 092/2017-PCM*. Disponível em: <https://www.gob.pe/institucion/pcm/normas-legales/212009-092-2017-pcm>. Acesso em: 08.12.2018.

[313] PERU. *Decreto Legislativo n. 1.106*. Disponível em: <https://busquedas.elperuano.pe/normaslegales/decreto-legislativo-de-lucha-eficaz-contra-el-lavado-activos-decreto-legislativo-n-1106-778570-3/>. Disponível em: 08.12.2018.

tipos de atos ilícitos; são eles: (i) atos de conversão e transferência (artigo 1º)[314] e (ii) atos de ocultação e posse (artigo 2º).[315]

---

[314] Artículo 1º – Actos de conversión y transferencia. El que convierte o transfiere dinero, bienes, efectos o ganancias cuyo origen ilícito conoce o debía presumir, con la finalidad de evitar la identificación de su origen, su incautación o decomiso, será reprimido con pena privativa de la libertad no menor de ocho ni mayor de quince años y con ciento veinte a trescientos cincuenta días multa.

[315] Artículo 2º- Actos de ocultamiento y tenencia. El que adquiere, utiliza, guarda, administra, custodia, recibe, oculta o mantiene en su poder dinero, bienes, efectos o ganancias, cuyo origen ilícito conoce o debía presumir, con la finalidad de evitar la identificación de su origen, su incautación o decomiso, será reprimido con pena privativa de la libertad no menor de ocho ni mayor de quince años y con ciento veinte a trescientos cincuenta días multa.

Capítulo V

ASPECTOS CONTROVERSOS SOBRE A RESPONSABILIZAÇÃO PREVISTA NA LEI ANTICORRUPÇÃO

É fato que a Lei Anticorrupção representa um importante passo do Brasil no combate à corrupção doméstica e internacional. Ao seguir as diretrizes traçadas pelo FCPA e pelas normativas internacionais assumidas pelo país, o legislador inovou ao compartilhar com o meio empresarial a responsabilidade pelo combate desse verdadeiro mal que assola a sociedade brasileira, buscando fortalecer a ética empresarial e a lógica da probidade administrativa.[316]

Todavia, pode-se afirmar que a técnica legislativa empregada na elaboração da Lei Anticorrupção deixou de observar as melhores práticas preconizadas na Lei Complementar n. 95/1998[317] que dispõe

[316] OSÓRIO. Fábio Medina. "Lei anticorrupção dá margem a conceitos perigosos". *Consultor Jurídico*, 20 set. 2013. Disponível em: <https://www.conjur.com.br/2013-set-20/lei-anticorrupcao-observar-regime-direito-administrativo-sancionador>. Acesso em: 02.01.2019.

[317] Nesse sentido, destaca-se o disposto no artigo 11, II, "a", da Lei Complementar n. 95/98, que assim determina:

Art. 11. As disposições normativas serão redigidas com clareza, precisão e ordem lógica, observadas, para esse propósito, as seguintes normas:

sobre a elaboração e a redação de leis, porquanto apresenta ambiguidades que podem dar margem a diferentes interpretações pelos operadores do direito, notadamente no que diz respeito ao regime jurídico da responsabilização.

Nesse sentido, Gilson Dipp e Manoel L. Volkmer de Castilho[318] apontam que nenhuma das disposições da Lei Anticorrupção menciona "corrupção" como o seu objeto, "limitando-se a descrever ou indicar apenas atos ilícitos praticados contra a Administração Pública". Outro exemplo de ambiguidade diz respeito à inexistência da definição do que seria "vantagem indevida",[319] sendo certo que a sua construção dependerá da jurisprudência e da doutrina, tal como ocorreu com o FCPA nas últimas três décadas.[320]

Dessa forma, o presente capítulo abordará um dos aspectos mais controversos da Lei Anticorrupção nos meios empresariais e acadêmicos,

---

II – para a obtenção de precisão:

a) articular a linguagem, técnica ou comum, de modo a ensejar perfeita compreensão do objetivo da lei e a permitir que seu texto evidencie com clareza o conteúdo e o alcance que o legislador pretende dar à norma. BRASIL. Lei Complementar n. 95, de 26 fev. 1998.

[318] DIPP, Gilson; CASTILHO, Manoel L. Volkmer de. *Comentários sobre a lei anticorrupção*. São Paulo: Saraiva: 2016, p. 12.

[319] O termo "vantagem indevida" é mencionado no inciso I do artigo 5º da Lei Anticorrupção:

Art. 5º Constituem atos lesivos à Administração Pública, nacional ou estrangeira, para os fins desta Lei, todos aqueles praticados pelas pessoas jurídicas mencionadas no parágrafo único do art. 1º, que atentem contra o patrimônio público nacional ou estrangeiro, contra princípios da Administração Pública ou contra os compromissos internacionais assumidos pelo Brasil, assim definidos:

I – prometer, oferecer ou dar, direta ou indiretamente, vantagem indevida a agente público, ou a terceira pessoa a ele relacionada.

[320] Conforme exposto na seção 4.3.3, o FCPA proíbe a oferta, o pagamento ou a promessa de pagamento de suborno em dinheiro ou mediante a entrega de qualquer coisa de valor. A despeito de a lei não definir o que seria "coisa de valor", a jurisprudência consolidou o entendimento de que esta definição abrange qualquer bem equivalente a dinheiro, assim como outras formas de incentivo que tenham algum tipo de valor, tais como viagens, joias, carros, entretenimento, contratação de parentes etc.

qual seja, o regime jurídico da responsabilização prevista na Lei Anticorrupção e a responsabilidade objetiva da pessoa jurídica.

Contudo, antes de abordar os aspectos controversos da Lei Anticorrupção listados acima, faz-se necessária uma análise do seu histórico legislativo de modo a compreender a *ratio legis* e, principalmente, o cenário político do país quando da edição do mencionado diploma legal.

5.1 O histórico legislativo da Lei n. 12.846/2013

Conforme exposto no capítulo 3, a partir da administração de Bill Clinton, os EUA passaram a se esforçar para que as regras de combate à corrupção transnacional previstas no FCPA fossem replicadas nos sistemas jurídicos de outros países, a fim de igualar o nível de competitividade entre as nações no mercado internacional, haja vista que, naquele momento, as empresas americanas estavam perdendo espaço para aquelas cujo país de origem não combatia (isso quando não estimulava) a prática de corrupção internacional.

Após ter sido superada a relutância inicial de algumas nações devido principalmente à descoberta de diversos esquemas de corrupção mundo afora, em 17 de dezembro de 1997, foi assinada a Convenção da OCDE Sobre o Combate da Corrupção de Funcionários Públicos Estrangeiros em Transações Comerciais (Convenção da OCDE) pelos Estados-membros da OCDE, aos quais se somaram outros países como Brasil, Argentina e Chile, tendo entrado em vigor em 1999.

A Convenção da OCDE cuida, essencialmente, da adequação da legislação interna dos Estados signatários às medidas de prevenção e combate à corrupção de funcionários públicos estrangeiros no contexto do comércio internacional. Além de traçar conceitos importantes sobre funcionários públicos estrangeiros, delito de corrupção e ultraterritorialidade, a Convenção da OCDE determina a adoção pelos seus signatários de medidas necessárias à responsabilização de pessoas jurídicas pela corrupção de funcionários públicos estrangeiros nos seus artigos 2 e 3:

"Artigo 2

Responsabilidade de Pessoas Jurídicas

Cada Parte deverá tomar todas as medidas necessárias ao estabelecimento das responsabilidades de pessoas jurídicas pela corrupção de funcionário público estrangeiro, de acordo com seus princípios jurídicos."

"Artigo 3

Sanções

1. A corrupção de um funcionário público estrangeiro deverá ser punível com penas criminais efetivas, proporcionais e dissuasivas. A extensão das penas deverá ser comparável àquela aplicada à corrupção do próprio funcionário público da Parte e, em caso de pessoas físicas, deverá incluir a privação da liberdade por período suficiente a permitir a efetiva assistência jurídica recíproca e a extradição.

2. Caso a responsabilidade criminal, sob o sistema jurídico da Parte, não se aplique a pessoas jurídicas, a Parte deverá assegurar que as pessoas jurídicas estarão sujeitas a sanções não criminais efetivas, proporcionais e dissuasivas contra a corrupção de funcionário público estrangeiro, inclusive sanções financeiras.

3. Cada Parte deverá tomar todas as medidas necessárias a garantir que o suborno e o produto da corrupção de um funcionário público estrangeiro, ou o valor dos bens correspondentes a tal produto, estejam sujeitos a retenção e confisco ou que sanções financeiras de efeito equivalente sejam aplicáveis.

4. Cada Parte deverá considerar a imposição de sanções civis ou administrativas adicionais à pessoa sobre a qual recaiam sanções por corrupção de funcionário público estrangeiro."

Em 15 de junho de 2000, a Convenção da OCDE foi ratificada pelo Brasil e promulgada por meio do Decreto n. 3.678, de 30 de novembro de 2000.

Praticamente três anos depois da promulgação da Convenção da OCDE, em 9 de dezembro de 2003, o Brasil também assinou a Convenção das Nações Unidas contra a Corrupção em Mérida, México, razão pela qual também passou a ser conhecida como Convenção de Mérida, cuja promulgação ocorreu por meio do Decreto n. 5.687, de 31 de janeiro de 2006. O texto da Convenção de Mérida dedicou dois artigos para a matéria, cujos principais comandos norteadores são transcritos abaixo:

> "Artigo 12
>
> Setor Privado
>
> 1. Cada Estado-parte, em conformidade com os princípios fundamentais de sua legislação interna, adotará medidas para prevenir a corrupção e melhorar as normas contábeis e de auditoria no setor privado, assim como, quando proceder, prever sanções civis, administrativas ou penais eficazes, proporcionadas e dissuasivas em caso de não cumprimento dessas medidas."
>
> "Artigo 26
>
> Responsabilidade das pessoas jurídicas
>
> 1. Cada Estado-parte adotará as medidas que sejam necessárias, em consonância com seus princípios jurídicos, a fim de estabelecer a responsabilidade de pessoas jurídicas por sua participação nos delitos qualificados de acordo com a presente Convenção."

Ressalve-se que antes mesmo da assinatura das Convenções da OCDE e de Mérida, o Brasil já havia assinado a Convenção Interamericana contra Corrupção em 29 de março de 1996 juntamente com os demais membros da Organização dos Estados Americanos (OEA), cujo texto trata de questões atinentes à prevenção, detecção e punição de atos de corrupção, incluindo os delitos de suborno transnacional. A Convenção Interamericana contra Corrupção foi promulgada pelo Decreto n. 4.410, de 7 de outubro de 2002.

Nesse contexto, o governo vinha sofrendo uma pressão internacional, principalmente da OCDE, para efetivamente adotar medidas legislativas necessárias para responsabilização das pessoas jurídicas por atos de corrupção, especialmente pelo pagamento de suborno para funcionários públicos estrangeiros.[321]

---

[321] Conforme notícia veiculada no website da Controladoria-Geral da União, em 13

Somente em fevereiro de 2010, o Poder Executivo, representado na pessoa do ex-Presidente da República Luís Inácio Lula da Silva, encaminhou o anteprojeto de lei ao Congresso Nacional por meio da Mensagem n. 52/2010[322] juntamente com a Exposição de Motivos Interministerial[323] elaborada em conjunto pelo Ministério da Justiça, pela Controladoria-Geral da União (CGU) e pela Advocacia-Geral da União (AGU), que explica que o anteprojeto teria

> "[...] por objetivo de suprir uma lacuna existente no sistema jurídico pátrio no que tange à responsabilização de pessoas jurídicas pela prática de atos ilícitos contra a Administração Pública, em especial, por atos de corrupção e fraude em licitações e contratos administrativos."

A Exposição de Motivos Interministerial também trata de outras questões relevantes para a compreensão da Lei Anticorrupção, dentre elas, (i) os efeitos nefastos da corrupção para o país e a necessidade de controlá-la;[324] (ii) o cumprimento dos compromissos internacionais de

---

de dezembro de 2007, o então Ministro-Chefe da CGU, Jorge Hage, participou de reunião ordinária do plenário da OCDE, que avaliou o Brasil quanto à implementação da Convenção da OCDE e também cobrou do país a adoção de "medidas legislativas para a responsabilização da pessoa jurídica por ato de corrupção, especialmente pelo pagamento de suborno a funcionários públicos de outros países". Disponível em: <http://www.cgu.gov.br/noticias/2007/12/ocde-reconhece-avancos-do-brasil-no-combate-a-corrupcao>. Acesso em: 02.01.2019.

[322] BRASIL. Câmara dos Deputados. *Mensagem n. 52/2010*, 8 fev. 2010. Disponível em: <http://www.camara.gov.br/proposicoesWeb/prop_mostrarintegra;jsessionid=91278905F7FBF1F3CA5EF86BECECCFD0.proposicoesWebExterno2?codteor=735505&filename=Tramitacao-PL+6826/2010>. Acesso em: 02.01.2019.

[323] BRASIL. Subchefia de Assuntos Parlamentares. *Exposição de Motivos Interministerial n. 00011/2009 CGU/MJ/AGU*, de 23 out. 2009. Disponível em: <http://planalto.gov.br/ccivil_03/projetos/EXPMOTIV/EMI/2010/11%20-%20CGU%20MJ%20AGU.htm>. Acesso em: 02.01.2019.

[324] Nesse sentido, a *Exposição de Motivos Interministerial n. 00011/2009 CGU/MJ/AGU* aduz que a corrupção "[...] compromete a legitimidade política, enfraquece as instituições democráticas e os valores morais da sociedade, além de gerar um ambiente de insegurança ao mercado econômico, comprometendo o crescimento econômico e afugentando

combate à corrupção assumidos pelo Brasil; (iii) a opção pela responsabilização administrativa e civil da pessoa jurídica, na medida em que o "Direito Penal não oferece mecanismos efetivos ou céleres para punir as sociedades empresárias, muitas vezes as reais interessadas ou beneficiadas pelos atos de corrupção"; e (iv) a responsabilidade judicial da pessoa jurídica, "que poderá ser operacionalizada por meio de ação civil ajuizada pelos entes federativos, entidades públicas e pelo Ministério Público, com o objetivo de aplicar sanções mais graves a pessoas jurídicas já sancionadas na esfera administrativa".

Ao ser recebido pela Câmara dos Deputados, o anteprojeto foi convertido no Projeto de Lei n. 6.826/2010,[325] tendo sido criada uma Comissão Especial com vinte e cinco membros titulares para apreciar a matéria e proferir parecer sobre o mencionado Projeto de Lei apenas em 26 de maio de 2011.[326]

Em 14 de março de 2012, o deputado federal Carlos Zarattini apresentou o Parecer da Comissão Especial,[327] pelo qual apontou que (i) os atos descritos no Projeto de Lei n. 6.826/2010 efetivamente são atos de corrupção; (ii) a matéria objeto do Projeto de Lei n. 6.826/2010 é constitucional; e (iii) o Direito Penal apresenta limitações quanto à possibilidade de se responsabilizar objetivamente pessoas jurídicas por

---

novos investimentos. O controle da corrupção assume, portanto, papel fundamental no fortalecimento das instituições democráticas e na viabilização do crescimento econômico do país".

325 BRASIL. Câmara dos Deputados. *Projeto de Lei n. 6.826/2010*. Disponível em: <http://www.camara.gov.br/proposicoesWeb/prop_mostrarintegra;jsessionid=91278905F7FBF1F3CA5EF86BECECCFD0.proposicoesWebExterno2?codteor=734764&filename=Tramitacao-PL+6826/2010>. Acesso em: 02.01.2019.

326 BRASIL. Câmara dos Deputados. *Ato da Presidência*, 26 maio 2011. Disponível em: <http://www.camara.gov.br/proposicoesWeb/prop_mostrarintegra;jsessionid=91278905F7FBF1F3CA5EF86BECECCFD0.proposicoesWebExterno2?codteor=878553&filename=Tramitacao-PL+6826/2010>. Acesso em: 02.01.2019.

327 BRASIL. Câmara dos Deputados. *Parecer do Relator sobre o Projeto de Lei n. 6.826/2010*. Disponível em: <http://www.camara.gov.br/proposicoesWeb/prop_mostrarintegra;jsessionid=91278905F7FBF1F3CA5EF86BECECCFD0.proposicoesWebExterno2?codteor=970659&filename=Tramitacao-PL+6826/2010>. Acesso em: 02.01.2019.

atos lesivos à Administração Pública, razão pela qual "houve por bem o Executivo Federal apresentar um projeto de lei que prevê a punição administrativa e civil de pessoas por atos contra a Administração Pública, com base na responsabilidade objetiva".

O Parecer sobre o Projeto de Lei n. 6.826/2010 ainda justifica a adoção da responsabilidade objetiva pelo seguinte motivo:

> "Sabe-se que o conjunto dos atos lesivos à Administração Pública, e cada um deles, é de difícil e complexa identificação. Exigir, pois, do Estado, que além de provar a correlação entre o ato e a lesão, também prove a culpabilidade do agente, é demandar ao Estado que protele indefinidamente a responsabilização de pessoas jurídicas por atos de corrupção e suborno contra autoridades públicas."[328]

Posteriormente, o Projeto de Lei n. 6.826/2010 foi objeto de nova análise pela Comissão Especial, a qual apresentou novas emendas, com destaque para aquela enumerada como Emenda n. 11 de autoria do deputado Laercio Oliveira, que pretendia modificar a redação do artigo 2º do Projeto de Lei original para retirar responsabilização objetiva da pessoa jurídica e, em contrapartida, inverter o ônus da prova. Ao comentar a referida emenda, o relator propôs a sua rejeição pelo seguinte motivo:

> "[...] O projeto, conforme o lemos, não trata de responsabilização criminal, esfera na qual é possível um apelo à definição de culpa ou dolo, embora já exista o precedente constitucional de responsabilidade objetiva da pessoa jurídica por crimes ambientais. Além disso, a proposição prevê o devido processo legal, com consequente possibilidade de contraditório e ampla defesa, momento

---

[328] BRASIL. Câmara dos Deputados. Parecer do Relator sobre o Projeto de Lei n. 6.826/2010, pp. 15-16. Disponível em: <http://www.camara.gov.br/proposicoesWeb/prop_mostrarintegra;jsessionid=91278905F7FBF1F3CA5EF86BECECCFD0.proposicoesWebExterno2?codteor=970659&filename=Tramitacao-PL+6826/2010>. Acesso em: 02.01.2019.

> em que a pessoa jurídica poderá apresentar provas da inexistência do fato ou do nexo causal, entre outras hipóteses. Cumpre notar que a instituição da responsabilidade objetiva da pessoa jurídica corresponde à principal iniciativa do projeto. Se excluída, a pessoa jurídica poderá eximir-se de qualquer responsabilidade, sob alegação de que aquele que praticou o ato lesivo que beneficiou a pessoa jurídica o fez por conta própria, sem autorização ou consentimento superior, exorbitando de suas atribuições e poderes. Isto posto, somos pela rejeição da emenda."[329]

Cumpre notar que o relator do Projeto de Lei n. 6.826/2010 também transcreveu trecho da argumentação apresentada pela CGU a respeito da importância da manutenção da responsabilidade objetiva da pessoa jurídica prevista no texto original, pois ela "[...] é indispensável para se garantir a efetiva reparação de danos ou prejuízos causados à Administração Pública e a toda a sociedade."[330]

Em junho de 2013, quando o Projeto de Lei n. 6.826/2010 ainda tramitava na Câmara dos Deputados, deu-se início a diversas manifestações populares em todo o país contra a corrupção, que, naquele momento, evidenciava-se pelos gastos excessivos com os nababescos estádios que recebiam os jogos da Copa das Confederações e, no ano seguinte, abrigariam os jogos da Copa do Mundo organizada pela FIFA.

Em resposta aos protestos, o Governo Federal acelerou o trâmite do Projeto legislativo para tentar dar uma resposta aos anseios da população.[331]

---

[329] BRASIL. Câmara dos Deputados. Parecer do Relator sobre as Emendas Oferecidas ao Substitutivo. *Projeto de Lei n. 6.826/2010*, 18 abr. 2012,p. 07. Disponível em: <http://www.camara.gov.br/proposicoesWeb/prop_mostrarintegra;jsessionid=91278905F7FBF1F3CA5EF86BECECCFD0.proposicoesWebExterno2?codteor=982072&filename=Tramitacao-PL+6826/2010>. Acesso em: 02.01.2019.

[330] BRASIL. Câmara dos Deputados. Parecer do Relator sobre às Emendas Oferecidas ao Substitutivo. *Projeto de Lei n. 6.826/2010*, p. 9. Disponível em: <http://www.camara.gov.br/proposicoesWeb/prop_ mostrarintegra;jsessionid=91278905F7FBF1F3CA5EF86BECECCFD0.proposicoesWebExterno2?codteor=970659&filename=Tramitacao-PL+6826/2010>. Acesso em: 02.01.2019.

[331] O Senador Ricardo Ferraço, que foi relator do Projeto da Lei Anticorrupção no

Assim, em um tempo recorde de quatorze dias, a Câmara dos Deputados apresentou a redação final do Projeto de Lei n. 6.826/2010,[332] com uma relevante alteração no § 2º do artigo 19, *verbis*:

> "Art. 19. Em razão da prática de atos previstos no art. 5º desta Lei, a União, os Estados, o Distrito Federal e os Municípios, por meio das respectivas Advocacias Públicas ou órgãos de representação judicial, ou equivalentes, e o Ministério Público, poderão ajuizar ação com vistas à aplicação das seguintes sanções às pessoas jurídicas infratoras:
>
> [...]
>
> II – suspensão ou interdição parcial de suas atividades;
>
> III – dissolução compulsória da pessoa jurídica;
>
> IV – proibição de receber incentivos, subsídios, subvenções, doações ou empréstimos de órgãos ou entidades públicas e de instituições financeiras públicas ou controladas pelo poder público, pelo prazo mínimo de 1 (um) e máximo de 5 (cinco) anos.
>
> § 2º Dependerá da comprovação de culpa ou dolo a aplicação das sanções previstas nos incisos II a IV do *caput* deste artigo."

Ato contínuo, a Comissão de Constituição e Justiça e de Cidadania da Câmara dos Deputados aprovou a redação final do Projeto de Lei e

---

Senado, ao apresentar a justificativa para o Projeto de Lei do Senado n. 105/2015, que objetiva alterar o artigo 16 da citada lei, assim afirmou: "Há quase dois anos, aprovamos o projeto da Lei Anticorrupção, que tive a oportunidade de relatar no Plenário do Senado. A lei foi uma resposta objetiva à sociedade, indignada diante da escalada de desvios e irregularidades contra a Administração Pública. Foi uma resposta, também, à comunidade internacional, que cobrava medidas mais duras por parte do Brasil no combate à corrupção, até para garantir um ambiente jurídico mais seguro para investimentos no país" (BRASIL. Senado Federal. *Projeto de Lei do Senado n. 105*, de 2015. Disponível em: <https://www25.senado.leg.br/web/atividade/materias/-/materia/120017>. Acesso em: 05.01.2019.

[332] BRASIL. Câmara dos Deputados. *Redação Final do Projeto de Lei n. 6.826/2010.* Disponível em: <http://www.camara.gov.br/proposicoesWeb/prop_mostrarintegra;jsessionid=91278905F7FBF1F3CA5EF86BECECCFD0.proposicoesWebExterno2?codteor=1096389&filename=Tramitacao-PL+6826/2010>. Acesso em: 02.01.2019.

o remeteu ao Senado Federal em 19 de junho de 2013, onde passou a tramitar como Projeto de Lei da Câmara n. 39/2013 (PLC n. 39/2013).[333]

Em 4 de julho de 2013, o relator do PLC n. 39/2010, Senador Ricardo Ferraço, apresentou o seu Parecer para o Plenário do Senado Federal, oportunidade na qual teceu as seguintes ponderações acerca da necessidade da manutenção da responsabilidade objetiva para as pessoas jurídicas pelos seguintes motivos:

> "Concordamos com o estabelecimento de responsabilidade objetiva para as pessoas jurídicas nos casos definidos no projeto. Com efeito, a exigência de comprovação de dolo ou culpa poderia conduzir à ineficácia os mecanismos nele previstos, dadas as dificuldades enfrentadas no processo de responsabilização de pessoas jurídicas, para a identificação do elemento subjetivo do ilícito. Além disso, a responsabilidade objetiva de pessoas jurídicas não constitui nenhuma novidade no Direito Brasileiro. Entre os casos previstos na legislação, podemos citar os disciplinados no Código de Defesa do Consumidor, na legislação ambiental e, no próprio Código Civil, a responsabilidade fundada na teoria do risco." [334]

Por outro lado, no tocante ao processo judicial, o relator concordou com a necessidade de comprovação de dolo ou culpa para ensejar a aplicação das penalidades previstas nos incisos II a IV do artigo 19 do PLC n. 39/2013 com fulcro na seguinte justificativa:

> "Quanto ao processo judicial, as penalidades passíveis de aplicação também nos parecem adequadas, podendo chegar à própria dissolução compulsória de pessoa jurídica, medida que, pelo seu rigor, deve-se restringir às situações em que a conduta se revestir

---

[333] BRASIL. Senado Federal. *Projeto de Lei da Câmara n. 39, de 2013 – Lei Anticorrupção.* Disponível em: <https://www25.senado.leg.br/web/atividade/materias/-/materia/113244>. Acesso em: 02.01.2019.

[334] BRASIL. Senado Federal. *Parecer n. 649, de 2013*, p.14. Disponível em: <https://legis.senado.leg.br/sdleg-getter/documento?dm=4003724&ts=1543021110297&disposition=inline>. Acesso em: 02.01.2019.

> de maior gravidade. Bem por isso, o projeto, além de exigir a comprovação de culpa ou dolo para ensejar a aplicação dessa pena, só a permite quando a personalidade jurídica houver sido utilizada de forma habitual para facilitar ou promover a prática de atos ilícitos ou quando a condenada houver sido constituída para ocultar ou dissimular interesses ilícitos ou a identidade dos beneficiários dos atos praticados. Também é exigida a comprovação de culpa ou dolo para a aplicação das penas de suspensão ou interdição parcial de atividades e de proibição de receber incentivos, subsídios, subvenções, doações ou empréstimos de órgãos ou entidades públicas e de instituições financeiras públicas."[335]

Em 12 de julho de 2013, o PLC n. 39/2013 foi encaminhado para sanção presidencial por meio da Mensagem SF n. 127/2013.[336] Poucos dias depois, em 1º de agosto de 2013, a Presidência da República enviou a Mensagem n. 314 ao Senado Federal comunicando a sua decisão de vetar parcialmente o PLC n. 39/2013, com destaque para o veto ao § 2º do artigo 19, cuja razão foi a seguinte:

> "Tal como previsto, o dispositivo contraria a lógica norteadora do projeto de lei, centrado na responsabilidade objetiva de pessoas jurídicas que cometam atos contra a Administração Pública. A

---

[335] BRASIL. Senado Federal. Parecer n. 649, de 2013, p.15. Disponível em: <https://legis.senado.leg.br/sdleg-getter/documento?dm=4003724&ts=1543021110297&disposition=inline>. Acesso em: 02.01.2019.

[336] Valdir Moysés Simão e Marcelo Pontes Vianna, ao comentarem a provação do projeto legislativo em 15 dias, assinalam que "um prazo mais dilatado possibilitaria sanar as prováveis imperfeições existentes na Lei 12.846/2013" (SIMÃO, Valdir Moyses; VIANNA, Marcelo Pontes. *O acordo de leniência na lei anticorrupção:* histórico, desafios e perspectivas. São Paulo: Trevisan, 2017, p. 28). Modesto Carvalhosa, por sua vez, é mais enfático e diz que: "Assim agiu o legislador, dentro daquela política de produzir 'lei para inglês ver'. Se não tivesse essa clara intenção de apenas satisfazer aparentemente a comunidade internacional no combate à corrupção, o malfadado legislador, ao invés de conturbar inteiramente as regras do processo penal-administrativo, teria, desde logo, remido a Lei de Processo Administrativo (Lei n. 9.784, de 1999), já sedimentada nos planos da doutrina e da jurisprudência (CARVALHOSA, Modesto. *Considerações sobre a lei anticorrupção das pessoas jurídicas.* Lei 12.846/2013. São Paulo: Editora Revista dos Tribunais, 2015, p. 369-370).

> introdução da responsabilidade subjetiva anularia todos os avanços apresentados pela nova lei, uma vez que não há que se falar na mensuração da culpabilidade de uma pessoa jurídica."[337]

A Lei Anticorrupção foi publicada do Diário Oficial da União no dia 2 de agosto de 2013 e, tendo em vista que o seu artigo 31 previa um período de *vacatio legis* de 180 dias após a sua publicação, a lei efetivamente entrou em vigor no dia 29 de janeiro de 2014, nos termos do artigo 8º, § 1º, da Lei Complementar n. 95/1998.[338]

Tecidas essas considerações a respeito do histórico legislativo da Lei n. 12.846/2013, o qual denota a razão da lei (*ratio legis*), passaremos à análise dos seus principais aspectos controversos, demonstrando os meios encontrados pela doutrina para transposição de alguns óbices visando garantir a efetiva aplicação da lei.

5.2 O regime jurídico da responsabilização prevista na Lei Anticorrupção

A questão concernente ao regime de responsabilização previsto na Lei Anticorrupção ainda é um tema controvertido no meio acadêmico, com renomados juristas arguindo diferentes posições.

Os regimes de responsabilização das pessoas naturais e jurídicas podem ser divididos, em um primeiro momento, em duas categorias distintas: o regime privado e o regime público. Os mencionados regimes, por sua vez, subdividem-se em outros quatro sub-regimes:

---

[337] BRASIL. Presidência da República. Casa Civil. Subchefia para Assuntos Jurídicos. *Mensagem n. 314*, de 1º ago. 2013. Disponível em: < http://www.planalto.gov.br/CCIVIL_03/_Ato2011-2014/2013/Msg/VEP-314.htm>. Acesso em: 02.01.2019.

[338] Art. 8º A vigência da lei será indicada de forma expressa e de modo a contemplar prazo razoável para que dela se tenha amplo conhecimento, reservada a cláusula "entra em vigor na data de sua publicação" para as leis de pequena repercussão.

§ 1º A contagem do prazo para entrada em vigor das leis que estabeleçam período de vacância far-se-á com a inclusão da data da publicação e do último dia do prazo, entrando em vigor no dia subsequente à sua consumação integral.

a) o civil-privado, pelo qual é assegurado à vítima pedir ao Poder Judiciário a indenização e o ressarcimento de danos causados por quem praticou um ato ilícito;

b) o criminal, no qual uma agência pública de persecução busca a imposição de penas criminais contra os ofensores perante o Poder Judiciário. Neste sub-regime, geralmente cabe a uma agência regulatória investigar as ofensas e encaminhar as provas colhidas para a agência pública de persecução, a fim de esta prosseguir ou não com a ação penal pública;

c) o civil-público, pelo qual a agência regulatória se vale do Poder Judiciário (em regra, especializado) para impor penalidades, suspensões ou revogações de licenças, por exemplo; e

d) o administrativo, que é usado para repressão de infrações administrativas, sendo que a mesma autoridade que tem legitimidade ativa para investigar é a mesma que tem competência para impor multas administrativas e tomar decisões para cessar a conduta.

Os três últimos sub-regimes acima listados – criminal, civil-público e administrativo – estão inseridos no regime público, na medida em que a decisão de prosseguir ou não com determinada ação repressiva cabe unicamente à agência ou aos órgãos públicos.

Nesse contexto, parte da doutrina afirma que a Lei n. 12.846/2013 teria natureza penal ou, no mínimo, poderia ser considerada uma lei penal encoberta, o que, por consequência, asseguraria algumas garantias próprias do direito penal e do processo penal quando da sua aplicação, dentre elas, a obrigatoriedade de prova de dolo ou culpa da pessoa jurídica pela Administração Pública.

Dentre os juristas que compartilham tal entendimento, vale mencionar a posição de Modesto Carvalhosa,[339] que afirma que a Lei Anticorrupção "tem nítida natureza penal", pois "as condutas ilícitas tipificadas e os seus efeitos delituosos têm substância penal". Segundo o

---

339 CARVALHOSA, Modesto. *Considerações sobre a lei anticorrupção das pessoas jurídicas.* Lei 12.846/2013. São Paulo: Editora Revista dos Tribunais, 2015, p. 33.

jurista, a citada lei se diferencia de uma lei penal apenas quanto ao processo, e não em relação ao seu conteúdo.

Seguindo essa mesma linha, Guilherme de Souza Nucci,[340] além de tecer duras críticas à Lei n. 12.846/2013, aduz que esta teria natureza jurídica eminentemente penal. Pierpaolo Cruz Bottini[341] também entende que a Lei Anticorrupção tem natureza penal "ou quase-penal", assim como Fernando Facury Scaff e Renato de Mello Jorge Silveira, que asseveram que "a lei parece ter uma aura administrativa, mas, substancialmente, caráter penal [...]."[342] Dorival de Freitas Junior segue essa mesma posição.[343]

A despeito de concordarmos com os referidos autores acerca da possibilidade de responsabilização da pessoa jurídica na esfera criminal com base tanto na teoria da realidade analisada na seção 1.3, quanto na Constituição Federal por meio do seu artigo 225, § 3º,[344] o que resultaria na aplicação de sanções de natureza pecuniária ou restritiva de direitos às pessoas jurídicas,[345] com base no histórico legislativo da Lei

---

340 NUCCI, Guilherme de Souza. *Corrupção e anticorrupção*. Rio de Janeiro: Forense, 2015, p. 91.

341 BOTTINI, Pierpaolo Cruz. "A Lei Anticorrupção como lei penal encoberta". *Consultor Jurídico*, 8 jul. 2014. Disponível em: <https://www.conjur.com.br/2014-jul-08/direito-defesa-lei-anticorrupcao-lei-penal-encoberta>. Acesso em: 02.01.2019.

342 SCAFF, Fernando Faccury; SILVEIRA. Renato de Mello. Lei Anticorrupção é substancialmente de caráter penal. *Consultor Jurídico*, 5 fev. 2014. Disponível em: <https://www.conjur.com.br/2014-fev-05/renato-silveira-fernando-scaff-lei-anticorrupcao-carater-penal>. Acesso em: 02.01.2019.

343 FREITAS JUNIOR, Dorival de. *Lei anticorrupção*: as inconstitucionalidades na responsabilização da pessoa jurídica. Curitiba: Juruá, 2017, p.95.

344 Art. 225. Todos têm direito ao meio ambiente ecologicamente equilibrado, bem de uso comum do povo e essencial à sadia qualidade de vida, impondo-se ao Poder Público e à coletividade o dever de defendê-lo e preservá-lo para as presentes e futuras gerações.

§ 3º As condutas e atividades consideradas lesivas ao meio ambiente sujeitarão os infratores, pessoas físicas ou jurídicas, a sanções penais e administrativas, independentemente da obrigação de reparar os danos causados.

345 Vale notar que Guilherme de Souza Nucci também entende que a Constituição Federal também autoriza a responsabilidade penal das pessoas jurídicas nos crimes econômico-financeiros e contra a economia popular, nos termos do seu artigo 173,

n. 12.846/2013 descrito acima, compreendemos que o legislador originário entendeu não ser conveniente conferir à aludida lei caráter de Direito Penal, não obstante o fato de as sanções nela previstas serem tão graves quanto aquelas do processo penal.[346]

Nesse sentido, Gilson Dipp e Manoel L. Volkmer de Castilho explicam que

> "[...] Como o projeto recusou disciplinar a matéria do ponto de vista penal ou criminal e afastou expressamente essa circunstância pela redação do art. 1º, a responsabilização judicial prevista no capítulo VI (arts. 18 a 21) lógica e formalmente não se estende aos crimes (ilícitos penais). Apesar da deliberada intenção de não penalizar criminalmente os agentes corruptores, certo é, no entanto, que no projeto ficaram rastros perceptíveis na disciplina do processo de responsabilização judicial, pela imposição de penalidades de caráter penal."[347]

De outra banda, parte da doutrina afirma que a Lei n. 12.846/2013 tem natureza jurídica de Direito Administrativo,[348] pois o seu artigo 5º enumera as condutas que têm nítido caráter de ilícitos administrativos, tornando-os, por conseguinte, passíveis das sanções administrativas previstas no artigo 6º, que somente poderão ser aplicadas pela Administração

---

§ 5 (NUCCI, Guilherme de Souza. *Corrupção e anticorrupção*. Rio de Janeiro: Forense, 2015, p. 88).

[346] Valdir Moysés Simão e Marcelo Pontes Vianna afirmam que a decisão de reservar a responsabilização para a seara administrativa "encontra melhor explicação na sociologia jurídica." Isso porque, segundo os autores, o "direito penal, em face da necessidade de observar rigoroso procedimento, não é capaz de dar resposta tempestiva para todos os dilemas que foram inseridos na sua esfera" (SIMÃO, Valdir Moyses; VIANNA, Marcelo Pontes. *O acordo de leniência na lei anticorrupção:* histórico, desafios e perspectivas. São Paulo: Trevisan, 2017, p. 39).

[347] DIPP, Gilson; CASTILHO, Manoel L. Volkmer de. *Comentários sobre a lei anticorrupção*. São Paulo: Saraiva, 2016, p. 20.

[348] SOUZA, Jorge Munhós de. "Responsabilização administrativa na lei anticorrupção". *In:* SOUZA, Jorge Munhós de; QUEIROZ, Ronaldo Pinheiro de (Org.). *Lei anticorrupção*. Salvador: JusPodivm, 2015, p. 138.

Pública dentro de um processo administrativo litigioso. Dada a evidente natureza punitiva da Lei n. 12.846/2013, os autores Fábio Medina Osório,[349] Juliano Hein,[350] Vicente Greco Filho e João Daniel Rassi,[351] entre outros, asseveram que a citada lei deve submeter-se ao regime do Direito Administrativo Sancionador, o qual está inserido dentro do Direito Administrativo, não sendo, portanto, um ramo autônomo da ciência jurídica.[352]

Perfilhamos o entendimento desta corrente doutrinária no sentido de que o regime de responsabilização previsto na Lei Anticorrupção é o de Direito Administrativo Sancionador por força do seu caráter eminentemente punitivo, o qual foi evidenciado pelo legislador originário durante o trâmite do Projeto de Lei explicitado acima, notadamente no trecho do Parecer da Comissão Especial que assinala que "houve por bem o Executivo Federal apresentar um projeto de lei que prevê a punição administrativa e civil de pessoas por atos contra a Administração Pública, com base na responsabilidade objetiva." [353]

Contudo, entendemos que a responsabilidade estabelecida no Capítulo VI da Lei n. 12.846/2013 também está sujeita ao regime jurídico do Direito Civil, pois as sanções enumeradas no seu artigo 19 têm natureza eminentemente civil, seja pelo princípio da vedação ao enriquecimento sem causa previsto no artigo 884 do Código Civil, que acarreta a reparação do dano na forma prevista no inciso I do artigo 19

---

[349] OSÓRIO. Fábio Medina. "Lei anticorrupção dá margem a conceitos perigosos". *Consultor Jurídico*, 20 set. 2013. Disponível em: <https://www.conjur.com.br/2013-set-20/lei-anticorrupcao-observar-regime-direito-administrativo-sancionador>. Acesso em: 2 jan. 2019.

[350] HEINEN, Juliano. *Comentários à Lei Anticorrupção*: Lei n. 12.846/2016. Belo Horizonte: Fórum, 2015. p. 36.

[351] GRECO FILHO, Vicente; RASSI, João Daniel. *O combate à corrupção e comentários à lei de responsabilidade das pessoas jurídicas:* Lei n. 12.846, de 1º de agosto de 2013. São Paulo: Saraiva, 2015, p. 103.

[352] FREITAS JUNIOR, Dorival de. *Lei anticorrupção:* as inconstitucionalidades na responsabilização da pessoa jurídica. Curitiba: Juruá, 2017. p. 97.

[353] BRASIL. Câmara dos Deputados. *Parecer do Relator sobre o Projeto de Lei n. 6.826/2010. Op. cit.*

da Lei Anticorrupção,[354] seja pela função punitiva da responsabilidade civil, que resulta nas penas civis estipuladas nos incisos II a IV do citado dispositivo legal.[355]

Nesse sentido, Carla Veríssimo[356] ensina que, apesar de o legislador ter denominado esta segunda esfera de responsabilização como judicial "porque ocorre por meio de um processo judicial", a sua natureza é, na realidade, civil. A mencionada autora observa ainda que, diferentemente do que ocorre com as sanções administrativas, a discussão acerca das sanções de natureza civil já tem início na própria esfera judicial.

Essa é a mesma interpretação de Gilson Dipp e Manoel L. Volkmer de Castilho quando afirmam que "no que respeita – por exemplo – aos atos de improbidade eventualmente subsumidos em atos previstos na lei *por igual* haverá a responsabilidade administrativa e civil objetiva".[357]

---

[354] Art. 884. Aquele que, sem justa causa, se enriquecer à custa de outrem, será obrigado a restituir o indevidamente auferido, feita a atualização dos valores monetários.

[355] Arnoldo Wald ensina que a responsabilidade civil também tem "a chamada função punitiva ou de pena privada", além das funções ressarcitória e compensatória. Segundo o civilista, a função punitiva da responsabilidade civil ressurge como um dos principais meios de combate à impunidade, tendo uma dupla função: a primeira diz respeito à conscientização do comportamento danoso do agente através de uma sanção, que reduz o seu patrimônio, e a segunda refere-se ao efeito dissuasório da pena. Apesar de o autor reconhecer que essa função não está prevista expressamente no Código Civil, ele assinala que ela vem recebendo adeptos da doutrina e da jurisprudência. Por fim, Arnoldo Wald assinala que o artigo 940 do Código Civil, que garante a fixação em dobro na hipótese de cobrança de dívida já quitada, ajusta-se à função punitiva por possuir "um aspecto valorativo de caráter sancionatório." (WALD, Arnoldo; GIANCOLI, Brunno Pandori. *Direito civil:* responsabilidade civil, 3ª ed, vol 7. São Paulo: Saraiva, 2015).

Guilherme de Souza Nucci também entende ser viável o dano moral punitivo ao analisar a redação do § 3º do artigo 6º da Lei Anticorrupção: "De nossa parte, considerando a viabilidade, inclusive, do dano moral punitivo, seria possível ação civil nesses termos para as graves infrações previstas no art. 5º" (NUCCI, Guilherme de Souza. *Corrupção e anticorrupção*. Rio de Janeiro: Forense, 2015. p. 145).

[356] VERÍSSIMO, Carla. *Compliance*: Incentivo à adoção de medidas anticorrupção. São Paulo: Saraiva, 2017. p. 197.

[357] DIPP, Gilson; CASTILHO, Manoel L. Volkmer de. *Comentários sobre a lei anticorrupção*. São Paulo: Saraiva, 2016. p. 31.

Dessa forma, pode-se afirmar que o regime jurídico de responsabilização previsto na Lei Anticorrupção é misto, uma vez que apresenta elementos tanto de Direito Administrativo Sancionador quanto de Direito Civil em decorrência da natureza administrativa e civil das sanções previstas no citado diploma legal.

5.3 A responsabilidade objetiva da pessoa jurídica na Lei n. 12.846/2013

Outro tema objeto de grande controvérsia diz respeito à responsabilidade objetiva da pessoa jurídica pelos atos lesivos praticados contra a Administração Pública em seu interesse ou benefício, consoante preconiza os artigos 1º e 2º da Lei n. 12.846/2013.[358]

Como já exposto no primeiro capítulo, a responsabilidade objetiva é aquela na qual é desnecessária a perquirição de culpa, bastando apenas a prova do nexo causal entre a conduta do agente e o resultado do ato ilícito. Portanto, neste tipo de responsabilidade, o dever de indenizar surge independentemente de culpa desde que seja demonstrado o liame que une a conduta do agente ao dano. O parágrafo único do artigo 927 do Código Civil determina que a responsabilidade civil deve ser aplicada restritivamente aos casos previstos em lei que a autorize "ou quando a atividade normalmente desenvolvida pelo autor do dano implica, por sua natureza, risco para os direitos de outrem".

Tecidas tais considerações acerca da responsabilidade objetiva, passa-se a analisar a vontade do legislador, que, durante o trâmite do Projeto de Lei, deixou claro que o motivo da sua predileção pelo referido tipo de responsabilidade visava evitar os contratempos e as dificuldades

---

[358] Art. 1º Esta Lei dispõe sobre a responsabilização objetiva administrativa e civil de pessoas jurídicas pela prática de atos contra a Administração Pública, nacional ou estrangeira.

Art. 2º As pessoas jurídicas serão responsabilizadas objetivamente, nos âmbitos administrativo e civil, pelos atos lesivos previstos nesta Lei praticados em seu interesse ou benefício, exclusivo ou não.

decorrentes da responsabilidade subjetiva no tocante à demonstração de culpa ou dolo do ofensor prevista no Direito Penal.[359] Tanto a razão do veto presidencial ao § 2º do artigo 19 do PLC n. 39/2013, que pretendia submeter a aplicação das sanções previstas nos incisos II a IV do referido artigo à comprovação de culpa ou dolo (responsabilidade subjetiva), quanto a Exposição de Motivos Interministerial n. 00011/2009 CGU/MJ/AGU resumem essa posição adotada pelo legislador, *verbis*:

> "Tal como previsto, o dispositivo contraria a lógica norteadora do projeto de lei, centrado na responsabilidade objetiva de pessoas jurídicas que cometam atos contra a Administração Pública. A introdução da responsabilidade subjetiva anularia todos os avanços apresentados pela nova lei, uma vez que não há que se falar na mensuração da culpabilidade de uma pessoa jurídica."[360]
>
> "5. Disposição salutar e inovadora é a da responsabilização objetiva da pessoa jurídica. Isso afasta a discussão sobre a culpa do agente na prática da infração. A pessoa jurídica será responsabilizada uma vez comprovados o fato, o resultado e o nexo causal entre eles. Evita-se, assim, a dificuldade probatória de elementos subjetivos, como a vontade de causar um dano, muito comum na sistemática geral e subjetiva de responsabilização de pessoas naturais."[361]

Assim como na discussão acerca da natureza jurídica da responsabilização prevista na Lei Anticorrupção, parte da doutrina entende que a responsabilidade objetiva deve ser aplicada apenas nas hipóteses que tratam de reparação de dano, ao passo que nos casos de punição deverá

---

[359] Nesse sentido, Modesto Carvalhosa esclarece que "[...] na esfera estritamente penal não há responsabilidade sem dolo ou culpa. Somente a culpa pode ser objetivada dentro da teoria importada do Direito Civil" (CARVALHOSA, Modesto. *Considerações sobre a lei anticorrupção das pessoas jurídicas*. Lei 12.846/2013. São Paulo: Editora Revista dos Tribunais, 2015. p. 181).

[360] BRASIL. Presidência da República. Casa Civil. Subchefia para Assuntos Jurídicos. *Mensagem n. 314*, de 1º ago. 2013. Disponível em: < http://www.planalto.gov.br/CCIVIL_03/_Ato2011-2014/2013/Msg/VEP-314.htm>. Acesso em: 02.01.2019.

[361] BRASIL. Subchefia de Assuntos Parlamentares. *Exposição de Motivos Interministerial n. 00011/2009 CGU/MJ/AGU*, de 23 out. 2009.

o intérprete, na esfera judicial ou administrativa, perquirir a existência do elemento culpa.

Essa é a posição defendida por Pierpaolo Cruz Bottini e Igor Sant'Anna Tamasaukas,[362] que afirmam que a Lei n. 12.846/2013 tratar-se-ia de uma lei penal encoberta e, dessa forma, estaria sujeita ao princípio da intranscendência da pena previsto no artigo 5º, XLV, da Constituição Federal,[363] que "impede que um ato de terceiros justifique a aplicação da sanção à empresa".

Apesar de defender que a Lei Anticorrupção deve submeter-se ao regime do Direito Administrativo Sancionador, Fábio Medina Osório[364] ressalva que "não é cabível falar em responsabilidade objetiva de pessoas jurídicas para fins de imposição de penalidades administrativas. Cabe ao acusador o ônus da prova, que não pode ser invertido".

Há também autores que entendem que a responsabilidade objetiva seria inconstitucional por desrespeitar o princípio do *due process of law* previsto no artigo 5º, LIV, da Constituição Federal,[365] pois, consoante explica Pedro Estevam Alves Pinto Serrano,[366] a responsabilização da pessoa jurídica em um Estado Democrático de Direito somente pode

---

362 BOTTINI, Pierpaolo Cruz; TAMASAUSKAS, Igor. "A controversa responsabilidade objetiva na Lei 12.846/13". *Revista do Advogado*, São Paulo, ano XXXIV, n. 125, pp. 128-129, dez. 2014.

363 Art. 5º Todos são iguais perante a lei, sem distinção de qualquer natureza, garantindo-se aos brasileiros e aos estrangeiros residentes no País a inviolabilidade do direito à vida, à liberdade, à igualdade, à segurança e à propriedade, nos termos seguintes:

XLV – nenhuma pena passará da pessoa do condenado, podendo a obrigação de reparar o dano e a decretação do perdimento de bens ser, nos termos da lei, estendidas aos sucessores e contra eles executadas, até o limite do valor do patrimônio transferido.

364 OSÓRIO, Fábio Medina. "Lei anticorrupção dá margem a conceitos perigosos". *Consultor Jurídico*, 20 set. 2013. Disponível em: <https://www.conjur.com.br/2013-set-20/lei-anticorrupcao-observar-regime-direito-administrativo-sancionador>. Acesso em: 02.01.2019.

365 LIV – ninguém será privado da liberdade ou de seus bens sem o devido processo legal.

366 SERRANO, Pedro Estevam Alves Pinto. A responsabilidade objetiva da Lei Anticorrupção. *Revista do Advogado*, vol. 34, n. 125, pp. 106-114, dez. 2014, p. 111.

ser admitida por meio da aferição de culpa. Guilherme de Souza Nucci também compartilha esse entendimento quando afirma que:

> "A imposição de responsabilidade objetiva, o que não se fez no contexto da Lei Ambiental, que pune expressamente a pessoa jurídica, é uma forma ardilosa de contornar o princípio constitucional da culpabilidade: ninguém será condenado sem dolo ou culpa.
>
> É preciso que o Judiciário corrija essa distorção, demandando dolo (todas as infrações são dolosas) da pessoa jurídica, sem olvidas que há sempre seres humanos realizando as condutas previstas em lei."[367]

Nesse contexto, vale notar que, em março de 2015, o Partido Social Liberal (PSL) ajuizou ação direta de inconstitucionalidade tendo por objeto os artigos 1º e 2º e o § 1º do artigo 3º da Lei Anticorrupção por alegada inconstitucionalidade material dos aludidos dispositivos que tratam justamente da responsabilidade objetiva da pessoa jurídica.[368] O PSL alega que "no Estado Democrático de Direito, em especial na seara do direito administrativo sancionador, o princípio da culpabilidade ou da responsabilização subjetiva do causador do dano é pressuposto de validade de qualquer ato normativo relacionado à matéria".[369] Segundo o partido, ao adotar a teoria do risco integral, a Lei n. 12.846/2013 teria violado os dispositivos constitucionais que estabelecem a não transcendência da pena e asseguram o devido processo legal (artigo 5º, XLV e LIV, da Constituição Federal).

Em 18 de janeiro de 2016, a Procuradoria-Geral da República (PGR) apresentou a sua manifestação a respeito do pleito da PSL, afirmando, entre outros argumentos, que a responsabilização prevista na

---

367 NUCCI, Guilherme de Souza. *Corrupção e anticorrupção*. Rio de Janeiro: Forense, 2015. p. 135.

368 SUPREMO TRIBUNAL FEDERAL. Ação Direta de Inconstitucionalidade n. 5261, rel. Min. Marco Aurélio. Até a presente data (3 jan. 2019), o feito ainda não havia sido julgado. Disponível em: <http://portal.stf.jus.br/processos/detalhe.asp?incidente=4730342>. Acesso em: 03.01.2019.

369 A petição inicial distribuída pelo PSL está disponível em: <https://www.conjur.com.br/dl/psl-entre-lei-anticorrupcao-stf.pdf>. Acesso em: 03.01.2019.

Lei n. 12.846/2013 é de índole cível e administrativa, razão pela qual seria inaplicável o princípio da intranscendência de penas que guarda correlação com sanções de natureza penal. Dentre outros argumentos, a PGR entende que a responsabilidade das pessoas jurídicas é "harmônica com a ordem constitucional", pois o artigo 173, § 5º, da Constituição Federal autoriza a responsabilização de pessoas jurídicas independentemente da responsabilidade dos seus dirigentes.[370]

Diferente posição é aquela defendida por Modesto Carvalhosa,[371] que aduz que o regime da responsabilidade objetiva da pessoa jurídica representa "a transposição para o direito penal-administrativo da teoria da imputação objetiva" de modo a superar "o tipo subjetivo da prática delitiva, fundado no dolo ou na culpa como elemento causal". Ousamos discordar do renomado jurista, na medida em que, conforme já exposto neste capítulo, o regime jurídico da responsabilização prevista na Lei Anticorrupção é cível e administrativa (e não penal). Ademais, a teoria da imputação objetiva não prescinde da análise de culpa. Conforme explica José Carlos Gobbis Pagliuca,[372] tal teoria não configura "responsabilidade penal objetiva", pois "determina ao autor do fato a sua responsabilidade, ainda que não haja atuado com dolo nem culpa". O autor ainda esclarece que a teoria da imputação objetiva imputa "a uma pessoa a realização de uma conduta criadora de um risco ou perigo proibido ou de provocação de um resultado jurídico".

Carla Veríssimo[373] aponta que o Direito Civil apresenta o único caminho para a solução dos problemas relativos à aplicação das penas

---

370 A manifestação da Procuradoria-Geral da República sobre a petição do PSL na ADI n. 5261 está disponível em: < http://www.mpf.mp.br/pgr/documentos/ADI5261.pdf/view>. Acesso em: 3 jan. 2019.

371 CARVALHOSA, Modesto. *Considerações sobre a lei anticorrupção das pessoas jurídicas*. Lei 12.846/2013. São Paulo: Editora Revista dos Tribunais, 2015. p. 37.

372 PAGLIUCA, José Carlos Gobbi. Estrutura da imputação objetiva. *Caderno Jurídico da Escola Superior do Ministério Público de São Paulo*, ano 1, n. 1, p. 20, abr. 2001. Disponível em: <http://www.mpsp.mp.br/portal/page/portal/Escola_Superior/Biblioteca/Cadernos_Tematicos/teoria_da_imputacao_objetiva.pdf>. Acesso em: 03.01.2019.

373 VERÍSSIMO, Carla. *Compliance:* incentivo à adoção de medidas anticorrupção. São Paulo: Saraiva, 2017. p. 209.

previstas no aludido diploma legal. Com fundamento na teoria do risco-proveito delineada no parágrafo único do artigo 927,[374] no inciso III do artigo 932[375] e no artigo 933[376] do Código Civil, a mencionada autora afirma ser possível responsabilizar objetivamente a pessoa jurídica pelos danos causados à Administração Pública por atos praticados por seus dirigentes, funcionários ou prepostos, no exercício do trabalho ou em função dele.[377]

Concordamos, em parte, com Carla Veríssimo e acolhemos o seu entendimento concernente ao fato de que o Direito Civil é a única forma de solucionar a controvérsia sobre a aplicação da responsabilidade objetiva da pessoa jurídica. Entretanto, discordamos de que este tipo de responsabilidade deva ser aplicado para todas as hipóteses previstas na Lei Anticorrupção, sem perquirição da culpa ou do dolo da pessoa jurídica, na medida em que a aplicação da responsabilidade subjetiva configura a regra no Direito Civil brasileiro.

Kleber Bispo dos Santos[378] adota uma posição intermediária sobre a responsabilidade objetiva, aduzindo que ela seria admitida apenas em relação à reparação de danos. No que tange às demais sanções, a

---

[374] Art. 927. Aquele que, por ato ilícito (arts. 186 e 187), causar dano a outrem, fica obrigado a repará-lo.
Parágrafo único. Haverá obrigação de reparar o dano, independentemente de culpa, nos casos especificados em lei, ou quando a atividade normalmente desenvolvida pelo autor do dano implicar, por sua natureza, risco para os direitos de outrem.

[375] Art. 932. São também responsáveis pela reparação civil:

III – o empregador ou comitente, por seus empregados, serviçais e prepostos, no exercício do trabalho que lhes competir, ou em razão dele.

[376] Art. 933. As pessoas indicadas nos incisos I a V do artigo antecedente, ainda que não haja culpa de sua parte, responderão pelos atos praticados pelos terceiros ali referidos.

[377] Até porque, como bem observado por Valdir Moysés Simão e Marcelo Pontes Vianna, com a responsabilidade objetiva "há incentivo para que a empresa tome as medidas necessárias para assegurar que os funcionários não pratiquem ilícitos, sob pena de arcar com severas sanções pelos atos por eles praticados" (SIMÃO, Valdir Moyses; VIANNA, Marcelo Pontes. *O acordo de leniência na lei anticorrupção:* histórico, desafios e perspectivas. São Paulo: Trevisan, 2017. p. 35).

[378] SANTOS, Kleber Bispo dos. *Acordo de leniência na lei de improbidade administrativa e na lei anticorrupção*. Rio de Janeiro: Lumen Juris, 2018. p. 42.

responsabilidade dever ser interpretada como subjetiva de pessoa jurídica, devendo, pois, ser perquirida a existência (i) do fator subjetivo baseado na teoria orgânica mediante a aferição da conduta das pessoas físicas que atuam para assegurar a organização, o funcionamento ou os objetivos da pessoa jurídica e (ii) da culpabilidade da pessoa jurídica lastreada na exigência de critérios objetivos, com a aplicação da teoria da culpabilidade por defeito de organização.

A teoria da culpabilidade por defeito de organização desenvolvida por Klaus Tiedemann,[379] que, embora esteja voltada para a imputação da prática de crimes à pessoa jurídica, que, conforme já exposto, não está abarcada pela Lei n. 12.846/2013, pode ser perfeitamente observada para justificar a responsabilidade objetiva prevista no aludido diploma. De acordo com a teoria da culpabilidade por defeito da organização, as pessoas jurídicas têm o dever de se organizar corretamente, podendo ser responsabilizadas penalmente quando deixarem de empregar meios de controle capazes de garantir que sua atividade seja desenvolvida de forma lícita.

Nesse sentido, concordamos com André Amaral Aguiar que, ao analisar o disposto no artigo 2º da Lei Anticorrupção sob a ótica da teoria da culpabilidade por defeito de organização, assim afirma:

> [...] A interpretação sistemática da Lei Anticorrupção permite interpretar esta responsabilidade objetiva à luz da teoria da culpabilidade por defeito de organização, cunhando uma culpabilidade própria da pessoa jurídica desvinculada dos elementos dolo e culpa, gerando uma responsabilidade objetiva da pessoa jurídica, vez que desassociada destes elementos psicológicos, a qual é compatível com o princípio da culpabilidade e se vincula a elementos normativos consistentes na implantação e efetivo emprego de sistemas de conformidade adequados a cada pessoa

---

[379] TIEDEMANN, Klaus. "Punibilidad y Responsabilidad Administrativa de las Personas Jurídicas y de sus Órganos". *Revista Jurídica de Buenos Aires*, Buenos Aires: Facultad de Derecho y Ciencias Sociales de la Universidad de Buenos Aires, 1988. vol. 2, p. 11 et seq.

> jurídica. Ou seja, a existência de uma organização defeituosa constitui o núcleo da responsabilidade, ou culpabilidade da pessoa jurídica, e os programas de conformidade se constituem como o conjunto de medidas que a empresa deveria adotar para contar com uma organização virtuosa e não ser responsabilizada, consoante aduz MARTIN (2013).[380]

Ante a exposição das correntes doutrinárias que tratam da controversa responsabilidade civil prevista na Lei Anticorrupção, perfilhamos parcialmente o entendimento de Kleber Bispo dos Santos, na medida em que concordamos que a responsabilidade objetiva da pessoa jurídica deve incidir tão somente nas hipóteses de reparação de danos, pois é indiscutível que a regra no Direito Civil continua sendo a responsabilidade subjetiva para os demais casos previstos em lei. Assim, também entendemos que a culpabilidade deverá ser aplicada à luz dos critérios estabelecidos pela teoria do defeito da organização.

Por outro lado, discordamos do referido autor no que diz respeito à necessidade de aferição de culpa ou dolo das pessoas físicas que atuam para assegurar o funcionamento ou os objetivos da pessoa jurídica, porquanto tal medida desnaturaria o propósito da Lei Anticorrupção, a qual legalmente dissocia o infrator do responsável, nos termos do seu § 1º do artigo 3º, que determina que "a pessoa jurídica será responsabilizada independentemente da responsabilização individual das pessoas naturais referidas no *caput*", quais sejam, "seus dirigentes ou administradores ou de qualquer pessoa natural, autora, coautora ou partícipe do ato ilícito".[381] Corroborando esta posição, Modesto Carvalhosa assinala que:

---

[380] AGUIAR, André Amaral. "Desvendando a responsabilidade objetiva das pessoas jurídicas pelas penas previstas na Lei Anticorrupção". *Revista da Escola da Magistratura Regional Federal da 2ª Região (EMARF)*. Rio de Janeiro, vol. 22, n. 1, pp. 1-317, 2015, p. 51. Disponível em: <http://emarf.trf2.jus.br/site/documentos/revistaemarfvol22.pdf>. Acesso em: 05.01.2019.

[381] Ressalve-se que esta nova regra introduzida na Lei n. 12.846/2013 configura exceção à jurisprudência do Superior Tribunal de Justiça (STJ) que se consolidou no sentido de que a responsabilização objetiva do empregador por ato do empregado prevista no artigo 933 do Código Civil "só exsurgirá se, antes, for demonstrada a culpa do empregado

> "A responsabilização direta da pessoa jurídica, independentemente daquela de seus gestores, conforme institui a presente Lei, vem por cobro, no âmbito de delito da corrupção, aos conhecidos entraves da dupla imputabilidade: pessoa jurídica e seus gestores."[382]

Assim, também entendemos que as pessoas jurídicas serão responsabilizadas objetivamente quando demonstrado o nexo causal entre a conduta praticada por seus dirigentes, funcionários ou prepostos, no exercício do trabalho ou em função dele, e o dano causado à Administração Pública, gerando, por conseguinte, a obrigação da pessoa jurídica de reparar o dano, porquanto a prática de atos ilícitos pelas mencionadas pessoas naturais denotaria a existência de uma organização defeituosa.

Nesse cenário, concordamos com Fábio Medina Osório[383] quando afirma que o fato de a responsabilidade da pessoa jurídica ser objetiva não significa que não existam excludentes capazes de acarretar a ruptura do nexo causal entre a conduta da empresa e o dano causado, como a existência de mecanismos eficientes de controles internos e de *compliance*.

Benjamin Zymler e Laureano Canabarro Dios filiam-se a essa mesma tese com base no seguinte argumento:

---

ou preposto, à exceção, por evidência, da relação de consumo". STJ, Recurso Especial n. 1.135-988-SP, relator Ministro Luis Felipe Salomão, J. 8.10.2013, DJe 17.10.2013.

O acórdão proferido no Recurso Especial n. 1433566 também decidiu que: "Assim, ainda que ajam com culpa, as pessoas previstas nos incisos do art. 932 do Código Civil responderão pelos atos ao menos culposos praticados pelos terceiros lá referidos, porquanto sua responsabilização age como uma garantia ou um seguro para assegurar o ressarcimento das consequências danosas dos atos daqueles que lhes são confiados, sobretudo porque, em regra, possuem melhores condições de fazê-lo." STJ, Recurso Especial n. 1433566-RS, relatora Ministra Nancy Andrighi, J. 23.5.2017, DJe 31.5.2017.

[382] CARVALHOSA, Modesto. *Considerações sobre a lei anticorrupção das pessoas jurídicas.* Lei 12.846/2013. São Paulo: Editora Revista dos Tribunais, 2015. p. 186.

[383] OSÓRIO, Fábio Medina. *Direito administrativo sancionador*. 5ª ed. rev., atual. e ampl. São Paulo: Editora Revista dos Tribunais, 2015. p. 406.

> "Crê-se, entretanto, que a solução deva ser dada não por afastar a tipicidade da conduta ao se constatar a ausência de culpa corporativa da pessoa jurídica, mas sim por considerar a existência de um programa de integridade quando da dosimetria da pena. Caso se constate uma preponderância de relevantes circunstâncias atenuantes, poder-se-ia chegar à conclusão acerca da não pertinência de aplicação da sanção.
>
> É certo que a Lei Anticorrupção não estabelece expressamente a possibilidade de não aplicação de sanção na ocorrência dos atos lesivos nela previstos. Entretanto, seria o caso de ser dada à norma interpretação que a coadune com o princípio constitucional da individualização da pena (art. 5º, inciso XLVI da Constituição Federal).[384]

Seguindo essa linha de raciocínio, o legislador poderia ajustar a Lei Anticorrupção para deixar clara esta possibilidade de excludente de responsabilidade – a existência de mecanismos eficientes de controles internos e de *compliance* –, que serviria como grande incentivo para criação e adoção de tais programas pelas empresas. Dessa forma, entendemos ser acertada a sugestão formulada por Pierpaolo Cruz Bottini e Igor Sant'Anna Tamasaukas[385] no sentido de que o § 1º do artigo 6º da Lei Anticorrupção poderia ser ajustado para admitir "que o *compliance* efetivo, completo e funcional possa, em determinados casos, exonerar a empresa de pena".[386]

---

[384] ZYMLER, Benjamin; DIOS, Laureano Canabarro. *Lei Anticorrupção (Lei n. 12.846/2013):* uma visão do controle externo. Belo Horizonte: Fórum 2016, p. 61.

[385] BOTTINI, Pierpaolo Cruz; TAMASAUSKAS, Igor Sant'Anna. A controversa responsabilidade objetiva na Lei n. 12.846/2013. *Revista do Advogado*, São Paulo, ano XXXIV, n. 125, p. 129, dez. 2014.

[386] Atualmente tramita na Câmara dos Deputados o Projeto de Lei n. 3.636/2015, de autoria do Senado Federal, que altera alguns aspectos do acordo de leniência previstos no artigo 16 da Lei n. 12.846/2013. No entanto, o Projeto não prevê a possibilidade de exoneração de pena da pessoa jurídica que tiver comprovadamente um programa de *compliance* efetivo e funcional, tal como sugerido pelos autores. BRASIL, Câmara dos Deputados, Projeto de Lei n. 3636, de 16 nov. 2015. Disponível em: <http://www.camara.gov.br/proposicoesWeb/fichadetramitacao?idProposicao=2055350&ord=1>. Acesso em: 05.01.2019.

De todo modo, por qualquer ângulo que se analise a controvérsia relativa à responsabilidade objetiva da pessoa jurídica na Lei Anticorrupção, depreende-se que apenas com a construção doutrinária e jurisprudencial será possível delimitar o seu efetivo alcance.

Capítulo VI

RESPONSABILIDADE ADMINISTRATIVA NA LEI ANTICORRUPÇÃO

Conforme analisado anteriormente, a Convenção sobre o Combate da Corrupção de Funcionários Públicos Estrangeiros em Transações Comerciais Internacionais da Organização para a Cooperação e Desenvolvimento Econômico (Convenção da OCDE) foi ratificada pelo Brasil e promulgada pelo Decreto n. 3.678/2000. O artigo 2º da Convenção da OCDE estabelece a responsabilidade dos países signatários de punir a corrupção internacional, no entanto, o Brasil somente adotou as medidas necessárias quando foi enviado ao Congresso Nacional o Projeto de Lei n. 6.826 em 2010, posteriormente convertido no Projeto de Lei n. 39 de 2013, com sugestões da Controladoria-Geral da União (CGU).

Finalmente, em 1º de agosto de 2013, foi aprovada a Lei n. 12.846/2013, caracterizada pela busca por eficiência e efetividade. O foco na eficiência se evidencia por meio da simplificação dos elementos probatórios cogentes para a punição, como a responsabilidade objetiva, e do debate sobre a responsabilidade judicial da pessoa jurídica no contexto de uma lei civil e administrativa. Já o foco na efetividade se revela por meio da previsão de acordos de leniência, programas de integridade (também denominados *compliance*) e previsão de punir atos praticados por terceiros.

6.1 Atos lesivos

A princípio é importante tratar do sistema de defesa da moralidade administrativa no ordenamento jurídico brasileiro. Os crimes contra a Administração Pública estão previstos no Código Penal no Título XI, organizado da seguinte maneira: dos crimes praticados por funcionário público contra a Administração Pública (Capítulo I); dos crimes praticados por particular contra a administração em geral (Capítulo II); dos crimes praticados por particular contra a Administração Pública estrangeira (Capítulo II-A); dos crimes contra a administração da justiça (Capítulo III); dos crimes contra as finanças públicas (Capítulo IV). Assim como nas seguintes leis esparsas: a Lei n. 8.429/1992, a Lei n. 8.666/93, a Lei Complementar n. 135/2010, a Lei n. 12.529/2011 e a Lei n. 12.846/2013.

No sistema legal de defesa da moralidade administrativa, destaca-se a Lei n. 12.846/13/2013, cuja racionalidade estrutural busca atender à ordem econômica ao estimular as boas práticas entre os setores público e privado. Deste modo, o princípio da moralidade administrativa se estende aos particulares, como as pessoas jurídicas privadas e seus representantes. Assim, as pessoas jurídicas também passam a responder objetivamente pelo descumprimento de determinadas normas.

Conforme o artigo 2º da Lei n. 12.846/2013, "as pessoas jurídicas serão responsabilizadas objetivamente, nos âmbitos administrativo e civil, pelos atos lesivos previstos nesta Lei praticados em seu interesse ou benefício, exclusivo ou não". A responsabilidade objetiva das pessoas jurídicas foi um dos temas inovadores trazidos pela Lei Anticorrupção, assim como o estímulo ao desenvolvimento de uma cultura de boas práticas, a responsabilidade solidária do grupo econômico e a celebração de acordos de leniência. Os fundamentos jurídicos que embasam a Lei Anticorrupção no âmbito constitucional estão no artigo 37, *caput*,[387] e

---

[387] Art. 37. A Administração Pública direta e indireta de qualquer dos Poderes da União, dos Estados, do Distrito Federal e dos Municípios obedecerá aos princípios de legalidade, impessoalidade, moralidade, publicidade e eficiência e, também, ao seguinte: [...]. Disponível em: <http://www.planalto.gov.br/ccivil_03/constituicao/constituicaocompilado.htm>. Acesso em: 15.12.2018.

artigo 170[388] da Constituição Federal. No âmbito infraconstitucional, vale citar o Decreto n. 8.420/2015[389] da União Federal, o Decreto n. 60.106/2014[390] do Estado de São Paulo e o Decreto n. 55.107/2014[391] do Município de São Paulo.

No âmbito da Lei Anticorrupção, pode-se identificar dois sujeitos do ato de corrupção, quais sejam, o sujeito passivo e o sujeito responsabilizado pelo ato de corrupção. O sujeito passivo corresponde àquele que sofre um ato de corrupção, ou seja, a Administração Pública, nacional ou estrangeira (artigo 1º), cujo conceito está descrito no artigo 5º, §1º e §2º, segundo os quais considera-se como Administração Pública estrangeira "os órgãos e entidades estatais ou representações diplomáticas de país estrangeiro, de qualquer nível ou esfera de governo, bem

---

388 Art. 170. A ordem econômica, fundada na valorização do trabalho humano e na livre iniciativa, tem por fim assegurar a todos existência digna, conforme os ditames da justiça social, observados os seguintes princípios: I – soberania nacional; II – propriedade privada; III – função social da propriedade; IV – livre concorrência; V – defesa do consumidor; VI – defesa do meio ambiente, inclusive mediante tratamento diferenciado conforme o impacto ambiental dos produtos e serviços e de seus processos de elaboração e prestação; (Redação dada pela Emenda Constitucional n. 42, de 19.12.2003); VII – redução das desigualdades regionais e sociais; VIII – busca do pleno emprego; IX – tratamento favorecido para as empresas de pequeno porte constituídas sob as leis brasileiras e que tenham sua sede e administração no País. (Redação dada pela Emenda Constitucional n. 6, de 1995). Parágrafo único. É assegurado a todos o livre exercício de qualquer atividade econômica, independentemente de autorização de órgãos públicos, salvo nos casos previstos em lei.

389 BRASIL. Decreto n. 8.420, de 18 mar. 2015. Regulamenta a Lei n. 12.846, de 1º de agosto de 2013, que dispõe sobre a responsabilização administrativa de pessoas jurídicas pela prática de atos contra a Administração Pública, nacional ou estrangeira e dá outras providências. Disponível em: http://www.planalto.gov.br/ccivil _03/_ Ato2015-2018/2015/Decreto/D8420.htm>. Acesso em: 15.12.2018.

390 SÃO PAULO. (ESTADO). *Decreto n. 60.106*, de 29 jan. 2014. Disciplina a aplicação, no âmbito da Administração Pública estadual, de dispositivos da Lei federal n. 12.846, de 1º de agosto de 2013. Disponível em: <https://www.al.sp.gov.br/repositorio/legislacao/decreto/2014/decreto-60106-29.01.2014.html>. Acesso em: 15.12.2018.

391 SÃO PAULO (MUNICÍPIO). *Decreto Municipal n. 55.107*, de 13 maio 2014. Regulamenta a aplicação da Lei Anticorrupção no âmbito da capital paulista. Disponível em: <http://www3.prefeitura.sp.gov.br/cadlem/secretarias/negócios _juridicos/>. Acesso em: 15.12.2018.

como as pessoas jurídicas controladas, direta ou indiretamente, pelo poder público de país estrangeiro".

O sujeito responsabilizado pelo ato de corrupção, por sua vez, corresponde às sociedades empresárias, sociedades simples, personificadas ou não, quaisquer fundações, associações de entidades ou pessoas, e sociedades estrangeiras com sede, filial ou representação no território brasileiro, constituídas de fato ou de direito, inclusive temporariamente, conforme o parágrafo único do artigo 1º da Lei Anticorrupção. Além disso, a responsabilidade objetiva acompanha a pessoa jurídica nos casos de alteração contratual, transformação, incorporação, fusão ou cisão societária, observado o artigo 4º da lei supracitada.

O parágrafo 1º do mesmo artigo determina que nos casos de fusão e incorporação, a responsabilidade da sucessora se restringe à obrigação de pagamento da multa e reparação integral do dano até o limite do patrimônio transferido. Nessa hipótese, as demais sanções previstas na Lei Anticorrupção derivadas de atos e fatos praticados antes da data da fusão ou incorporação não devem ser aplicadas, exceto se houver simulação ou intuito de fraude comprovados. Quanto à responsabilidade solidária do grupo econômico, parágrafo 2º do mesmo artigo prevê o seguinte: "As sociedades controladoras, controladas, coligadas ou, no âmbito do respectivo contrato, as consorciadas serão solidariamente responsáveis pela prática dos atos previstos nesta Lei, restringindo-se tal responsabilidade à obrigação de pagamento de multa e reparação integral do dano causado".

Uma vez identificados os sujeitos do ato de corrupção, é necessário identificar o objeto do ato de corrupção, ou seja, os atos sujeitos à sanção que estão enumerados no artigo 5º, a saber: (i) prometer, oferecer ou dar vantagem indevida a agente público; (ii) financiar, custear, patrocinar ou subvencionar a prática dos atos ilícitos previstos na lei; (iii) utilizar-se de interposta pessoa física ou jurídica para ocultar ou dissimular seus reais interesses ou a identidade dos beneficiários dos atos praticados; (iv) no âmbito das licitações e contratos frustrar o caráter competitivo do procedimento; impedir, perturbar ou fraudar o procedimento licitatório público; afastar licitante por meio de fraude; fraudar licitação pública ou contrato decorrente; criar por meio de fraude ou de modo irregular pessoa jurídica para participar de licitação pública; obter vantagem ou benefício indevido de modo fraudulento; fraudar o equilíbrio econômico-financeiro dos contratos firmados com a Administração Pública; e (v) dificultar a investigação ou fiscalização, ou intervir na atuação de órgãos, entidades ou agentes públicos.

Conforme citado anteriormente, o artigo 2º da Lei Anticorrupção determina a responsabilidade objetiva das pessoas jurídicas pelos atos lesivos praticados em seu interesse ou benefício, exclusivo ou não. Os elementos jurídicos da ilicitude incluem os interesses ou benefícios à pessoa jurídica, os atos lesivos previstos no artigo 5º e a conduta do agente. Alguns autores como Diogo de Figueiredo Moreira Neto e Rafael Véras de Freitas[392] entendem que, apesar de o artigo 2º instituir uma nova possibilidade de responsabilidade objetiva das pessoas jurídicas, não se trata de responsabilidade pelo risco integral, de modo que "caso a pessoa jurídica acusada de atos de corrupção logre comprovar o rompimento do nexo de causalidade do ato com a sua conduta, não há que se falar na aplicação das sanções previstas nos artigos 6º e 19º da Lei".

Vale lembrar novamente que a responsabilidade objetiva da pessoa jurídica não exclui a responsabilidade subjetiva da pessoa natural relacionada ao ato ilícito, nos termos do artigo 3º da Lei Anticorrupção. Assim sendo, é preciso identificar a conduta e submeter a responsabilidade subjetiva da pessoa natural a outro regime de apuração. Por exemplo, para configurar os atos de corrupção previstos nas alíneas "a", "b", "c", "d" e "f" do inciso IV do artigo 5º da Lei Anticorrupção é fundamental comprovar o dolo específico do agente violador do princípio da competitividade das licitações.[393]

---

[392] MOREIRA NETO, Diogo de Figueiredo; FREITAS, Rafael Véras de. *A juridicidade da lei anticorrupção*: Reflexões e interpretações prospectivas. 2014. p. 20. Disponível em: <http://www.editoraforum.com.br/wp-content/uploads/2014/01/ART_Diogo-Figueiredo-Moreira-Neto-et-al_Lei-Anticorrupcao.pdf>. Acesso em: 15 dez. 2018.

[393] MOREIRA NETO, Diogo de Figueiredo; FREITAS, Rafael Véras de. *A juridicidade da lei anticorrupção*: Reflexões e interpretações prospectivas. 2014. p. 20. Disponível em:

6.2 Sanções

As sanções impostas em processo administrativo estão previstas no artigo 6º da Lei Anticorrupção do Capítulo III, que trata da responsabilização administrativa. Às pessoas jurídicas responsáveis pelos atos lesivos previstos na referida, descritos anteriormente, aplicam-se as seguintes sanções: (i) multa de 0,1% a 20% do faturamento bruto do último exercício anterior ao exercício da instauração do processo administrativo, suprimidos os tributos (a multa nunca poderá ser inferior à vantagem auferida) e (ii) publicação extraordinária da decisão condenatória. O parágrafo 1º do artigo 6º determina que as sanções administrativas devem ser aplicadas de modo isolado ou cumulativo sempre observando as particularidades do caso concreto, assim como a gravidade e a natureza das infrações.

O Capítulo IV, por sua vez, trata do processo administrativo de responsabilização, cuja instauração e julgamento estão disciplinados no artigo 8º da Lei n. 12.846/2013. A autoridade máxima de cada órgão ou entidade dos Poderes Executivo, Legislativo e Judiciário pode instaurar e julgar o processo administrativo para apuração da responsabilidade de pessoa jurídica, sendo que tais autoridades máximas podem agir de ofício ou mediante provocação, respeitados o contraditório e a ampla defesa. Vale observar que a competência para a instauração e o julgamento do processo administrativo de apuração de responsabilidade da pessoa jurídica pode ser delegada, mas não subdelegada. Já na esfera do Poder Executivo Federal, a competência para instaurar processos administrativos de responsabilização de pessoa jurídica cabe à Controladoria-Geral da União (CGU), de modo concorrente, bem como para examinar a regularidade ou corrigir os processos administrativos em andamento.

Para que o processo administrativo para apuração da responsabilidade da pessoa jurídica seja conduzido devidamente, é necessária uma comissão específica designada pela autoridade instauradora e composta

---

<http://www.editoraforum.com.br/wp-content/uploads/2014/01/ART_Diogo-Figueiredo-Moreira-Neto-et-al_Lei-Anticorrupcao.pdf>. Acesso em: 15 dez. 2018.

por dois ou mais servidores estáveis, conforme o artigo 10º da lei. Tal comissão poderá requerer que o ente público solicite as medidas judiciais necessárias para a investigação e o processamento das infrações, até mesmo a medida de busca e apreensão. A comissão poderá também de modo cautelar sugerir à autoridade instauradora que suspenda os efeitos do ato ou o processo objeto da investigação. O prazo para concluir o processo pela comissão é de 180 dias, contados a partir da data da publicação do ato instituidor da comissão. Por fim, a comissão deverá apresentar relatórios sobre os fatos apurados, eventual responsabilidade da pessoa jurídica e eventuais sanções a serem aplicadas de modo justificado. Ressalta-se que o prazo de 180 dias pode ser prorrogado por meio de ato fundamentado da autoridade instauradora.

A respeito do contraditório e da ampla defesa, no processo administrativo para apuração de responsabilidade, a pessoa jurídica possui trinta dias para apresentar a defesa, contados da intimação. Importante previsão trazida pela Lei Anticorrupção brasileira é a dosimetria da imposição de sanção, disposta no seu artigo 7º, pela qual são considerados os seguintes elementos na aplicação das sanções: (i) a gravidade da infração; (ii) a vantagem auferida ou pretendida pelo infrator; (iii) a consumação ou não da infração; (iv) o grau ou perigo de lesão; (v) o efeito negativo gerado pela infração; (vi) a situação econômica do infrator; (vii) a cooperação da pessoa jurídica para apurar as infrações; (viii) a existência de mecanismos internos de integridade, auditoria e incentivo à denúncia de irregularidades; e (ix) o valor dos contratos firmados pela pessoa jurídica com o órgão ou a entidade pública lesados.

A imposição de sanções não exclui a obrigação da reparação integral do dano causado, conforme o parágrafo 3º do artigo 6º da Lei Anticorrupção. Além disso, a personalidade jurídica pode ser desconsiderada quando houver abuso do direito para facilitar, encobrir ou dissimular a prática dos atos ilícitos previstos na Lei, ou a fim de causar confusão patrimonial, conforme o artigo 14. Os efeitos das sanções aplicadas à pessoa jurídica se estendem aos seus administradores e sócios com poderes de administração, respeitados o contraditório e a ampla defesa. Uma vez concluído o procedimento administrativo, a comissão constituída para apurar a responsabilidade da pessoa jurídica deverá dar conhecimento ao Ministério Público de sua existência para apurar eventuais delitos, nos termos do artigo 15.

6.3 *Compliance*

O Decreto n. 8.420/2015,[394] que regulamenta a Lei n. 12.846/2013, disciplinou o programa de integridade, ou *compliance*, no Capítulo IV, a fim de atender à determinação expressa na Lei Anticorrupção. O programa de integridade é composto por um conjunto de mecanismos e procedimentos internos de integridade, auditoria e incentivo à denúncia de irregularidades e por uma aplicação efetiva de códigos de ética e de conduta, políticas e diretrizes para identificar e sanar desvios, fraudes, irregularidades e atos ilícitos praticados contra a Administração Pública, nacional ou estrangeira, nos termos do artigo 41, *caput*, do Decreto citado.

As características e os riscos das atividades específicas da pessoa jurídica devem ser considerados pelo programa de integridade. A pessoa jurídica deve garantir o aprimoramento e a adaptação do respectivo programa de integridade para que sua efetividade seja garantida, conforme o parágrafo único do artigo 41 do Decreto n. 8.420/2015. No ato de instauração do Processo Administrativo de Responsabilização (PAR), nos termos do artigo 2º do Decreto n. 8.420/2015, a autoridade responsável deverá designar uma comissão, composta por dois ou mais servidores estáveis, para avaliar os fatos e as circunstâncias e intimar a pessoa jurídica para, em trinta dias, apresentar a defesa escrita e especificar provas a produzir. Na hipótese de a pessoa jurídica apresentar um programa de integridade em sua defesa, caberá à comissão examinar o programa em conformidade com os parâmetros descritos no Capítulo IV, a fim de dosar as sanções aplicáveis.

Os parâmetros, expostos no artigo 42 do Decreto, incluem: (i) o comprometimento da alta direção da pessoa jurídica, demonstrado pelo

---

[394] BRASIL *Decreto n. 8.420*, de 18. mar. 2015. Disponível em: <http://www.planalto.gov.br/ccivil_03/_Ato2015-2018/2015/Decreto/D8420.htm>. Acesso em: 15.12.2018.

apoio evidente ao programa; (ii) padrões de conduta, código de ética, políticas e procedimentos de integridade, aplicáveis a todos os empregados e administradores, sem exceções; (iii) padrões de conduta, código de ética e políticas de integridade estendidas a terceiros, conforme o caso; (iv) treinamentos periódicos sobre o programa de integridade; (v) análise periódica de riscos para efetuar alterações necessárias no programa de integridade; (vi) registros contábeis fidedignos às transações da pessoa jurídica; (vii) controles internos aptos a assegurar a célere elaboração de relatórios e demonstrações financeiras confiáveis da pessoa jurídica; (viii) procedimentos específicos para evitar fraudes e atos ilícitos em processos licitatórios, execução de contratos administrativos ou qualquer forma de interação com o setor público; (ix) independência, estrutura e autoridade do órgão interno responsável pela aplicação e fiscalização do programa de integridade; (x) canais de denúncia de irregularidades e mecanismos de proteção aos denunciantes de boa-fé; (xi) medidas disciplinares aos violadores do programa de integridade; (xii) procedimentos aptos a interromper as irregularidades ou infrações e a remediar os danos causados; (xiii) diligências para contratar e supervisionar terceiros, conforme o caso; (xiv) nos processos de fusões, aquisições e reestruturações societárias, a verificação do cometimento de irregularidades ou ilícitos; (xv) monitoramento contínuo do programa de integridade; e (xvi) transparência da pessoa jurídica quanto a doações para candidatos e partidos políticos.

Para avaliar os dezesseis parâmetros descritos no artigo 42, devem ser consideradas determinadas especificidades da pessoa jurídica, por exemplo: a quantidade de funcionários; o grau de complexidade da hierarquia interna e a quantidade de departamentos; o emprego de agentes intermediários; o correspondente setor do mercado; os países em que atua (direta ou indiretamente); o grau de interação com o setor público; em caso de grupo econômico, a quantidade e a localização das pessoas jurídicas; a qualificação ou não como microempresa ou empresa de pequeno porte (caso seja qualificada como microempresa ou empresa de pequeno porte, alguns parâmetros previstos no artigo 42 não são exigidos, conforme o parágrafo 3º do mesmo artigo). Nesse sentido, explica Marcio Pestana:

> "Não obstante o decreto regulamentador não tenha deixado claro como se dará o manuseio e o peso desses fatores para enfrentamento de casos concretos, o mero exame desse elenco, da forma como topográfica e substancialmente disposto no aludido decreto, permite-nos concluir que o ato administrativo federal recomenda que o agente competente que aprecie o processo administrativo com maior rigor ao examinar programa de *compliance* a) das maiores estruturas empresariais; b) daquelas que atuem internacionalmente; assim como c) daquelas que atuem em áreas consideradas mais críticas, ou seja, aquelas que mais de perto interajam com a Administração Pública no exercício da sua atividade rotineira."[395]

As orientações, normas e os procedimentos complementares relacionados ao desenvolvimento dos programas de integridade devem ser expedidos pelo Ministro da Controladoria-Geral da União.

6.4 Acordo de leniência

Conforme o *Working Party N. 3 on Co-operation and Enforcement*,[396] publicado pela Organização para a Cooperação e Desenvolvimento Econômico, o objetivo geral dos acordos de leniência foi, primeiramente, melhorar o cumprimento das leis em matéria de direito concorrencial. Em termos gerais, a racionalidade contida em uma política de leniência pode ser dividida em duas partes: o aumento da dissuasão e detecção; e reforçar a eficiência. A renúncia total ou parcial à punição de um infrator pode ser considerada contrária ao conceito tradicional de justiça, no entanto, as razões que fundamentam os acordos de leniência demonstram que a detecção do ato ilícito pela própria pessoa jurídica aumenta a eficiência no combate à atividade ilícita e também na aplicação das sanções.

---

395 PESTANA, Marcio. *Lei anticorrupção:* exame sistematizado da Lei n.12.846/2013. Barueri: Manole, 2016, p. 89.

396 OCDE. *Working Party N. 3 on Co-operation and Enforcement.* June 5, 2018. Disponível em: <https://one.oecd.org/document/DAF/COMP/WP3/WD(2018)9/en/pdf>. Acesso em: 15.12.2018.

A inclusão do acordo de leniência na Lei Anticorrupção derivou da prática já adotada pelo direito concorrencial na legislação de combate a cartéis. O objetivo do acordo de leniência é cooperar para a apuração de atos de corrupção.[397] O acordo de leniência é celebrado entre a autoridade máxima de cada órgão ou entidade pública e a pessoa jurídica que praticar os atos lesivos previstos na Lei Anticorrupção, conforme o seu artigo 16. É imprescindível que haja colaboração efetiva com as investigações e com o processo administrativo por parte da pessoa jurídica em questão. Necessariamente dessa colaboração deve resultar: (i) a identificação dos envolvidos na infração e (ii) a rápida obtenção de informações e documentos aptos a comprovar o ilícito investigado.

Nos termos dos incisos I e II do artigo 16, a pessoa jurídica deve oferecer, portanto, a identificação dos demais envolvidos na infração, quando couber; e a obtenção célere de informações e documentos que comprovem o ilícito sob apuração. Diante disso a pessoa jurídica pode vir a receber, conforme o parágrafo 2º do artigo 16: a isenção das sanções previstas no inciso II do artigo 6º[398] e no inciso IV do artigo 19,[399] assim

---

[397] No contexto americano vale citar a seguinte definição também aplicável à norma brasileira: "Leniency programs are sanction schemes granting total or partial immunity from sanction that would otherwise have been imposed on a cartel member "in exchange for disclosure of information on the cartel and cooperation with the investigation" 15 . They are based on the principle that people who break the law might confess their crimes if given sufficient reasons to do so. In competition law, the Antitrust Division of the Department of Justice in the US was the first to introduce a leniency program in 1978 whose scheme was redesigned in 1993. The EU adopted a first leniency policy in 1996. However, the program did not produce the expected results and was reformed in 2002 and enhanced in 2006" (NEYRINCK, Norman. *Granting incentives, deterring collusion:* the leniency policy. Belgique, IEJE, 2009. (Working Paper Institut dÉtudes Juridiques Europeennes (IEJE), n. 2). Disponível em: <https://antitrustlair.files.wordpress.com/2009/04/working-paper-2-2009.pdf>. Acesso em: 15.12.2018.

[398] Art. 6º Na esfera administrativa, serão aplicadas às pessoas jurídicas consideradas responsáveis pelos atos lesivos previstos nesta Lei as seguintes sanções: [...] II – publicação extraordinária da decisão condenatória.

[399] Art. 19. Em razão da prática de atos previstos no art. 5º desta Lei, a União, os Estados, o Distrito Federal e os Municípios, por meio das respectivas Advocacias Públicas ou órgãos de representação judicial, ou equivalentes, e o Ministério Público, poderão ajuizar ação com vistas à aplicação das seguintes sanções às pessoas jurídicas infratoras:

como a redução em até 2/3 do valor da multa aplicável. O parágrafo 1º do artigo 16 prevê expressamente os requisitos cumulativos para a celebração do acordo de leniência; são eles: (i) a pessoa jurídica deve ser a primeira a expor seu interesse em cooperar para a apuração do ato ilícito; (ii) a pessoa jurídica deve cessar completamente seu envolvimento na infração investigada a partir da data de propositura do acordo; e (iii) a pessoa jurídica deve admitir sua participação no ato ilícito e cooperar plena e permanentemente com as investigações e o processo administrativo.

A celebração do acordo de leniência não exime a pessoa jurídica do dever de reparar totalmente o dano causado, conforme o parágrafo 3º do artigo 16. As pessoas jurídicas que formam o mesmo grupo econômico, de fato e de direito, submetem-se aos mesmos efeitos do acordo de leniência desde que o firmem em conjunto, observado o parágrafo 5º do artigo 16. Para que a proposta de acordo de leniência se torne pública é necessária a efetivação de tal acordo, preservado o interesse das investigações e do processo administrativo, de acordo com o parágrafo 6º do artigo 16.

Caso o acordo de leniência seja descumprido, a pessoa jurídica não poderá celebrar novo acordo durante três anos, contados do conhecimento do descumprimento pela Administração Pública, conforme o § 8º do artigo 16.

Em matéria de prescrição, a celebração do acordo de leniência interrompe o prazo prescricional dos atos ilícitos previstos na Lei, observado o § 9º do artigo 16.

Por fim, a Controladoria-Geral da União é o órgão competente para celebrar acordos de leniência na esfera do Poder Executivo Federal e nas hipóteses de atos lesivos praticados contra a Administração Pública estrangeira. Além disso, a Administração Pública pode celebrar acordo

---

[...] IV – proibição de receber incentivos, subsídios, subvenções, doações ou empréstimos de órgãos ou entidades públicas e de instituições financeiras públicas ou controladas pelo poder público, pelo prazo mínimo de 1 (um) e máximo de 5 (cinco) anos.

de leniência com a pessoa jurídica responsável pela prática de atos ilícitos previstos na Lei n. 8.666/1993, a fim de isentar ou atenuar as sanções administrativas previstas nos artigos 86 a 88 dessa lei.

Capítulo VII

A RESPONSABILIDADE CIVIL NA LEI ANTICORRUPÇÃO

O Capítulo VI da Lei Anticorrupção prevê a responsabilidade civil na esfera judicial da pessoa jurídica pela prática dos atos lesivos enumerados no seu artigo 5º. Embora o citado Capítulo VI da lei tenha sido intitulado "Da Responsabilização Judicial", entendemos que inexiste *responsabilidade judicial* no ordenamento jurídico pátrio,[400] razão pela qual concordamos com a posição de Carla Veríssimo[401] no sentido de que o legislador denominou esta esfera de responsabilização como judicial porque ela ocorre por meio de um processo judicial.[402]

---

[400] Essa também é a posição de Guilherme de Souza Nucci e Dorival de Freitas Junior (NUCCI, Guilherme de Souza. *Corrupção e anticorrupção*. Rio de Janeiro: Forense, 2015. p. 188; FREITAS JUNIOR, Dorival de. *Lei anticorrupção:* as inconstitucionalidades na responsabilização da pessoa jurídica. Curitiba: Juruá, 2017. p. 252).

[401] VERÍSSIMO, Carla. *Compliance:* Incentivo à adoção de medidas anticorrupção. São Paulo: Saraiva, 2017. p. 197.

[402] Observe-se que o próprio legislador, durante a tramitação do Projeto da Lei Anticorrupção no Senado, adotou o termo "processo judicial" ao se referir a esta modalidade de responsabilização prevista no Capítulo VI. Nesse sentido, transcreve-se breve trecho do parecer do relator do Projeto, Senador Ricardo Ferraço: "Quanto ao processo judicial, as penalidades passíveis de aplicação também nos parecem adequadas, podendo chegar à própria dissolução compulsória de pessoa jurídica, medida que, pelo

7.1 Os princípios da independência das instâncias de jurisdição e do *ne bis in idem*

Como ensinam Gilson Dipp e Manoel L. Volkmer de Castilho,[403] o princípio da independência das instâncias de jurisdição "é princípio consagrado na doutrina e resulta manifesta a construção constitucional de repartição das competências respectivas". O Supremo Tribunal Federal consolidou a jurisprudência sobre o tema por ocasião de diversos julgados,[404] sendo que um dos seus mais recentes confirma essa regra. Confira-se:

> "EMENTA: AGRAVO REGIMENTAL NO HABEAS CORPUS. PROCESSUAL PENAL E PENAL. CRIME DE PECULATO. ARTIGO 312 DO CÓDIGO PENAL. INÉPCIA DA DENÚNCIA. ANÁLISE DO PREENCHIMENTO DOS ELEMENTOS ESSENCIAIS E ACIDENTAIS. NEGATIVA DE AUTORIA. TRANCAMENTO DA AÇÃO PENAL. REVOLVIMENTO DO CONJUNTO FÁTICO-PROBATÓRIO. INADMISSIBILIDADE NA VIA ELEITA. INDEPENDÊNCIA DAS INSTÂNCIAS CÍVEL, PENAL E ADMINISTRATIVA. IMPOSSIBILIDADE DE UTILIZAÇÃO DO HABEAS CORPUS COMO SUCEDÂNEO DE RECURSO OU REVISÃO CRIMINAL. REITERAÇÃO DOS ARGUMENTOS ADUZIDOS NA PETIÇÃO INICIAL. AGRAVO REGIMENTAL DESPROVIDO.
>
> [...]
>
> 4. As instâncias civil, penal e administrativa são independentes, sem que haja interferência recíproca entre seus respectivos julgados,

---

seu rigor, deve-se restringir às situações em que a conduta se revestir de maior gravidade." (destaque acrescentado). BRASIL. Senado Federal. *Parecer n. 649, de 2013*, p. 15. Disponível em: <https://legis.senado.leg.br/sdleg-getter/documento?dm=4003724&ts=1543021110297&disposition=inline>. Acesso em: 05.01.2019.

[403] DIPP, Gilson; CASTILHO, Manoel L. Volkmer de. *Comentários sobre a lei anticorrupção*. São Paulo: Saraiva, 2016, p. 92.

[404] STF. MS 34.420-AgR, relator Ministro Dias Tofooli, DJe 19.5.2017; RMS 26951-AgR, relator Ministro Luiz Fux, DJe 18.11.2015; e ARE 841.612-AgR, relatora Ministra Cármen Lúcia, DJe 28.11.2014.

> ressalvadas as hipóteses de absolvição por inexistência de fato ou de negativa de autoria.
>
> [...] Nesse diapasão, ainda sobre o entendimento desta Corte no sentido de que as instâncias civil, penal e administrativa são independentes, sem que haja interferência recíproca entre seus respectivos julgados, ressalvadas as hipóteses de absolvição por inexistência de fato ou de negativa de autoria [...]."[405]

Em observância ao princípio da independência das instâncias de jurisdição, o artigo 18 da Lei Anticorrupção estabelece que a responsabilidade da pessoa jurídica "não afasta a possibilidade de sua responsabilidade judicial". Em outras palavras, o dispositivo legal determina que a apuração de responsabilidade no âmbito do processo administrativo não obsta que ela também seja perquirida judicialmente independentemente do resultado alcançado na instância administrativa.[406]

Valdir Moysés Simão e Marcelo Pontes Vianna[407] também assinalam que, "independentemente da conclusão do processo administrativo, a autoridade administrativa competente pode propor ao respectivo órgão de representação judicial que adote as medidas necessárias para ingressar com ação judicial, em nome dos entes lesados".

De outra banda, Modesto Carvalhosa,[408] ao analisar o artigo em comento, assevera que a condenação na esfera administrativa prevista no Capítulo IV criaria "o dever para as pessoas legitimadas (art. 19) de ingressar com a ação civil pública para o fim de promover a reparação do

---

[405] STF. HC 147576 AgR – DF, relator Ministro Luiz Fux, J. 24.8.2018, DJe 5.9.2018.

[406] Nesse mesmo sentido, Benjamin Zymler e Laureano Canabarro afirmam que: "Por certo, de acordo com o princípio de independência entre instância, o fato de o dano estar sendo apurado judicialmente não impede a apuração pela via administrativa" (ZYMLER, Benjamin; DIOS, Laureano Canabarro. *Lei anticorrupção (Lei n. 12.846/2013)*: uma visão do controle externo. Belo Horizonte: Fórum, 2016, p. 140).

[407] SIMÃO, Valdir Moyses; VIANNA, Marcelo Pontes. *O acordo de leniência na lei anticorrupção:* histórico, desafios e perspectivas. São Paulo: Trevisan, 2017, p 35.

[408] CARVALHOSA, Modesto. *Considerações sobre a lei anticorrupção das pessoas jurídicas.* Lei 12.846/2013. São Paulo: Editora Revista dos Tribunais, 2015, p. 394.

dano dos cofres públicos e do dano moral sofrido pelo Estado". Discordamos da posição do mencionado autor com base no princípio da independência das instâncias de jurisdição exposto acima, pois a ação judicial independe do resultado obtido no processo administrativo e vice-versa. Talvez a interpretação do artigo 18 da Lei n. 12.846/2013 feita por Modesto Carvalhosa tenha sido influenciada pela ambiguidade da sua redação, como bem observam Gilson Dipp e Manoel L. Volkmer de Castilho.[409]

Vale lembrar que a regra insculpida no artigo 18 da Lei n. 12.846/2013 não se confunde com o controle judicial do processo administrativo. Conforme a jurisprudência do Superior Tribunal de Justiça, "compete ao Poder Judiciário apreciar apenas a regularidade do procedimento à luz dos princípios do contraditório, da ampla defesa e do devido processo legal, sendo-lhe vedada a incursão sobre o mérito do julgamento administrativo".[410] Assim, é possível que no curso do processo administrativo de responsabilização da pessoa jurídica qualquer medida nele adotada que, por ventura, possa implicar violação ou restrição de direitos poderá ser submetida ao crivo do Poder Judiciário, que, por sua vez, restringir-se-á à análise da regularidade do procedimento.

Ronaldo Pinheiro de Queiroz[411] pontua que, por força da independência de instâncias, a esfera de responsabilização pela conduta (que poderá ser, ao mesmo tempo, um ilícito civil, administrativo e até penal) será diversa, razão pela qual inexistirá violação ao princípio *ne bis in idem*. O autor arremata que "somente se pode falar em violação ao princípio-garantia do *ne bis in idem* quando o sujeito é punido mais de uma vez, pela mesma conduta, dentro da mesma esfera de responsabilidade".

---

[409] DIPP, Gilson; CASTILHO, Manoel L. Volkmer de. *Comentários sobre a lei anticorrupção*. São Paulo: Saraiva, 2016, p. 92.

[410] STJ. Recurso Ordinário em Mandado de Segurança n. 18099 – PR, rel. Ministro Arnaldo Esteves Lima, J. 2.5.2006, DJ 12.6.2006, p. 500.

[411] QUEIROZ, Ronaldo Pinheiro de. Responsabilização judicial da pessoa jurídica na lei anticorrupção. In: SOUZA, Jorge Munhós de; QUEIROZ, Ronaldo Pinheiro de (Org.). *Lei anticorrupção*. Salvador: JusPodivm, 2015, p. 193.

7.2 A legitimidade ativa e passiva na ação judicial

O artigo 19 da Lei Anticorrupção estabelece que a União, os Estados, o Distrito Federal e os Municípios, por meio das respectivas Advocacias Públicas ou órgãos de representação judicial, ou equivalentes, e o Ministério Público, detêm legitimidade ativa para ajuizar ação com o objetivo de aplicar as sanções às pessoas jurídicas enumeradas nos incisos I a IV do referido dispositivo legal.

Com fundamento no artigo 5º, V, Lei n. 7.347/1985,[412] que regulamenta a ação civil pública, Modesto Carvalhosa[413] também inclui as "associações civis que têm por objeto a proteção do patrimônio público como, v.g., a Transparência Brasil, o Instituto Ethos, o Instituto Brasileiro de Governança – IBGC" como legitimadas a requerer o ingresso como litisconsorte nos autos da ação prevista no artigo 19.

Já Ronaldo Pinheiro de Queiroz[414] defende uma interpretação mais restrita do artigo 19, sob o argumento de que a legitimidade ativa deve ser estendida para as entidades da administração indireta. O autor cita como exemplo o ato lesivo contra uma Universidade Federal que, por força da lei, deveria provocar a Procuradoria Federal, ramo da Advocacia-Geral da União, para ajuizar ação de responsabilidade contra a pessoa jurídica infratora. Todavia, seria difícil que a União pudesse dar cabo de todas as ações ocorridas no âmbito de toda a Administração

---

[412] Art. 5º Têm legitimidade para propor a ação principal e a ação cautelar:

V – a associação que, concomitantemente:

a) esteja constituída há pelo menos 1 (um) ano nos termos da lei civil;

b) inclua, entre suas finalidades institucionais, a proteção ao patrimônio público e social, ao meio ambiente, ao consumidor, à ordem econômica, à livre concorrência, aos direitos de grupos raciais, étnicos ou religiosos ou ao patrimônio artístico, estético, histórico, turístico e paisagístico.

[413] CARVALHOSA, Modesto. *Considerações sobre a lei anticorrupção das pessoas jurídicas*. Lei 12.846/2013. São Paulo: Editora Revista dos Tribunais, 2015, p. 404.

[414] QUEIROZ, Ronaldo Pinheiro de. Responsabilização judicial da pessoa jurídica na lei anticorrupção. *In:* SOUZA, Jorge Munhós de; QUEIROZ, Ronaldo Pinheiro de (Org.). *Lei anticorrupção*. Salvador: JusPodivm, 2015, pp. 302-303.

Pública Federal, razão pela qual a própria entidade da administração indireta poderia propor a ação.

Ressalve-se que as atribuições conferidas ao Ministério Público estão delineadas no artigo 129 da Constituição Federal[415] e na lei complementar que o organiza (Lei Complementar n. 75/1993 para os federais e Lei n. 8.625/1993, que institui a lei orgânica para os Ministérios Públicos estaduais, com natureza de lei complementar). Dessa forma, entendemos que a Lei n. 12.846/2013, cujo caráter é de lei ordinária, não poderia atribuir uma nova competência ao Ministério Público, além daqueles já previstos na Constituição Federal, haja vista que o seu artigo 128, § 5º,[416] determina que as atribuições do Ministério Público apenas poderão ser definidas por meio de lei complementar.[417]

---

[415] Art. 129. São funções institucionais do Ministério Público:
I – promover, privativamente, a ação penal pública, na forma da lei;
II – zelar pelo efetivo respeito dos Poderes Públicos e dos serviços de relevância pública aos direitos assegurados nesta Constituição, promovendo as medidas necessárias a sua garantia;
III – promover o inquérito civil e a ação civil pública, para a proteção do patrimônio público e social, do meio ambiente e de outros interesses difusos e coletivos;
IV – promover a ação de inconstitucionalidade ou representação para fins de intervenção da União e dos Estados, nos casos previstos nesta Constituição;
V – defender judicialmente os direitos e interesses das populações indígenas;
VI – expedir notificações nos procedimentos administrativos de sua competência, requisitando informações e documentos para instruí-los, na forma da lei complementar respectiva;
VII – exercer o controle externo da atividade policial, na forma da lei complementar mencionada no artigo anterior;
VIII – requisitar diligências investigatórias e a instauração de inquérito policial, indicados os fundamentos jurídicos de suas manifestações processuais;
IX – exercer outras funções que lhe forem conferidas, desde que compatíveis com sua finalidade, sendo-lhe vedada a representação judicial e a consultoria jurídica de entidades públicas.

[416] § 5º Leis complementares da União e dos Estados, cuja iniciativa é facultada aos respectivos Procuradores-Gerais, estabelecerão a organização, as atribuições e o estatuto de cada Ministério Público, observadas, relativamente a seus membros.

[417] Conforme Gilson Dipp e Manoel L. Volkmer de Castilho (DIPP, Gilson; CASTILHO, Manoel L. Volkmer de. *Comentários sobre a lei anticorrupção*. São Paulo: Saraiva, 2016, pp. 100-101).

No que concerne à legitimidade passiva, como a Lei Anticorrupção tão somente regulamenta a responsabilização da pessoa jurídica, naturalmente o polo passivo será composto exclusivamente pela pessoa jurídica que tenha cometido algum(ns) (dos) ato(s) lesivo(s) descrito(s) no artigo 5º da lei. A lei não conferiu espaço para que o polo passivo também fosse preenchido por pessoas naturais, incluindo os agentes públicos envolvidos no ilícito, nos termos do artigo 3º, *caput*, da Lei n. 12.846/2013.

7.3 O objeto da ação judicial de responsabilidade

Além das sanções que poderão ser aplicadas na esfera administrativa contra a pessoa jurídica que tenha cometido algum(ns) (dos) ato(s) lesivo(s) previsto(s) no artigo 5º da Lei Anticorrupção, os incisos I a IV do artigo 19 da Lei Anticorrupção listam as medidas às quais a pessoa jurídica também estará sujeita no âmbito judicial, quais sejam: (i) reparação de dano causado à Administração Pública por meio de perdimento de bens, direitos e valores obtidos com a infração; (ii) suspensão ou interdição parcial das suas atividades; (iii) dissolução compulsória da pessoa jurídica; e (iv) proibição de receber incentivos, subsídios, subvenções, doações e empréstimos públicos em prazo determinado.

Observe-se que o § 3º do artigo 19 estabelece que as sanções podem ser aplicadas de forma isolada ou cumulativa, sendo que, para tanto, deverão ser demonstradas as hipóteses de aplicação (não obstante as medidas previstas nos incisos II e IV sejam em parte incompatíveis).

7.3.1 A natureza das medidas judiciais previstas no artigo 19

Quanto à natureza das medidas descritas acima, compartilhamos com a lição de Modesto Carvalhosa,[418] que esclarece que aquelas enumeradas nos itens (i) a (iii) acima (correspondentes aos incisos I a III do

---

[418] CARVALHOSA, Modesto. *Considerações sobre a lei anticorrupção das pessoas jurídicas.* Lei 12.846/2013. São Paulo: Editora Revista dos Tribunais, 2015, pp. 403-404.

artigo 19) têm natureza civil, pois se perfazem no âmbito civil, enquanto aquela indicada no item (iv) (correspondente ao inciso IV do artigo 19) tem natureza administrativa, na medida em que "o instrumento de execução da pena é a própria administração direta e indireta, sem cuja participação durante todo o prazo condenatório (um a cinco anos) não se materializa a pena".

7.3.1.1 A reparação pelo enriquecimento sem causa

O "perdimento dos bens, direitos ou valores que representem vantagem ou proveito direta ou indiretamente obtidos da infração" estipulado no inciso I do artigo 19 da Lei n. 12.846/2013 configura verdadeira reparação ao erário público pelo enriquecimento sem causa da pessoa jurídica infratora.

Nesse contexto, entendemos ser pertinente traçar a diferença entre o enriquecimento sem causa previsto no artigo 884 do Código Civil[419] e o enriquecimento ilícito, cuja definição encontra-se no artigo 9º da Lei n. 8.429/1992,[420] estando, pois, ligado aos atos de improbidade administrativa.

O enriquecimento sem causa não teve tratamento expresso no Código Civil de 1916 como instituto autônomo, sendo as suas regras incorporadas pela legislação civil em diversos aspectos, especialmente no pagamento indevido.

Em brilhante artigo publicado na *Revista da Faculdade de Direito da USP* em 1998, portanto, antes da entrada em vigor do atual Código Civil, o civilista Carlos Alberto Dabus Maluf[421] já apontava o acerto do

---

[419] Art. 884. Aquele que, sem justa causa, se enriquecer à custa de outrem, será obrigado a restituir o indevidamente auferido, feita a atualização dos valores monetários.

[420] Art. 9º Constitui ato de improbidade administrativa importando enriquecimento ilícito auferir qualquer tipo de vantagem patrimonial indevida em razão do exercício de cargo, mandato, função, emprego ou atividade nas entidades mencionadas no art. 1º desta lei, e notadamente.

[421] MALUF, Carlos Alberto Dabus. Pagamento indevido e enriquecimento sem

legislador ao incluir o enriquecimento sem causa no então Anteprojeto do Código Civil que expressamente previa o enriquecimento sem causa, cuja interpretação, até então, cabia somente à doutrina e jurisprudência. Confira-se:

> "Se nosso Código Civil [de 1916] não dispôs expressamente sobre o enriquecimento sem causa, apesar de tê-lo feito implicitamente, como nos casos dos arts. 513, 515, 541, 613, 964, 1.332, 1.339, dentre outros, nosso Projeto do professor Reale consagrou a matéria em seus arts. 886 a 888.
>
> Assim dispõe o art. 886 do Projeto: "Aquele que, sem justa causa, se enriquecer à custa de outrem, será obrigado a restituir o indevidamente auferido, feita a atualização dos valores monetários."
>
> Parágrafo único – "Se o enriquecimento tiver por objeto uma coisa determinada, quem a recebeu é obrigado a restituí-la. Se a coisa não mais subsistir, a restituição se fará pelo valor do bem na época que foi exigido."
>
> Entendemos procedente a disposição expressa do enriquecimento sem causa dentro de nossa lei civil, pois, assim, não ficaremos adstritos às interpretações dos doutrinadores e da jurisprudência sobre tão-discutida matéria."

O regramento do enriquecimento sem causa foi incluído no Anteprojeto por Agostinho Alvim, tendo sido inserido no Anteprojeto do atual Código Civil nos seus artigos 884 a 886, do Capítulo IV, denominado "Do enriquecimento sem causa", no Título VII (Dos atos unilaterais), do Livro I (Do direito das obrigações), da Parte Especial.

---

causa. *Revista da Faculdade de Direito da Universidade de São Paulo*, São Paulo, vol. 93, p. 130, jan./dez. 1998. Vale notar que, após a edição do Código Civil de 2002, Carlos Alberto Dabus Mabus Maluf também tratou do tema na obra conjunta com Washington de Barros Monteiro, na qual reitera que: "Ocorrendo o enriquecimento desmotivado, por não ter causa que o justifique, a devolução sempre é devida, inclusive se a causa deixou de existir." (MALUF, Carlos Alberto Dabus; MONTEIRO, Washington de Barros; SILVA, Regina Beatriz Tavares da. *Curso de direito civil:* direito das obrigações: 2ª parte, 36ª ed, vol. 5. São Paulo: Saraiva, 2009, p. 530).

Conforme ensina Giovanni Ettore Nanni,[422] essa previsão expressa do enriquecimento sem causa no Código Civil representou uma conquista àqueles que sempre o defenderam e também um importante avanço nas relações jurídicas. O autor define o enriquecimento sem causa da seguinte forma:

> "O enriquecimento sem causa, desígnio adotado pela nova legislação civil brasileira, é a vantagem ocorrida em benefício de uma pessoa sem a devida contraprestação. Portanto, é uma atribuição injusta, injustificada, indevida, indébita, obtida à custa alheia. Todas essas expressões sinônimas conduzem à mesma conclusão e não permitem dúvida quanto à identificação e ao alcance do instituto."[423]

Em contrapartida, o enriquecimento ilícito trata de instituto autônomo típico do direito administrativo nas situações de improbidade administrativa regido expressamente pelo artigo 9º da Lei n. 8.429/1992, o qual se refere a diferentes medidas para restituição da Administração Pública. Portanto, cuida-se de instituto totalmente distinto do enriquecimento sem causa previsto no Código Civil.

Embora o enriquecimento ilícito esteja inserido dentro do regime jurídico do Direito Administrativo, entendemos que ele não se aplica ao inciso I do artigo 19 da Lei Anticorrupção, na medida em que somente pode incorrer em enriquecimento ilícito agente público, servidor ou não, que praticar atos de improbidade administrativa contra a Administração Pública,[424] ao passo que na Lei Anticorrupção apenas pessoas

---

[422] NANNI, Giovanni Ettore. *Enriquecimento sem causa*, 3ª ed. São Paulo: Saraiva, 2012, p. 115.

[423] NANNI, Giovanni Ettore. Enriquecimento sem causa, 3ª ed. São Paulo: Saraiva, 2012, p. 124.

[424] Art. 1º da Lei n. 8.429/92: "Os atos de improbidade praticados por qualquer agente público, servidor ou não, contra a administração direta, indireta ou fundacional de qualquer dos Poderes da União, dos Estados, do Distrito Federal, dos Municípios, de Território, de empresa incorporada ao patrimônio público ou de entidade para cuja criação ou custeio o erário haja concorrido ou concorra com mais de cinquenta por cento do patrimônio ou da receita anual, serão punidos na forma desta lei."

jurídicas poderão ser responsabilizadas pela prática de atos lesivos praticados contra a Administração Pública nacional ou estrangeira.[425]

Ademais, Giovanni Ettore Nanni assinala que, por ser um princípio informador de todo o direito privado, o enriquecimento sem causa pode ter sua aplicação estendida para o campo do direito público, "tendo em vista que não há restrição à qualidade da relação obrigacional – privada ou pública – passível de ser submetida à sua incidência".[426]

Depreende-se que a medida descrita no inciso I do artigo 19 refere-se ao instituto do enriquecimento sem causa regulado pelo Código Civil, o qual estabelece que "aquele que, sem justa causa, se enriquecer à custa de outrem, será obrigado a restituir o indevidamente auferido, feita a atualização dos valores monetários".

Assim, pode-se afirmar que a pessoa jurídica que praticar ato lesivo contra a Administração Pública, nacional ou estrangeira, poderá ser demandada judicialmente por um dos entes públicos indicados no *caput* do artigo 19, a fim de restituir ao erário público aquilo que tenha indevidamente auferido por meio de "perdimento de bens, direitos ou valores que representem vantagem ou proveito direta ou indiretamente obtidos da infração, ressalvado o direito do lesado ou terceiro de boa-fé".

Benjamin Zymler e Laureano Canabarro Dios[427] assinalam que "não é necessário que os produtos decorram diretamente da prática do ato ilícito, pois os benefícios obtidos de forma indireta também estão sujeitos à devolução".

Quanto à destinação dos bens, a lei não determina a qual órgão ou entidade eles deverão ser destinados. Neste aspecto, concordamos

---

[425] Art. 1º da Lei n. 12.846/2013: "Esta Lei dispõe sobre a responsabilização objetiva administrativa e civil de pessoas jurídicas pela prática de atos contra a Administração Pública, nacional ou estrangeira."

[426] NANNI, Giovanni Ettore. *Enriquecimento sem causa.* 3ª ed. São Paulo: Saraiva, 2012, p. 119.

[427] ZYMLER, Benjamin; DIOS, Laureano Canabarro. *Lei anticorrupção (Lei n. 12.846/2013):* uma visão do controle externo. Belo Horizonte: Fórum, 2016, p. 93.

com Walfrido Warde[428] no tocante à necessidade de criação de uma autarquia com diversas funções relacionadas ao combate da corrupção, dentre elas, determinar a gestão e a disposição de bens apreendidos no âmbito dos processos judiciais.

Como eventual condenação prevista no inciso I do artigo 19 constitui uma obrigação de restituição com o objetivo de reestabelecer o *status quo ante* da Administração Pública, uma vez que o enriquecimento da pessoa jurídica carece de causa capaz de justificar a deslocação patrimonial, entendemos que, nesse caso, a pessoa jurídica responderá objetivamente pelo dano causado à Administração Pública com base no parágrafo único do artigo 927[429] e na tese exposta na seção 5.3. Assim, caberá à Administração Pública demonstrar o nexo de causalidade entre a conduta praticada pela pessoa jurídica e o dano no processo judicial, sendo desnecessária a prova de culpa ou dolo.

Por fim, vale destacar que o legislador, em observância ao princípio da segurança jurídica, preocupou-se em preservar o direito do lesado ou de terceiro de boa-fé, que não estarão sujeitos ao perdimento de bens/valores que se encontram em seu poder em decorrência de negócio legítimo celebrado com a pessoa jurídica infratora. Caso seja demonstrada a má-fé do terceiro que tenha adquirido bens da pessoa jurídica com o objetivo de ocultá-los, por certo, a sanção estipulada no inciso I do artigo 19 deverá ser aplicada.

7.3.1.2 *A sanção civil relativa à suspensão ou interdição parcial da pessoa jurídica*

O inciso II do artigo 19 da Lei Anticorrupção refere-se à sanção civil que deverá ser imposta judicialmente à pessoa jurídica que tenha praticado

---

[428] WARDE, Walfrido. *O espetáculo da corrupção:* como um sistema corrupto e o modo de combatê-lo estão destruindo o país. Rio de Janeiro: LeYa, 2018, p. 129.

[429] Art. 927. Aquele que, por ato ilícito (arts. 186 e 187), causar dano a outrem, fica obrigado a repará-lo.
Parágrafo único. Haverá obrigação de reparar o dano, independentemente de culpa, nos casos especificados em lei, ou quando a atividade normalmente desenvolvida pelo autor do dano implicar, por sua natureza, risco para os direitos de outrem.

ato lesivo contra a Administração Pública e, a depender da gravidade da conduta, poderá ser suspensão ou interdição parcial de suas atividades.

No que concerne às sanções civis relativas à suspensão e interdição parcial das atividades da pessoa jurídica infratora, verifica-se que a primeira é de caráter temporário e a segunda, de caráter permanente. Todavia, a lei não forneceu elementos necessários para definição do prazo máximo de duração das referidas sanções, cabendo à doutrina e jurisprudência esta questão em aberto, caso contrário, elas assumiriam o caráter de perpetuidade, o que é vedado pelo artigo 5º, XLVII, "b", da Constituição Federal.[430]

Benjamin Zymler e Laureano Canabarro Dios[431] sugerem a aplicação, por analogia, das disposições da Lei n. 8.666/1993 que, por exemplo, estabelece o levantamento da interdição depois de um prazo mínimo que poderia estar vinculado ao ressarcimento do dano sofrido pela Administração Pública. No tocante à suspensão, os autores dizem que ela poderia ocorrer quando não for identificado qualquer dano ao erário.

Além disso, como as sanções civis descritas no inciso II do artigo da Lei n. 12.846/2013 têm caráter parcial, haja vista que a pessoa jurídica poderá continuar operando nas hipóteses de suspensão e interdição parcial, era necessário que o legislador estabelecesse o seu âmbito de abrangência de maneira que as referidas sanções acabassem por inviabilizar a continuidade das atividades desenvolvidas pela pessoa jurídica.

7.3.1.3 *A sanção civil relativa à dissolução compulsória da pessoa jurídica*

O inciso III do artigo 19 prevê a mais grave das sanções civis: a dissolução compulsória da pessoa jurídica, o que representa verdadeira

---

430 Art. 5º [...]
XLVII – não haverá penas:
b) de caráter perpétuo.

431 ZYMLER, Benjamin; DIOS, Laureano Canabarro. *Lei anticorrupção (Lei n. 12.846/2013):* uma visão do controle externo. Belo Horizonte: Fórum, 2016, p. 94.

"pena de morte" da empresa, pois implica a sua extinção. Considerando o caráter excepcional de tal medida, o legislador estabeleceu que ela somente será aplicada quando demonstrados um dos seguintes fatores descritos nos incisos I e II do § 1º do artigo 19: (i) ter sido a personalidade jurídica utilizada de forma habitual para facilitar ou promover a prática de atos ilícitos ou (ii) ter sido constituída para ocultar ou dissimular interesses ilícitos ou a identidade dos beneficiários dos atos praticados. A respeito da gravidade de tal medida, Carla Veríssimo explica:

> "[...] Se a empresa for "de fachada", constituída exclusivamente para a prática de crimes, para ocultar ou dissimular interesses ilícitos ou a identidade dos beneficiários dos atos praticados (por exemplo, na hipótese da alínea "e" do inciso IV do art. 5º da lei anticorrupção), não deverão seus sócios sofrer grandes prejuízos com sua dissolução, porque normalmente essas empresas são abandonadas quando os crimes são descobertos, deixando as vítimas e os credores à própria sorte... Entretanto, se a empresa tiver atividade real, empregados, patrimônio, e dedicar-se efetivamente à prestação de bens ou prestação de serviços, a pena será gravíssima."[432]

Embora o legislador tenha deixado de maneira clara as condutas e os elementos que ensejam a dissolução da pessoa jurídica no artigo 19, § 1º, I e II, fato é que a lei não especifica qual seria o alcance dessa dissolução compulsória, isto é, se ela seria total ou parcial.

A partir da análise do inciso I do artigo 19, é possível concluir que a hipótese nele descrita refere-se à pessoa jurídica regularmente constituída para exercer determinada atividade econômica, tendo, entretanto, a sua finalidade desviada mediante o abuso de sua utilização para prática de atos ilícitos. Nesse caso, verifica-se que a empresa é, na realidade, vítima de seus sócios ou de outra pessoa jurídica.

Em contrapartida, o inciso II do artigo 19 apresenta hipótese diversa daquela exposta no inciso anterior, na medida em que a dissolução

---

[432] VERÍSSIMO, Carla. *Compliance:* incentivo à adoção de medidas anticorrupção. São Paulo: Saraiva, 2017, p. 213.

se aplica à pessoa jurídica que tenha sido deliberadamente "constituída para ocultar ou dissimular interesses ilícitos ou a identidade dos beneficiários dos atos praticados." Portanto, neste caso, não é possível a empresa ter sido vítima, mas sim verdadeira responsável pela prática dos atos lesivos à Administração Pública.

Diante disso, filiamo-nos à tese defendida por Núbia Elizabette de Jesus Paula[433] no sentido de que a Lei Anticorrupção deverá dar diferentes alcances à dissolução compulsória a depender da verificação do enquadramento dos atos praticados. Concordamos com a autora quando ela afirma que a dissolução compulsória total judicial seria cabível "nos casos em que houvesse o uso e a criação de pessoa jurídica, por outra pessoa jurídica, para a prática de atos delituosos de corrupção, condutas identificáveis no teor do artigo 5º, III e IV, 'e', da Lei n. 12.846/2013".[434] Isso porque, como ela bem observa, "o princípio da preservação da empresa não se sobreporá se inexistente a sua função social, visto desvio claro e evidente do seu objeto social".[435]

Em relação à dissolução parcial da pessoa jurídica, assim como Núbia Elizabette de Jesus Paula,[436] entendemos ser tal medida legalmente

---

[433] PAULA, Núbia Elizabette de Jesus. *Do alcance da dissolução compulsória da pessoa jurídica na lei anticorrupção*, vol.1. Rio de Janeiro: Lumen Juris, 2018, p. 177.

[434] PAULA, Núbia Elizabette de Jesus. Do alcance da dissolução compulsória da pessoa jurídica na lei anticorrupção, vol.1. Rio de Janeiro: Lumen Juris, 2018, p. 181.

Art. 5º Constituem atos lesivos à Administração Pública, nacional ou estrangeira, para os fins desta Lei, todos aqueles praticados pelas pessoas jurídicas mencionadas no parágrafo único do art. 1º, que atentem contra o patrimônio público nacional ou estrangeiro, contra princípios da Administração Pública ou contra os compromissos internacionais assumidos pelo Brasil, assim definidos:

III – comprovadamente, utilizar-se de interposta pessoa física ou jurídica para ocultar ou dissimular seus reais interesses ou a identidade dos beneficiários dos atos praticados;

IV – no tocante a licitações e contratos:

e) criar, de modo fraudulento ou irregular, pessoa jurídica para participar de licitação pública ou celebrar contrato administrativo.

[435] PAULA, Núbia Elizabette de Jesus. Do alcance da dissolução compulsória da pessoa jurídica na lei anticorrupção, vol.1. Rio de Janeiro: Lumen Juris, 2018, p. 179.

[436] PAULA, Núbia Elizabette de Jesus. Do alcance da dissolução compulsória da pessoa jurídica na lei anticorrupção, vol.1. Rio de Janeiro: Lumen Juris, 2018, p. 179.

possível com fulcro nos princípios da função social e da preservação da empresa de modo a "proteger a empresa como fator econômico e a sociedade como vítima em potencial desse fator de produção de riquezas, dado o aspecto econômico da empresa".

Nesse contexto, parece-nos ser plenamente viável a sugestão apresentada por Gilson Dipp e Manoel Volkmer de Castilho[437] quanto à possibilidade de manter o funcionamento da pessoa jurídica mediante "adoção de regime semelhante ao da penhora de empresa, isto é, com exclusão total do administrador autor dos ilícitos". Dessa forma, estariam assegurados a responsabilização da pessoa jurídica, o ressarcimento pelo dano causado e, principalmente, a manutenção da empresa, dos empregos e da geração de renda decorrente da atividade econômica desempenha pela pessoa jurídica.

7.3.1.4 A sanção administrativa prevista no artigo 19

Como exposto na seção 7.3.1 acima, filiamo-nos à posição de Modesto Carvalhosa quanto à natureza jurídica da sanção administrativa prevista no inciso IV do artigo 19 da Lei n. 12.846/2013 relativa à proibição de a pessoa jurídica "receber incentivos, subsídios, subvenções, doações ou empréstimos de órgãos ou entidades públicas e de instituições financeiras públicas ou controladas pelo poder público, pelo prazo mínimo de 1 (um) ano e máximo de 5 (cinco) anos", pois, como ensina o mencionado autor, "a proibição de receber recursos e benefícios cria uma relação negativa entre o Poder Público e a pessoa jurídica condenada, pois o instrumento de execução da pena é a própria administração".[438]

Marco Vinicio Petrelluzzi e Rubens Naman Rizek Junior[439] consideram essa proibição a mais singela, pois ela não se refere à possibilidade

---

[437] DIPP, Gilson; CASTILHO, Manoel L. Volkmer de. *Comentários sobre a lei anticorrupção.* São Paulo: Saraiva, 2016, pp. 100-101.

[438] CARVALHOSA, Modesto. *Considerações sobre a lei anticorrupção das pessoas jurídicas.* Lei 12.846/2013. São Paulo: Editora Revista dos Tribunais, 2015, p. 403.

[439] PETRELLUZZI, Marco Vinicio; RIZEK JUNIOR, Rubens Naman. *Lei anticorrupção:* Origens, comentários e análise da legislação correlata. São Paulo: Saraiva, 2014, pp. 98-99.

de a pessoa jurídica contratar com o Poder Público, mas apenas a de receber os incentivos descritos no dispositivo legal. Dessa forma, concluem os autores, remanesce a possibilidade de a pessoa jurídica contratar com o Poder Público sem qualquer óbice, participar de licitações e até mesmo ser alvo de contratação direta nas hipóteses legais de dispensa ou inexigibilidade de licitação.

7.4 A necessidade de perquirição da culpabilidade da pessoa jurídica

Considerando a gravidade das sanções civis delineadas nos incisos II e III e da sanção administrativa estipulada no inciso IV do artigo 19 da Leiº 12.846/2013, o fato de elas constituírem verdadeira penalidade de natureza civil (e não mera reparação de dano) e a regra geral de aplicação da responsabilidade subjetiva prevista no Direito Civil brasileiro, entendemos que, para imposição das medidas de suspensão, interdição parcial e dissolução da pessoa jurídica, o juiz deverá necessariamente perquirir a culpabilidade da pessoa jurídica que praticou o ato lesivo contra a Administração Pública à luz da teoria do defeito da organização desenvolvida por Klaus Tiedemann.[440]

A nossa posição sobre este tema está delineada na seção 5.3, na qual defendemos que a culpabilidade da pessoa jurídica deve ser analisada à luz dos critérios objetivos definidos na teoria do defeito da organização, a qual estabelece que as pessoas jurídicas têm o dever de se organizar corretamente, podendo ser responsabilizadas quando deixarem de empregar meios de controle capazes de garantir que sua atividade seja desenvolvida de forma lícita.

Dessa forma, para imposição das sanções civis previstas nos incisos I a III do artigo 19 da Lei Anticorrupção, o juiz deverá analisar

[440] TIEDEMANN, Klaus. Punibilidad y Responsabilidad Administrativa de las Personas Jurídicas y de sus Órganos. *Revista Jurídica de Buenos Aires,* Buenos Aires: Facultad de Derecho y Ciencias Sociales de la Universidad de Buenos Aires, 1988, vol. 2, p. 11 et seq.

a culpabilidade da pessoa jurídica levando em consideração a existência (ou não) de mecanismos eficientes de controles internos e de *compliance*, uma vez que, segundo a teoria do defeito da organização, tais elementos constituem o núcleo de culpabilidade/responsabilidade da pessoa jurídica.

Fernando Rissoli Lobo Filho, que também acolhe a tese de aplicação da responsabilidade objetiva apenas nas hipóteses de reparação dos danos causados à Administração Pública (inciso I do artigo 19) e a responsabilidade subjetiva para as demais sanções civis e administrativas, apresenta uma interessante solução para superar o óbice imposto pela legislação em vigor, notadamente os seus artigos 1º e 2º.

Com base na lição de Fernando Menezes de Almeida,[441] Fernando Rissoli Lobo Filho sugere que o veto presidencial[442] ao § 2º do artigo 19 da Lei n. 12.846/2013,[443] que dispunha sobre a necessidade de comprovação de dolo ou culpa para incidência das sanções previstas nos incisos II a IV, deve ser desconsiderado, porquanto a matéria teor do veto já se aplicaria diretamente a partir da Constituição Federal "em

---

[441] Transcreve-se o trecho do artigo de Fernando Menezes de Almeida mencionado por Fernando Rissoli Lobo Filho: "Sim, porque diferente seria argumentar do seguinte modo: a Lei X contém um veto; todavia, o teor da matéria vetada já se aplicaria diretamente a partir da Constituição, independentemente da existência de lei; portanto, apesar do veto, aplique-se, por força constitucional, teor igual ao da regra vetada." (ALMEIDA, Fernando Dias Menezes de. O veto como condicionante da interpretação das leis. In: MARQUES NETO, Floriano de Azevedo et. al. (Org.). *Direito e Administração Pública:* estudos em homenagem a Maria Sylvia Zanella Di Pietro. São Paulo: Atlas, 2013, p. 14).

[442] "Tal como previsto, o dispositivo contraria a lógica norteadora do projeto de lei, centrado na responsabilidade objetiva de pessoas jurídicas que cometam atos contra a Administração Pública. A introdução da responsabilidade subjetiva anularia todos os avanços apresentados pela nova lei, uma vez que não há que se falar na mensuração da culpabilidade de uma pessoa jurídica." BRASIL. Presidência da República. Casa Civil. Subchefia para Assuntos Jurídicos. *Mensagem n. 314*, de 1º ago. 2013. Disponível em: <http://www.planalto.gov.br/CCIVIL_03/_Ato2011-2014/2013/Msg/VEP-314.htm>. Acesso em: 2 jan. 2019.

[443] Art 19 [...] § 2º Dependerá da comprovação de culpa ou dolo a aplicação das sanções previstas nos incisos II a IV do *caput* deste artigo.

virtude dos princípios da culpabilidade e intranscendência ou pessoalidade da pena".[444]

Subsidiariamente, entendemos ser possível eventual ajuste na legislação na forma sugerida pelo deputado federal Laercio Oliveira por meio da Emenda Modificativa n. 11, de 2011,[445] apresentada durante a tramitação do Projeto da Lei Anticorrupção na Câmara dos Deputados, pela qual o ônus da prova seria invertido tanto na esfera judicial quanto administrativa. Dessa forma, caberia à pessoa jurídica demonstrar que os eventuais atos lesivos não foram praticados, com dolo ou culpa, em seu interesse ou benefício. Confira-se a redação do artigo 2º sugerido pelo referido deputado federal e a sua justificativa:

> "EMENDA MODIFICATIVA N. 11, DE 2011
>
> Dê-se ao artigo 2º do substitutivo ao Projeto de Lei n. 6.826, de 2010, a seguinte redação:
>
> Art. 2º As pessoas jurídicas serão responsabilizadas, nos âmbitos administrativo e civil, pelos atos lesivos previstos nesta Lei, cabendo a elas a prova de que tais atos não foram praticados, com dolo ou culpa, em seu interesse ou benefício, exclusivo ou não.
>
> Justificativa
>
> No âmbito civil a responsabilidade objetiva pressupõe a hipossuficiência do lesado e o elemento subjetivo é requisito de culpabilidade no direito administrativo sancionador. Impor ao estado que prove a culpabilidade do agente é dele demandar que se protele indefinidamente a responsabilização por atos de corrupção e suborno. Assim, no intuito de compatibilizar essas duas visões

---

[444] LOBO Filho, Fernando Rissoli. *A lei anticorrupção e o regime jurídico do Direito Administrativo Sancionador*. P. 217. Dissertação (Mestrado – Programa de Pós-Graduação em Direito do Estado) – Faculdade de Direito, Universidade de São Paulo, São Paulo, 2017, p. 101.

[445] BRASIL. Câmara dos Deputados. Substitutivo ao Projeto de Lei n. 6.826, de 2010 (do Poder Executivo). *Emenda Modificativa n. 11, de 2011*. Deputado Federal Laercio Oliveira, 27 mar. 2011. Disponível em: <http://www.camara.gov.br/proposicoesWeb/prop_mostrarintegra?codteor=976445&filename=ESB+11+PL682610+%3D%3E+SBT+1+PL682610+%3D%3E+PL+6826/2010>. Acesso em: 06.01.2019.

(civil e administrativa), propõe-se a adoção do modelo da responsabilidade civil com inversão do ônus da prova, em que a culpa do agente se presume, mas sendo a ele possibilitado demonstrar que não agiu culposamente, ou seja, deve-se conceder à empresa o direito de provar que não tinha conhecimento efetivo ou presumido do ato ilícito."

7.5 O rito processual da ação para responsabilização da pessoa jurídica

O artigo 21 da Lei Anticorrupção determina que o processo judicial de responsabilização da pessoa jurídica adote o rito da ação civil pública, objeto da Lei n. 7.347/1985 que, consoante ensina Hely Lopes Meirelles,[446] é o instrumento processual adequado para proteger os interesses difusos da sociedade, reprimindo ou impedindo "danos ao meio ambiente, ao consumidor, a bens e direitos de valor artístico, estético, histórico, turístico e paisagístico".

Com base no artigo 2º da Lei n. 7.347/1985,[447] o juízo competente para julgar a ação judicial com fundamento na Lei Anticorrupção é do foro do local onde o dano tiver ocorrido. Conforme já abordado na seção 7.2, a ação poderá ser proposta pela União, pelos Estados, pelo Distrito Federal e pelos Municípios, por meio das respectivas Advocacias Públicas ou órgãos de representação judicial, ou equivalentes, e pelo Ministério Público. Por outro lado, o polo passivo será composto apenas pela pessoa jurídica que tenha cometido ato lesivo à Administração Pública previsto no artigo 5º da Lei Anticorrupção.

O artigo 20 estabelece que, nas ações ajuizadas pelo Ministério Público em razão da manifesta omissão das autoridades administrativas competentes para promover a responsabilização da pessoa jurídica na esfera administrativa, poderão ser aplicadas as sanções previstas no artigo

---

[446] MEIRELLES, Hely Lopes. *Mandado de segurança*: ação popular e ação civil pública. 11. ed. São Paulo: Revista dos Tribunais, 1987, p. 115.

[447] Art. 2º As ações previstas nesta Lei serão propostas no foro do local onde ocorrer o dano, cujo juízo terá competência funcional para processar e julgar a causa.

6º da Lei Anticorrupção (multa e publicação de sentença), além daquelas enumeradas nos incisos I a IV do artigo 19.

O artigo 25 da Lei Anticorrupção prevê que a pretensão para punição administrativa e judicial das pessoas jurídicas por atos lesivos praticados contra a Administração Pública prescrevem em cinco anos, contados da data da infração, ou no caso de infração permanente ou continuada do dia em que tiver cessado. O parágrafo único do referido dispositivo determina que a fluência do prazo prescricional será interrompida com a instauração de processo administrativo ou judicial.

Considerando que a Lei Anticorrupção efetivamente entrou em vigor há cerca de cinco anos,[448] a construção jurisprudencial ainda é incipiente. Entretanto, já é possível perceber a efetividade do ajuizamento da ação civil pública lastreada na Lei Anticorrupção: tem-se notícia de que até o momento foram ajuizadas duas ações no país – uma no Estado de Goiás e outra no Estado de Minas Gerais.

A primeira ação civil pública fundada na Leiº 12.846/2013 do país[449] foi ajuizada no Estado de Goiás pelo Ministério Público Federal em dezembro de 2014 e atualmente tramita perante a 4ª Vara Federal da Seção Judiciária. O objeto da ação é um alegado superfaturamento das obras de construção do trecho 01S da extensão sul da Ferrovia Norte-Sul, localizada entre os municípios de Ouro Verde e Santa Bárbara, no Estado de Goiás. Até este momento, o processo aguardava a conclusão da prova pericial.[450]

---

[448] A Lei Anticorrupção foi publicada do Diário Oficial da União no dia 2 de agosto de 2013 e, tendo em vista que o seu artigo 31 previa um período de *vacatio legis* de 180 dias após a sua publicação, a lei efetivamente entrou em vigor no dia 29 de janeiro de 2014, nos termos do artigo 8º, § 1º, da Lei Complementar n. 95/98.

[449] Conforme notícia veiculada no website Jota em 30 jan. 2015. Liminar federal começa a tirar Lei Anticorrupção do papel, *Jota*, 30 jan. 2015. Disponível em: <https://www.jota.info/?pagename=paywall&redirect_to=//www.jota.info/justica/liminar-federal-comeca-tirar-lei-anticorrupcao-papel-30012015>. Acesso em: 07.01.2019.

[450] BRASIL. Justiça Federal, 4ª Vara Federal da Seção Judiciária de Goiás, processo n. 0047314-59.2014.4.01.3500. Disponível em: < https://processual.trf1.jus.br/consultaProcessual/processo.php >. Acesso em: 21.06.2020.

A primeira ação civil pública lastreada na Lei Anticorrupção do Estado de Minas Gerais foi proposta pelo Ministério Público daquele Estado em novembro de 2015 com o objetivo de responsabilizar quatro empresas por suposta prática de fraudes em licitações realizadas pela Prefeitura de Confins. Em relação às pessoas naturais, o Ministério Público ajuizou ação penal pela prática de crimes de organização criminosa, fraudes às licitações, corrupção ativa e passiva e peculato.[451]

---

[451] Conforme notícia veiculada no website do Ministério Público do Estado de Minas Gerais em 26 nov. 2015. MPMG propõe ação com base na nova lei anticorrupção, *Notícias – MPMG,* 26 nov. 2015. Disponível em: <https://www.mpmg.mp.br/comunicacao/noticias/mpmg-propoe-acao-com-base-na-nova-lei-anticorrupcao.htm#.XDNsTVxKjIU>. Acesso em: 07.01.2019.

CONCLUSÕES

1. No Direito Civil brasileiro, prevalece a responsabilidade subjetiva, pela qual há necessidade de perquirição da culpa do agente de modo a criar a obrigação de reparar o dano causado. O dever de indenizar, portanto, decorre de uma ação ou omissão voluntária, relação de causalidade e culpa, nos termos dos artigos 186 e 927 do Código Civil.

2. Com o desenvolvimento econômico e o aumento exponencial de danos, a responsabilidade objetiva surge no Direito Civil brasileiro para desconsiderar a culpabilidade, conferindo enfoque maior ao ato causador do que ao ato ilícito em si e, com isso, impedir que a necessidade de comprovação da culpa torne a indenização impraticável. A responsabilidade objetiva está lastreada na teoria do risco, que determina a obrigação de reparar o dano com base na atividade de risco praticada pelo causador do dano, e é prevista no parágrafo único do artigo 927 do Código Civil.

3. A norma contida no citado dispositivo legal é considerada aberta e a sua aplicação dependerá da discricionariedade do juiz, que deverá analisar o caso concreto para apurar se a atividade do causador do dano não é uma atividade eventual, mas sim prática normalmente desenvolvida. No âmbito da responsabilidade objetiva, a jurisprudência tem construído a doutrina da responsabilidade objetiva agravada, a qual se relaciona a riscos específicos cuja indenização é punitiva, especialmente no âmbito da responsabilidade da Administração Pública.

4. A responsabilidade objetiva deve ser aplicada de forma restrita nos casos previstos expressamente em lei que a autorize ou na forma prevista no parágrafo único do artigo 927 do Código Civil. Em outros termos, quando não houver lei expressa, aplica-se a regra geral do direito brasileiro, qual seja, a responsabilidade subjetiva.

5. A responsabilidade civil, conjuntamente com as funções clássicas de ressarcimento e compensação, caracteriza-se também pela função punitiva, denominada pena privada. A função punitiva tem se destacado na doutrina devido à insuficiência da reparação pecuniária em alguns casos, como nos danos ambientais e danos em massa contra consumidores.

6. No que concerne à responsabilidade civil das pessoas jurídicas, no sistema jurídico brasileiro atual prevalece a teoria da realidade pela qual as pessoas jurídicas não são consideradas mera ficção, na medida em que possuem realidade própria e distinta das pessoas naturais. Assim, todos os atos de organização, administração e gestão da pessoa jurídica praticados por pessoas naturais devem ser imputados à própria pessoa jurídica.

7. A ideia de responsabilidade da pessoa jurídica surgiu no Brasil em 1988 por meio da Constituição Federal, cujo artigo 225, § 3º, estabelece a responsabilidade penal das pessoas jurídicas por crimes ambientais, e também por lei específica, a Lei n. 9.605/1998, que regula as sanções penais e administrativas decorrentes de condutas e atividades lesivas ao meio ambiente praticadas por pessoas jurídicas e naturais.

8. A responsabilidade administrativa da pessoa jurídica também é permitida pelo ordenamento jurídico brasileiro por meio da Lei de Improbidade Administrativa e da Lei n. 12.846/2013, denominada Lei Anticorrupção, cujo artigo 1º expressamente prevê a responsabilização objetiva administrativa e civil das pessoas jurídicas pela prática de atos contra a Administração Pública, nacional ou estrangeira.

9. A Lei Anticorrupção é fruto de diversos tratados internacionais de combate à corrupção assinados pelo Brasil que foram fatores determinantes para a edição no âmbito nacional da referida Lei. Dentre os

tratados internacionais ratificados pelo país que ensejaram a promulgação da Lei n. 12.846/2013, destacam-se os seguintes: a Convenção sobre o Combate à Corrupção de Funcionários Públicos Estrangeiros em Transações Comerciais Internacionais aprovada pela Organização para a Cooperação e Desenvolvimento Econômico (Convenção da OCDE); a Convenção Interamericana contra a Corrupção, aprovada pela Organização dos Estados Americanos (Convenção da OEA); e a Convenção das Nações Unidas contra a Corrupção aprovada pela Organização das Nações Unidas (Convenção de Mérida).

10. A Convenção da OCDE foi o primeiro acordo multilateral de combate à corrupção transnacional e a sua edição foi fortemente apoiada pelos EUA, que, em 1977, haviam promulgado a primeira legislação do mundo sobre o tema em resposta ao caso Watergate, um dos maiores escândalos políticos do país, que culminou com a renúncia do então Presidente Richard Nixon: o *Foreign Corrupt Practices Act* (FCPA).

11. Pelo FCPA, o governo americano passou a coibir o pagamento de subornos para autoridades públicas estrangeiras pelas empresas americanas com o objetivo de obter ou assinar contratos. O FCPA transferiu para as empresas a responsabilidade pelo combate à corrupção internacional mediante o incentivo de adoção de mecanismos de prevenção sob pena de sofrerem pesadas sanções administrativas, civis e criminais. A aplicação dessas sanções é feita por duas agências governamentais: o *U.S. Department of Justice* (DOJ) e a *Securities Exchange Commission* (SEC).

13. Diferentemente da Lei n. 12.846/2013, o tipo de responsabilidade estabelecida no FCPA é, em regra, subjetiva, o que dificulta sobremaneira o trabalho das agências, mormente nas ações penais que observam a regra *beyond a reasonable doubt* ("além de uma dúvida razoável"), pela qual a intenção do agente corruptor deve ser necessariamente demonstrada para incidência da penalidade estipulada em lei. Todavia, em razão dos altos custos envolvidos nas ações judiciais nos EUA, geralmente, as partes preferem celebrar acordos visando encerrar ações antes mesmo de elas se iniciarem.

14. Nesse sentido, a legislação americana inovou ao permitir a celebração de acordo de leniência entre pessoas jurídicas que tenham infringido as normas antissuborno do FCPA e o DOJ e/ou a SEC. Outros instrumentos de resolução também são constantemente utilizados por essas agências, quais sejam, o *plea bargain*, o *Non-Prosecution Agreement* (NPA) e o *Deferred Prosecution Agreement* (NPA). Em regra, o DOJ e a SEC devem observar as regras estabelecidas no *U.S. Sentencing Guidelines* para fixar as sanções a serem impostas às empresas violadoras do FCPA por meio dos aludidos instrumentos.

15. Como exemplo do amplo alcance do FCPA, recentemente algumas empresas implicadas na Operação Lava Jato, dentre elas, Petrobras, Odebrecht, Braskem e SBM Offshore, celebraram acordos com o DOJ e com a SEC nos EUA, pelos quais se obrigaram a efetuar pagamentos milionários para encerrarem as ações e investigações em curso naquele país.

16. Visando evitar a ocorrência do fenômeno denominado *piling on*, pelo qual a mesma empresa sofre múltiplas sanções decorrentes da mesma conduta em diferentes jurisdições, como a Odebrecht e a Braskem, que foram penalizadas tanto no Brasil quanto nos EUA, sugerimos a criação de uma autarquia que congregue os principais órgãos componentes do aparato estatal de controle para, dentre outras funções, coordenar com governos estrangeiros a imposição de sanções às empresas cujas condutas estejam sendo investigadas simultaneamente no Brasil e em outros países, a fim de que as penalidades sejam aplicadas de forma razoável e proporcional.

17. Na década de 1990, os EUA passaram a apoiar a edição de um acordo multilateral de combate à corrupção transnacional, pois, naquele momento, estavam em posição de desvantagem competitiva em relação às outras potências econômicas, como Alemanha, França e Inglaterra, que não coibiam o pagamento de propinas para funcionários públicos estrangeiros para obtenção ou manutenção de contratos.

18. Nesse contexto, em dezembro de 1997, foi assinada a Convenção da OCDE por seus Estados-membros, juntamente ao Brasil, Argentina,

Bulgária, Chile e República Eslovaca. O artigo 2º da referida Convenção dispõe que: "cada Parte deverá tomar todas as medidas necessárias ao estabelecimento das responsabilidades de pessoas jurídicas pela corrupção de funcionário público estrangeiro, de acordo com seus princípios jurídicos".

19. Como exposto anteriormente, além da Convenção da OCDE, o Brasil também assinou e ratificou outros dois importantes tratados internacionais que também abordavam o mesmo tema: a Convenção de Mérida e a Convenção da OEA. Em cumprimento a esses tratados, o país editou a Lei n. 12.846/2013. Assim como o Brasil, outros países da América Latina, com destaque para Argentina, Chile, Peru, Colômbia e México, editaram leis de direito interno em cumprimento aos mencionados tratados, objetivando responsabilizar as pessoas jurídicas pela corrupção de funcionários públicos estrangeiros.

20. No tocante à Lei Anticorrupção promulgada em 1º de agosto de 2013, a análise do seu histórico legislativo demonstra que o legislador optou pela responsabilidade objetiva civil e administrativa da pessoa jurídica que praticar ato lesivo à Administração Pública, na medida em que a responsabilidade penal não era suficiente para oferecer mecanismos céleres e efetivos para punir as sociedades empresárias.

21. Com fundamento na *ratio legis*, constatamos que o regime jurídico da responsabilização jurídica prevista na Lei Anticorrupção é misto, ao passo que as sanções nela previstas têm caráter tanto de reparação de danos, regida, portanto, pelo Direito Civil, como de punição, que é regulada pelo Direito Administrativo Sancionador.

22. Em relação à responsabilidade objetiva estipulada na Lei n. 12.846/2013, verifica-se a existência de três correntes doutrinárias sobre o tema: (i) a primeira entende que a responsabilidade deve ser aplicada apenas nas hipóteses que tratam de reparação de dano, ao passo que nos casos de punição deverá o intérprete perquirir a existência de culpa; (ii) a segunda corrente defende que a responsabilidade objetiva seria inconstitucional, dado o seu caráter penal; e (iii) a terceira e última corrente afirma que a responsabilidade objetiva é plenamente aplicável a todos os

casos previstos na Lei Anticorrupção com base no parágrafo único do artigo 927, no inciso III do artigo 932 e no artigo 933 do Código Civil.

23. Após examinar as correntes doutrinárias que tratam do tema, concluímos que a responsabilidade objetiva prevista na Lei Anticorrupção deve incidir apenas nas hipóteses de reparação de danos, porquanto é indiscutível que a regra geral no Direito Civil continua sendo a aplicação da responsabilidade subjetiva, incluindo as sanções civis e administrativas delineadas na referida lei.

24. Para as hipóteses descritas na Lei n. 12.846/2013 que ensejam a imposição de sanções civis e administrativas, entendemos que a culpabilidade da pessoa jurídica deverá ser analisada à luz de critérios objetivos consoante à teoria do defeito da organização. Esta teoria estabelece que o núcleo de responsabilidade ou culpabilidade da pessoa jurídica é a ausência ou a deficiência de instrumentos capazes de coibir a prática de ilícitos, sendo, portanto, desnecessário perquirir a culpa dos dirigentes, empregados e/ou prepostos.

25. Nesse contexto, verifica-se plenamente viável a aplicação de excludentes da responsabilidade objetiva em favor da pessoa jurídica, como a existência de mecanismos de controles internos e de *compliance* que comprovariam a ruptura do nexo causal entre a conduta da empresa e o dano causado à Administração Pública.

26. A Lei Anticorrupção prevê sanções aplicáveis em dois âmbitos: administrativo e judicial. As sanções somente poderão ser aplicadas depois de transcorrido o processo administrativo ou judicial, a depender da natureza da sanção a ser aplicada, devendo ser observados em ambos os tipos de processos, os princípios do contraditório e da ampla defesa, sob pena de nulidade.

27. Sobre a responsabilidade administrativa, a lei dispõe no artigo 6º as seguintes sanções: multa, no valor de 0,1% a 20% do faturamento bruto do último exercício anterior ao da instauração do processo administrativo, excluídos os tributos, a qual nunca será inferior à vantagem auferida, quando for possível sua estimação; e publicação extraordinária da decisão condenatória.

28. Por força do princípio da independência das instâncias de jurisdição, o artigo 18 da Lei Anticorrupção estabelece que a responsabilidade da pessoa jurídica "não afasta a possibilidade de sua responsabilidade judicial". Dessa forma, o dispositivo legal determina que a apuração de responsabilidade no âmbito do processo administrativo não obsta que ela também seja perquirida judicialmente independentemente do resultado alcançado na instância administrativa.

29. Com fulcro no referido princípio da independência das instâncias de jurisdição, também se constata a inexistência de violação ao princípio *ne bis in idem*, haja vista ser constitucionalmente possível a condenação da pessoa jurídica pela mesma conduta mais de uma vez desde que fora da mesma esfera de responsabilidade.

30. No âmbito judicial, a Lei Anticorrupção concede autorização às Advocacias Públicas, órgãos de representação judicial e ao Ministério Público para propor ações judiciais a fim de aplicar tais sanções: (i) perdimento dos bens, direitos ou valores que representem vantagem ou proveito direta ou indiretamente obtidos da infração, ressalvado o direito do lesado ou de terceiro de boa-fé; (ii) suspensão ou interdição parcial de suas atividades; (iii) dissolução compulsória da pessoa jurídica; e (iv) proibição de receber incentivos, subsídios, subvenções, doações ou empréstimos de órgãos ou entidades públicas e de instituições financeiras públicas ou controladas pelo Poder Público, pelo prazo mínimo de um ano e máximo de cinco anos.

31. Quanto à natureza jurídica das sanções passíveis de responsabilização na esfera judicial, depreende-se que aquelas enumeradas nos itens (i) a (iii) acima têm natureza civil, pois se perfazem no âmbito civil, ao passo que aquela indicada no item (iv) tem natureza administrativa, na medida em que a sua execução depende da própria Administração Pública.

32. Como o perdimento de bens direitos ou valores que representem vantagem ou proveito direta ou indiretamente obtidos da infração configura verdadeira reparação de dano por enriquecimento sem causa previsto no artigo 884 do Código Civil, entendemos que, nesta

hipótese, a pessoa jurídica responderá objetivamente pelo dano causado à Administração Pública com base no parágrafo único do artigo 927 do Código Civil e na tese exposta no item 23 acima. Assim, caberá à Administração Pública comprovar o nexo de causalidade entre a conduta praticada pela pessoa jurídica e o dano, sendo desnecessária a prova de culpa ou dolo.

33. No que diz respeito à sanção relativa à suspensão ou interdição parcial da pessoa jurídica, verifica-se que a primeira é de caráter temporário e a segunda de caráter permanente. Todavia, a lei não forneceu elementos necessários para definição do prazo máximo de duração das referidas sanções, cabendo à doutrina e jurisprudência esta questão em aberto, caso contrário, elas assumiriam o caráter de perpetuidade, o que é vedado pelo artigo 5º, XLVII, "b", da Constituição Federal.

34. Além disso, a Lei Anticorrupção prevê que a pessoa jurídica poderá continuar operando nas hipóteses de suspensão e interdição parcial, razão pela qual era necessário que o legislador estabelecesse o seu âmbito de abrangência de maneira que as referidas sanções não acabassem por inviabilizar a continuidade das atividades desenvolvidas pela pessoa jurídica.

35. A mais grave das sanções civis estipuladas na Lei n. 12.846/2013 refere-se à dissolução compulsória da pessoa jurídica que tenha cometido ato lesivo contra à Administração Pública. Para tanto, a lei exige que seja demonstrado um dos seguintes elementos: (i) ter sido a personalidade jurídica utilizada de forma habitual para facilitar ou promover a prática de atos ilícitos ou (ii) ter sido constituída para ocultar ou dissimular interesses ilícitos ou a identidade dos beneficiários dos atos praticados.

36. Embora o legislador tenha deixado de maneira clara as condutas e os elementos que ensejam a dissolução da pessoa jurídica no artigo 19, § 1º, I e II, fato é que a lei não especifica qual seria o alcance dessa dissolução compulsória, isto é, se ela seria total ou parcial.

37. A partir da análise do inciso I do artigo 19 da Lei Anticorrupção, é possível concluir que a hipótese nele descrita refere-se à pessoa

jurídica regularmente constituída para exercer determinada atividade econômica, tendo, entretanto, a sua finalidade desviada mediante o abuso de sua utilização para prática de atos ilícitos. Nesse caso, verifica-se que a empresa é, na realidade, vítima de seus sócios ou de outra pessoa jurídica. Nesta hipótese, entendemos que a dissolução da pessoa jurídica deverá ser parcial, com fundamento nos princípios da função social e da preservação da empresa.

38. Em contrapartida, o inciso II do artigo 19 apresenta hipótese diversa daquela exposta no inciso anterior, na medida em que a dissolução se aplica à pessoa jurídica que tenha sido deliberadamente constituída para ocultar ou dissimular interesses ilícitos ou a identidade dos beneficiários dos atos praticados. Neste caso, portanto, constata-se que a dissolução total da pessoa é mandatória em decorrência do seu nítido desvio de finalidade.

39. Embora não exista qualquer previsão legal, também defendemos que a pessoa jurídica possa ter o seu administrador corrupto excluído dos quadros societários, de modo a permitir que ela continue operando normalmente, assegurando, assim, a manutenção das empresas, dos empregos e da geração de renda decorrente da atividade econômica desempenhada pela pessoa jurídica.

40. Dada a gravidade das sanções civis que podem ser aplicadas no processo judicial, além da aplicação da responsabilidade subjetiva com base nos argumentos deduzidos nos itens 23 e 24 acima, concluímos que a Lei Anticorrupção poderia ser modificada de modo que o ônus da prova fosse invertido tanto no âmbito judicial como administrativo. Assim, caberia à pessoa jurídica demonstrar que os eventuais atos lesivos não foram praticados, com dolo ou culpa, em seu interesse ou benefício.

41. A Lei n. 12.846/2013 determina que o processo judicial de responsabilização da pessoa jurídica adote o rito da ação civil pública, objeto da Lei n. 7.347/85. Com base no artigo 2º da Lei n. 7.347/1985, o juízo competente para julgar a ação judicial com fundamento na Lei Anticorrupção é do foro do local onde o dano tiver ocorrido.

42. Considerando que a Lei Anticorrupção efetivamente entrou em vigor há cerca de cinco anos, a construção jurisprudencial ainda é incipiente. Entretanto, já é possível perceber a efetividade do ajuizamento da ação civil pública lastreada na Lei Anticorrupção: tem-se notícia de que já foram ajuizadas duas ações no país – uma no Estado de Goiás e outra no Estado de Minas Gerais – que tratam de supostos desvios milionários.

REFERÊNCIAS BIBLIOGRÁFICAS

AGUIAR, André Amaral de. Desvendando a responsabilidade objetiva das pessoas jurídicas pelas penas previstas na Lei Anticorrupção. *Revista da Escola da Magistratura Regional Federal da 2ª Região (EMARF)*, Rio de Janeiro, vol. 22, n. 1, p. 17-62, maio/out. 2015. Disponível em: <http://emarf.trf2.jus.br/site/documentos/revistaemarfvol22.pdf>. Acesso em: 5 jan. 2019.

ALMEIDA, Fernando Dias Menezes de. "O veto como condicionante da interpretação das leis". *In:* MARQUES NETO, Floriano de Azevedo et. al. (Org.). *Direito e Administração Pública:* estudos em homenagem a Maria Sylvia Zanella Di Pietro. São Paulo: Atlas, 2013. pp. 3-18.

ALVAREDO, Facundo, et al. (Coord.). *World Inequality Report 2018.* Disponível em: <https://wir2018.wid.world/files/download/wir2018-full-report-english.pdf>. Acesso em: 09.01.2019.

ARENDT, Hannah. *A condição humana.* 12ª ed. rev. Rio de Janeiro: Forense-Universitária, 2014.

AZEVEDO, Álvaro Villaça. *Teoria geral das obrigações e responsabilidade civil,* 10ª ed. São Paulo: Atlas, 2004.

BARROS, Zanon de Paula. "Questões atinentes à chamada lei anticorrupção". *Revista de Direito Empresarial*, vol. 2. São Paulo, pp. 257-265, mar./abr. 2014.

BEATTY, Jonathan; BOLTE, Gisela; BYRON, Christopher. "Big Profits in Big Bribery". *Time,* 16 mar. 1981. Disponível em: <http://content.time.com/time/magazine/article/0,9171,922462,00.html>. Acesso em: 24.12.2018.

BIAZI, Danielle Portugal de. *Os fundamentos da indenização punitiva e sua aplicabilidade no direito brasileiro*. Dissertação (Mestrado em Direito) – Pontifícia Universidade Católica de São Paulo, São Paulo, 2015.

BIEGELMAN, Martin T.; BIEGELMAN, Daniel R. *Foreign Corrupt Practices Act Compliance Guidebook:* protecting your organization from bribery and corruption. Hoboken (EUA): Wiley, 2010.

BITTAR, Carlos Alberto. *Responsabilidade civil:* teoria e prática, 5ª ed. atual. por Eduardo Carlos Bianca Bittar. Rio de Janeiro: Forense, 2005.

BLOK, Marcella. "A nova lei Anticorrupção e o Compliance". *Revista de Direito Bancário e do Mercado de Capitais*, vol. 65. São Paulo, p. 263-318, jul./set. 2014.

BOTTINI, Pierpaolo Cruz. "A Lei Anticorrupção como lei penal encoberta". *Consultor Jurídico*, 8 jul. 2014. Disponível em: <https://www.conjur.com.br/2014-jul-08/direito-defesa-lei-anticorrupcao-lei-penal-encoberta>. Acesso em: 02.01.2019.

BOTTINI, Pierpaolo Cruz; TAMASAUSKAS, Igor Sant'Anna. "A controversa responsabilidade objetiva na Lei n. 12.846/2013". *Revista do Advogado*, São Paulo, ano XXXIV, n. 125, pp. 125-130, dez. 2014.

BOUDEVILLE, Adrien Gaston. *Responsabilidade civil objetiva e a teoria do risco aplicado no parágrafo único do art. 927 do Código Civil brasileiro*. Dissertação (Mestrado em Direito) – Pontifícia Universidade Católica de São Paulo, São Paulo, 2007.

BRANDÃO, Carlos Eduardo Lessa; FONTES FILHO, Joaquim Rubens; MURITIBA, Sérgio Nunes (Org.). *Governança corporativa e integridade empresarial:* dilemas e desafios, 1ª ed. São Paulo: Saint Paul Ed., 2017.

BRASIL. Controladoria-Geral da União. *Governo Federal aplica 30 punições a empresas por fraude, propina e financiamento ilícito*. Brasília, DF, 22 jan. 2018. Disponível em: <http://www.cgu.gov.br/noticias/2018/01/governo-federal-pune-30-empresas-por-fraude-propina-e-financiamento-ilicito>. Acesso em: 08.12.2018.

BREWSTER, Rachel. Enforcing the FCPA: International Resonance and Domestic Strategy. *Virginia Law Review*, vol. 103, n. 8, pp. 1611-1682, dez. 2017. Disponível em: <http://fcpa.stanford.edu/academic-articles/20171201-enforcing-the-fcpa-international-resonance-and-domestic-strategy.pdf>. Acesso em: 24.12.2018.

REFERÊNCIAS BIBLIOGRÁFICAS

BRIOSCHI, Carlo Alberto. *Corruption*. Tradução de Antony Shugaar. Washington, D.C.: Brookings Institution Press, 2017.

BRUNET, Jean-F. *De la responsabilité de l'État législateur*. Paris: Ed. de Boccard, 1963.

CAMBI, Eduardo; GUARAGNI, Fábio André (Coord.); BERTONCINI, Mateus Eduardo Siqueira Nunes (Org.). *Lei anticorrupção:* comentários à Lei 12.846/2013. 1ª ed. São Paulo: Almedina, 2014.

CANETTI, Rafaela Coutinho. *Acordo de leniência:* fundamentos do instituto e os problemas de seu transplante ao ordenamento jurídico brasileiro. Belo Horizonte: Fórum, 2018.

CARVALHOSA, Modesto. *Considerações sobre a lei anticorrupção das pessoas jurídicas*. Lei 12.846/2013. São Paulo: Editora Revista dos Tribunais, 2015.

CASSETARI, Christiano (Coord.).; VIANA, Rui Geraldo Camargo (Orient.). *10 anos de vigência do Código Civil brasileiro de 2002:* estudos em homenagem ao professor Carlos Alberto Dabus Maluf. São Paulo: Saraiva, 2013.

CAVALIERI FILHO, Sergio. *Programa de responsabilidade civil*. São Paulo: Atlas, 2014.

CUNHA, Antônio Geraldo da. *Dicionário etimológico da língua portuguesa*. Rio de Janeiro: Lexikon, 2011.

DELOITTE; INTERNATIONAL CHAMBER OF COMMERCE – Brasil. *Integridade corporativa no Brasil* – Evolução do compliance e das boas práticas empresariais nos últimos anos. Pesquisa 2018. Disponível em: <https://www2.deloitte.com/br/pt/pages/risk/articles/integridade-corporativa-evolucao-do-compliance.html>. Acesso em 05.01.2019.

DI PIETRO, Maria Sylvia Zanella. *Direito administrativo*. Rio de Janeiro: Forense, 2016.

DIAS, José de Aguiar. *Da responsabilidade civil*, vol.1, 6ª ed. Rio de Janeiro: Forense, 1979.

DINIZ, Maria Helena. *Curso de direito civil brasileiro:* responsabilidade civil, vol. 7, 27ª ed. São Paulo: Saraiva, 2012.

DIPP, Gilson; CASTILHO, Manoel L. Volkmer de. *Comentários sobre a lei anticorrupção*. São Paulo: Saraiva, 2016.

DONNINI, Rogério José Ferraz. *Responsabilidade civil pós-contratual:* no direito civil, no direito do consumidor, no direito do trabalho e no direito ambiental. São Paulo: Saraiva, 2007.

______. *Responsabilidade civil na pós-modernidade* – felicidade, proteção, enriquecimento com causa e tempo perdido. Porto Alegre: Sergio Antonio Fabris Ed., 2015.

DONNINI, Rogério José Ferraz; NERY, Rosa Maria de Andrade (Org.). *Responsabilidade civil:* estudos em homenagem ao professor Rui Geraldo Camargo Viana. São Paulo: Revista dos Tribunais, 2009.

FAGUNDES, Cristiane Druve Tavares. *Responsabilidade objetiva por dano processual.* Rio de Janeiro: Lumen Juris, 2015.

FAVERO, Fabricio. *Responsabilidade civil dos auditores independentes:* uma análise da sua função e critérios para sua responsabilização. São Paulo: Almedina, 2018.

FERRARI, Eduardo Reale. "O acordo de leniência como forma de garantia da preservação da empresa". *Revista de Direito Recuperacional e Empresa*, São Paulo, vol. 4, abr./jun. 2017. (Título original: The Leniency Agreement as a way to guarantee the Preservation of the Company).

FERREIRA, Daniel. *Sanções administrativas.* São Paulo: Malheiros, 2001.

FIESP. Federação das Indústrias do Estado de São Paulo. *Relatório – Corrupção:* custos econômicos e propostas de combate. São Paulo, mar. 2010. Disponível em: <https://www.fiesp.com.br/indices-pesquisas-e-publicacoes/relatorio-corrupcao-custos-economicos-e-propostas-de-combate/>. Acesso em: 09.01.2019.

FINE, Toni M. *Introdução ao sistema jurídico anglo-americano.* São Paulo: Ed. WMF Martins Fontes, 2011.

FREITAS JUNIOR, Dorival de. *Lei anticorrupção:* as inconstitucionalidades na responsabilização da pessoa jurídica. Curitiba: Juruá, 2017.

FURTADO, Lucas Rocha. *As raízes da corrupção no Brasil:* estudos de caso e lições para o futuro. Belo Horizonte: Fórum, 2015.

GIERKE, Otto Friedrich von. *Deutsches Privatrecht.* Leipzig: Duncker & Humblot, 1895. (Series: Systematisches Handbuch der Deutschen Rechtswissenschaft, 2).

GODOY, Claudio Luiz Bueno de. *Responsabilidade civil pelo risco da atividade* 2ª ed. São Paulo: Saraiva, 2010.

REFERÊNCIAS BIBLIOGRÁFICAS

GOMES, José Jairo. *Responsabilidade civil e eticidade.* Belo Horizonte: Del Rey, 2005.

GOMES, Luiz Roldão de Freitas. *Elementos de responsabilidade civil.* Rio de Janeiro: Renovar, 2000.

GOMES, Orlando. *Responsabilidade civil.* Rev., atual. e ampl. por Edvaldo Brito. Rio de Janeiro: Forense, 2011.

GONÇALVES, Carlos Roberto. *Responsabilidade civil.* 13ª ed. São Paulo: Saraiva, 2011.

______. *Direito das obrigações:* responsabilidade civil. São Paulo: Saraiva, 2015. (parte especial, tomo II).

______. *Direito civil brasileiro*: responsabilidade civil, vol. 4, 12ª ed. São Paulo: Saraiva, 2017.

GRECO FILHO, Vicente; RASSI, João Daniel. *O combate à corrupção e comentários à lei de responsabilidade das pessoas jurídicas:* Lei n. 12.846, de 1º de agosto de 2013. São Paulo: Saraiva, 2015.

GUARAGNI, Fábio André; BUSATO, Paulo César (Coord.); DAVID, Décio Franco (Org.). *Compliance e direito penal.* São Paulo: Atlas, 2015.

GUILHERME, Luiz Fernando do Vale de Almeida (Org.). *Responsabilidade civil,* 1ª ed. São Paulo: Ed. Rideel, 2011.

HEINEN, Juliano. *Comentários à lei anticorrupção:* Lei n. 12.846/2013. Belo Horizonte: Fórum, 2015.

HIRONAKA, Giselda Maria Fernandes Novaes. *Responsabilidade pressuposta.* Belo Horizonte: Del Rey, 2005.

HIRONAKA, Giselda Maria Fernandes Novaes. "Responsabilidade pressuposta: evolução de fundamentos e de paradigmas da responsabilidade civil na contemporaneidade". *In:* HIRONAKA, Giselda Maria Fernandes Novaes; FALAVIGNA, Maria Clara Osuna Diaz. *Ensaios sobre responsabilidade civil na pós-modernidade.* Porto Alegre: Magister, 2007

IHERING, Rodolpho von. *Kampf ums recht.* Wien: Universitats-Buchhandung, 1897.

JOSSERAND, Louis. *De la responsabilité du fait des choses inanimées.* Paris: A. Rosseau, 1897.

JOURDAIN, Patrice. *Les principes de la responsabilité civile.* Paris: Dalloz, 1992.

KOEHLER, Mike. The FCPA as an ambiguous statute and the importance of legislative history. *FCPA Professor*, Feb. 13, 2013. Disponível em: <http://fcpaprofessor.com/the-fcpa-as-an-ambiguous-statute-and-the-importance-of-legislative-history/>. Acesso em: 22.12.2018.

______. *The Foreign Corrupt Practice Act in a New Era*. Northampton (EUA): Edward Elgar, 2014.

______. The FCPA turns 41. *FCPA Professor,* 19 dez. 2018. Disponível em: <http://www.fcpablog.com/blog/tag/jimmy-carter>. Acesso em: 22.12.2018.

KUYVEN, Fernando. "Aplicação ultraterritorial da lei anticorrupção". *Revista de Direito Empresarial,* São Paulo, vol. 4, pp. 263-280, jul./set. 2014.

LATORRE, Ignacio Berdugo Gómez de; BECHARA, Ana Elisa Liberatore S. O controle da corrupção: a experiência espanhola. *Revista dos Tribunais,* São Paulo, vol. 947, pp. 359-383, set. 2014.

LEITE, Eduardo de Oliveira (Coord.). *Grandes temas da atualidade:* Responsabilidade civil, vol. 6, 1ª ed. Rio de Janeiro: Forense, 2006.

LESSA, Sebastião José. *Lei anticorrupção:* mecanismo de contenção, de repressão e de reparação (Lei n. 12.846/2013 e Decreto n. 8.420/2015. Belo Horizonte: Fórum, 2018.

LIMA, Alvino. *Culpa e risco.* São Paulo: Editora Revista dos Tribunais, 1960.

______. *A responsabilidade civil pelo fato de outrem,* 2ª ed. rev. e atual. por Nelson Nery Jr. São Paulo: Editora Revista dos Tribunais, 2000.

LISBOA, Roberto Senise. *Manual de direito civil:* obrigações e responsabilidade civil, vol. 2. São Paulo: Saraiva, 2010.

LIVIANU, Roberto. *Corrupção:* incluindo a Lei Anticorrupção. São Paulo: Quartier Latin, 2014.

LOBO Filho, Fernando Rissoli. *A lei anticorrupção e o regime jurídico do Direito Administrativo Sancionador.* Dissertação (Mestrado – Programa de Pós-Graduação em Direito do Estado) – Faculdade de Direito, Universidade de São Paulo, São Paulo, 2017.

LOPES, Miguel Maria de Serpa. *Curso de direito civil,* 8ª ed. rev. e atual. por José Serpa Santa Maria. Rio de Janeiro: Freitas Bastos, 1995.

LOPEZ, Teresa Ancona. *Princípio da precaução e evolução da responsabilidade civil.* São Paulo: Quartier Latin, 2010.

MAGALHÃES, Teresa Ancona Lopez de. *Estudos e pareceres sobre livre-arbítrio, responsabilidade e produtos de risco inerente:* o paradigma do tabaco, aspectos civis e processuais. Rio de Janeiro: Renovar, 2009.

MAIRAL, Héctor A. *As raízes legais da corrupção:* ou como o direito público fomenta a corrupção em vez de combatê-la. São Paulo: Ed. Contracorrente, 2018.

MALUF, Carlos Alberto Dabus. "Pagamento indevido e enriquecimento sem causa". *Revista da Faculdade de Direito da Universidade de São Paulo*, São Paulo, vol. 93, pp. 115-132, jan./dez. 1998.

MALUF, Carlos Alberto Dabus; MONTEIRO, Washington de Barros. *Curso de direito civil.* 40ª ed. São Paulo: Saraiva, 2015.

MALUF, Carlos Alberto Dabus; MONTEIRO, Washington de Barros; SILVA, Regina Beatriz Tavares da. *Curso de direito civil:* direito das obrigações: 2ª parte, 36ª ed, vol. 5. São Paulo: Saraiva, 2009.

MANN, Thomas. *Os Buddenbrook:* decadência de uma família. Tradução de Herbert Caro. Rio de Janeiro: Nova Fronteira, 1981.

MARTY, Gabriel; RAYNAUD, Pierre. *Droit civil.* 2ème éd. Paris: Sirey, 1967.

MAZEAUD, Henri; MAZEAUD, Léon; TUNC, André. *Traité théorique et pratique de la responsabilité civile délictuelle et contractuelle.* Paris: Montchrestien, 1958.

MEDEIROS, Rui. *Dicionário de responsabilidade civil:* doutrina e jurisprudência. São Paulo: Saraiva, 1996.

MEIRELLES, Hely Lopes. *Mandado de segurança:* ação popular e ação civil pública, 11ª ed. São Paulo: Revista dos Tribunais, 1987.

MENDELSOHN, Mark F. "Chapter 26: United States". *In:* MENDELSOHN, Mark F. (Coord.). *The anti-bribery and anti-corruption review*, 6ª ed. London: The Law Reviews, 2017.

MICHOUD, Léon. *La théorie de la personnalité morale.* Paris: Librairie Générale de Droit & de Jurisprudence, 1924.

MILITÃO, Eduardo. Moro quer adaptar no Brasil acordo nos EUA para diminuir processos. *UOL.* Política, 5 jan. 2019. Disponível em: <https://noticias.uol.com.br/politica/ultimas-noticias/2019/01/05/moro-acordo-penal-plea-bargain-medida-eua.htm>. Acesso em: 05.01.2019.

MOREIRA NETO, Diogo de Figueiredo; FREITAS, Rafael Véras de. *A juridicidade da lei anticorrupção* – Reflexões e interpretações prospectivas,

2014. Disponível em: <http://www.editoraforum.com.br/wp-content/uploads/2014/01/ART_Diogo-Figueiredo-Moreira-Neto-et-al_Lei-Anticorrupcao.pdf>. Acesso em: 15.12.2018.

NADER, Paulo. *Curso de direito civil:* responsabilidade civil, 6ª ed, vol. 7. Rio de Janeiro: Forense, 2016.

NANNI, Giovanni Ettore. *Enriquecimento sem causa*, 3ª ed. São Paulo: Saraiva, 2012.

NERY JR, Nelson; NERY, Rosa Maria de Andrade. *Responsabilidade civil:* doutrinas essenciais. São Paulo: Editora Revista dos Tribunais, 2010.

NEYRINCK, Norman. *Granting incentives, deterring collusion:* the leniency policy. Belgique, IEJE, 2009. (Working Paper Institut dÉtudes Juridiques Europeennes (IEJE), n. 2). Disponível em: <https://antitrustlair.files.wordpress.com/2009/04/working-paper-2-2009.pdf>. Acesso em: 15.12.2018.

NORONHA, Fernando. *Direitos das obrigações:* fundamentos do direito das obrigações – introdução à responsabilidade civil, 3ª ed. São Paulo: Saraiva: 2010.

NUCCI, Guilherme de Souza. *Corrupção e anticorrupção*. Rio de Janeiro: Forense, 2015.

OCDE. *Recommendation of the Council for Further Combating Bribery of Foreign Public Officials in International Business Transactions*. Nov. 26, 2009. Disponível em: <http://www.oecd.org/daf/anti-bribery/44176910.pdf>. Acesso em: 28.12.2018.

______. *Working Party N. 3 on Co-operation and Enforcement*. June 5, 2018. Disponível em: <https://one.oecd.org/document/DAF/COMP/WP3/WD(2018)9/en/pdf>. Acesso em: 15.12.2018.

OLIVEIRA, José Roberto Pimenta. *Improbidade administrativa e sua autonomia constitucional*. Belo Horizonte: Fórum, 2009.

ONU. *Human Development Indices and Indicators:* 2018 Statistical Update. New York, 2018. Disponível em: <http://hdr.undp.org/sites/default/files/2018_human_development_ statistical_update.pdf>. Acesso em: 09.01.2019.

OSÓRIO, Fábio Medina. "Lei anticorrupção dá margem a conceitos perigosos". *Consultor Jurídico*, 20 set. 2013. Disponível em: <https://www.

conjur.com.br/2013-set-20/lei-anticorrupcao-observar-regime-direito-administrativo-sancionador>. Acesso em: 02.01.2019.

______. *Direito administrativo sancionador,* 5ª ed. rev., atual. e ampl. São Paulo: Editora Revista dos Tribunais, 2015.

PAGLIUCA, José Carlos Gobbi. "Estrutura da imputação objetiva". *Caderno Jurídico da Escola Superior do Ministério Público de São Paulo,* ano 1, n. 1, pp. 19-30, abr. 2001. Disponível em: <http://www.mpsp.mp.br/portal/page/portal/Escola_Superior/Biblioteca/ Cadernos_Tematicos/teoria_da_imputacao_objetiva.pdf>. Acesso em: 03.01.2019.

PALHARES, Felipe. "Corrupção empresarial: a sucessão da responsabilidade nas operações societárias lesivas à administração pública". *Revista de Direito Privado,* São Paulo, vol. 67, pp. 343-388, jul./set. 2016.

PAULA, Marco Aurélio Borges de; CASTRO, Rodrigo Pironti Aguirre de. (Coord.). *Compliance, gestão de riscos e combate à corrupção:* integridade para o desenvolvimento. Belo Horizonte: Fórum, 2018.

PAULA, Núbia Elizabette de Jesus. *Do alcance da dissolução compulsória da pessoa jurídica na lei anticorrupção,* vol. 1. Rio de Janeiro: Lumen Juris, 2018.

PEREIRA, Caio Mario da Silva. *Responsabilidade civil,* 10ª ed. Rio de Janeiro: GZ, 2012.

PESTANA, Marcio. *Lei anticorrupção:* exame sistematizado da Lei n.12.846/2013. Barueri: Manole, 2016.

PETRELLUZZI, Marco Vinicio; RIZEK JUNIOR, Rubens Naman. *Lei anticorrupção:* Origens, comentários e análise da legislação correlata. São Paulo: Saraiva, 2014.

PEZO, Víctor Guevara. *Personas naturales.* Lima: Gaceta Jurídica, 2004.

PILAGALLO, Oscar. *O cerco aos corruptores:* a história e os desafios da nova lei que pune as empresas por práticas ilegais e antiéticas, 1ª ed. Rio de Janeiro: Elsevier, 2016.

PLATÃO. "Carta VII". *In:* Diálogos VII (Dudosos, Apócrifos, Cartas). Biblioteca clássica de Gredos. Madrid: Editorial Gredos, 1992.

PODESTA, Fabio Henrique. *Direito das obrigações:* teoria geral e responsabilidade civil. São Paulo: Atlas: 2000.

PORTO, Mario Moacir. *Temas de responsabilidade civil.* São Paulo: Revista dos Tribunais, 1989.

PRADEL, Jean. « La mondialisation du droit pénal: enjeux et perspectives ». *Revue juridique Thémis*, vol. 35, n. 1-2, pp. 241-272, jan. 2001.

QUEIROZ, Ronaldo Pinheiro de. "Responsabilização judicial da pessoa jurídica na lei anticorrupção". *In:* SOUZA, Jorge Munhós de; QUEIROZ, Ronaldo Pinheiro de (Org.). *Lei anticorrupção*. Salvador: JusPodivm, 2015.

RIBEIRO, Márcio de Aguiar. *Responsabilização administrativa de pessoas jurídicas à luz da lei anticorrupção empresarial*. Belo Horizonte: Fórum, 2017.

RIZZARDO, Arnaldo. *Responsabilidade civil*. Rio de Janeiro: Forense, 2013.

RODRIGUES, Silvio. *Direito civil:* Responsabilidade civil, 20ª ed, vol. 4. São Paulo: Saraiva, 2003.

ROMEIRO, Adriana. *Corrupção e poder*. Uma história, séculos XVI a XVIII. Belo Horizonte: Autêntica Editora, 2017.

ROSENVALD, Nelson. *As funções da responsabilidade civil:* a reparação e a pena civil. São Paulo: Atlas, 2013.

ROSSETTO, Patrícia Carraro. "O combate à corrupção pública e a criminalização do enriquecimento ilícito na ordem normativa brasileira". *Ciências Penais:* Revista da Associação Brasileira de Ciências Penais, São Paulo, vol. 6, n. 10, pp. 211-286, jan./jun. 2009.

RYAN, Russell G. The SEC's Low Burden of Proof. *Wall Street Journal,* EUA, July 14, 2013. Disponível em: <https://www.wsj.com/articles/SB10001424127887323297504578582213820533922?ns=prod/accounts-wsj>. Acesso em: 31.12.2018.

RYZNAR, Margaret; KORKOR, Samer. Anti-Bribery Legislation in the United States and United Kingdom: A Comparative Analysis of Scope and Sentencing. *Missouri Law Review,* vol. 76, n. 2, p. 415-453, 2011. Disponível em: <https://scholarship.law.missouri.edu/mlr/vol76/iss2/4>. Acesso em: 22.12.2018.

SALEILLES, Raymond. *Étude sur la théorie générale de l'obligation.* Paris: Librairie Générale de Droit & de Jurisprudence, 1925.

SAMPAIO, Rogério Marrone de Castro. *Direito civil:* responsabilidade civil. São Paulo: Atlas, 2003.

SANTOS, José Anacleto Abduch; BERTONCINI, Mateus; COSTODIO FILHO, Ubirajara. *Comentários à Lei n. 12.846/2013:* Lei Anticorrupção. São Paulo: Revista dos Tribunais, 2014.

SANTOS, Kleber Bispo dos. *Acordo de leniência na lei de improbidade administrativa e na lei anticorrupção*. Rio de Janeiro: Lumen Juris, 2018.

SAVATIER, Rene. *Traite de la responsabilite civile en droit francais:* civil, administratrif, professionnel, procedural, 2ª ed. Paris: Libr Gen Droit Jurisp, 1951.

SAVIGNY, Friedrich Karl von. *System des heutigen römischen rechts*. Berlin: Veit und comp., 1840.

SCAFF, Fernando Faccury; SILVEIRA. Renato de Mello. "Lei Anticorrupção é substancialmente de caráter penal". *Consultor Jurídico*, 5 fev. 2014. Disponível em: <https://www.conjur.com.br/2014-fev-05/renato-silveira-fernando-scaff-lei-anticorrupcao-carater-penal>. Acesso em: 02.01.2019.

SCANTLEBURY, Donald L. *The Impact of the Foreign Corrupt Practices Act on U.S. Business*. EUA, May 20, 1981. Disponível em: <http://archive.gao.gov/f0102/115367.pdf>. Acesso em: 24.12.2018.

SCHREIBER, Anderson. *Novos paradigmas da responsabilidade civil:* da erosão dos filtros da reparação à diluição dos danos, 3ª ed. São Paulo: Atlas, 2011.

SERRANO, Pedro Estevam Alves Pinto. A responsabilidade objetiva da Lei Anticorrupção. *Revista do Advogado,* vol. 34, n. 125, pp. 106-114, dez. 2014.

SHEAHEN, Kyle P. "I´m not going to Disneyland: illusory affirmative defenses under the Foreign Corrupt Practices Act". *Wisconsin International Law Journal*, vol. 28, n. 3, 2010.

SHECAIRA, Sérgio Salomão. *Responsabilidade penal da pessoa jurídica*. Rio de Janeiro: Elsevier, 2011.

SILVA, Wilson Melo da. *Responsabilidade sem culpa e socialização do risco*. Belo Horizonte: Ed. Bernardo Álvares S.A., 1962.

SILVEIRA, Renato de Mello Jorge. "A ideia penal sobre a corrupção no Brasil: da seletividade pretérita à expansão de horizontes atuais". *Revista Brasileira de Ciências Criminais*, São Paulo, RT, vol. 89, mar./abr. 2011.

SIMÃO, Valdir Moyses; VIANNA, Marcelo Pontes. *O acordo de leniência na lei anticorrupção:* histórico, desafios e perspectivas. São Paulo: Trevisan, 2017.

SIMMEL, Georg. *Philosophie des Geldes*. (Gesamtausgabe Bd. 6) Frankfurt/M: Suhrkamp, 1989.

SOMBART, Werner. *Der moderne Kapitalismus:* historisch-systematische Darstellung des gesamteuropäischen Wirtschaftslebens von seinen Anfängen bis zur Gegenwart. München: Deutscher Taschenbuch Verlag, 1987.

SOUZA, Eduardo Nunes de; SILVA, Rodrigo da Guia (Coord.). *Controvérsias atuais em responsabilidade civil* – Estudos de direito civil-constitucional. São Paulo: Almedina, 2018.

SOUZA, Jorge Munhós de. "Responsabilização administrativa na lei anticorrupção". *In:* SOUZA, Jorge Munhós de; QUEIROZ, Ronaldo Pinheiro de (Org.). *Lei anticorrupção.* Salvador: JusPodivm, 2015.

SPENGLER, Oswald. *A decadência do ocidente.* Tradução de Herbert Caro. Brasília: Ed. Universidade de Brasília, 1982.

SPERCEL, Thiago. "Considerações sobre a responsabilidade solidária do grupo econômico por atos de corrupção". *Revista de Direito Empresarial,* São Paulo, vol. 4, pp. 281-292, jul./ago. 2014.

STOCCO, Rui. *Tratado de responsabilidade civil:* doutrina e jurisprudência. São Paulo: Revista dos Tribunais, 2007.

TARTUCE, Flávio. *Direito civil.* Direito das obrigações e responsabilidade civil, 12ª ed. Rio de Janeiro: Forense, 2017.

TARUN, Robert W. *The foreign corrupt practices act handbook:* a practical guide for multinational general counsel, transnational lawyers, and white-collar criminal practitioners. Chicago (EUA): ABA Publishing, 2010.

TAVARES DA SILVA, Regina Beatriz (Coord.). *Responsabilidade civil e sua repercussão nos tribunais,* 2º ed. São Paulo: Saraiva, 2009.

THEODORO JÚNIOR, Humberto. *Responsabilidade civil:* doutrina e jurisprudência, 2ª ed. Rio de Janeiro: Aide, 1993.

TIEDEMANN, Klaus. Punibilidad y Responsabilidad Administrativa de las Personas Jurídicas y de sus Órganos. *Revista Jurídica de Buenos Aires,* vol. 2, Buenos Aires: Facultad de Derecho y Ciencias Sociales de la Universidad de Buenos Aires, 1988.

VENOSA, Sílvio de Salvo. *Direito civil:* obrigações e responsabilidade civil, 17ª ed. São Paulo: Atlas, 2017.

VERÍSSIMO, Carla. *Compliance:* incentivo à adoção de medidas anticorrupção. São Paulo: Saraiva, 2017.

VINEY, Geneviève. *Introduction à la responsabilité,* 3ª ed. Paris: LGDJ, 2008.

WALD, Arnoldo. *Direito civil:* responsabilidade civil, 2ª ed, vol. 7. São Paulo: Saraiva, 2012. v. 7.

WALD, Arnoldo; GIANCOLI, Brunno Pandori. *Direito civil:* responsabilidade civil, 3ª ed, vol. 7. reform. São Paulo: Saraiva, 2015.

WARDE, Walfrido. *O espetáculo da corrupção:* como um sistema corrupto e o modo de combatê-lo estão destruindo o país. Rio de Janeiro: LeYa, 2018.

WILSON, Natasha N. "Pushing the limits of jurisdiction over foreign actors under the Foreign Corrupt Practices Act". *Washington University Law Review,* vol. 91, n. 4, pp. 1063-1087, 2014. Disponível em: <https://openscholarship.wustl.edu/law_lawreview/vol91/iss4/6>. Acesso em: 22.12.2018.

ZITELMANN, Ernst. *Das Recht des bürgerlichen Gesetzbuchs:* System zum selbstudium und zum Gebrauch bei Vorträgen. Leipzig: Duncker & Humblot, 1900.

ZYMLER, Benjamin; DIOS, Laureano Canabarro. *Lei anticorrupção (Lei n. 12.846/2013):* uma visão do controle externo. Belo Horizonte: Fórum, 2016.

REFERÊNCIAS LEGISLATIVAS

ARGENTINA. *Lei n. 27.401*, de 8 nov. 2017. Disponível em: <http://servicios.infoleg.gob.ar/infolegInternet/verNorma.do?id=296846>. Acesso em: 01.12.2018.

ARGENTINA. *Código Penal*. Disponível em: <http://servicios. infoleg.gob.ar/infolegInternet/anexos/15000-19999/16546/texact.htm#25>. Acesso em: 01.12.2018.

ARGENTINA. *Lei n. 25.188,* de 26 out. 1999. Disponível em: <https://www.economia.gob.ar/digesto/leyes/ley25188.htm>. Acesso em: 01.12.2018.

ARGENTINA. *Decreto n. 1.179*, de 18 nov. 2016. Disponível em: <http://servicios.infoleg.gob.ar/infolegInternet/anexos/265000-269999/267949/norma.htm>. Acesso em: 01.12.2018.

ARGENTINA. *Decreto n. 201*, de 22 mar. 2017. Disponível em: <http://servicios.infoleg.gob.ar/infolegInternet/anexos/270000-274999/272922/norma. htm>. Acesso em: 01.12.2018.

ARGENTINA. *Decreto n. 202*, de 22 mar. 2017. Disponível em: <http://servicios.infoleg.gob.ar/infolegInternet/anexos/270000-274999/272923/norma. htm>. Acesso em: 01.12.2018.

BRASIL. *Lei n. 3.071*, de 01 jan. 1916. Institui o Código Civil dos Estados Unidos do Brasil.

BRASIL. *Decreto n. 24.637*, de 10 jul. 1934. Disponível em: <http://www2.camara.leg.br/legin/fed/decret/1930-1939/decreto-24637-10-julho-1934-505781-publicacaooriginal-1-pe.html>. Acesso em: 30.09.2018.

BRASIL. *Decreto-Lei n. 2.848*, de 7 dez. 1940, *Código Penal*. Rio de Janeiro, 7 dez. 1940.

BRASIL. *Lei n. 6.453,* de 17 out. 1977. Disponível em: <http://www.planalto.gov.br/ccivil_03/leis/L6453.htm>. Acesso em: 30.09.2018.

BRASIL. *Lei n. 6.938*, de 31 ago. de 1981. Disponível em: <http://www.planalto.gov.br/ccivil_03/leis/L6938.htm>. Acesso em: 30.09.2018.

BRASIL. *Lei n. 7.565,* de 19 dez. 1986. Disponível em: <http://www.planalto.gov.br/ccivil_03/LEIS/L7565.htm>. Acesso em: 30.09.2018.

BRASIL. Casa Civil. Subchefia para Assuntos Jurídicos. *Constituição da República Federativa do Brasil de 1988*. Brasília, DF: 05.12.2018.

BRASIL. *Lei n. 8.078,* de 11 set. de 1990. Disponível em: <http://www.planalto.gov.br/ccivil_03/Leis/L8078.htm>. Acesso em: 30.09.2018.

BRASIL. *Lei n. 8.429,* de 2 jun. 1992. Dispõe sobre as sanções aplicáveis aos agentes públicos nos casos de enriquecimento ilícito no exercício de mandato, cargo, emprego ou função na Administração Pública direta, indireta ou fundacional e dá outras providências. Disponível em: <http://www.planalto.gov.br/ ccivil_03/LEIS/L8429.htm>. Acesso em: 05.12.2018.

BRASIL. *Lei n. 9.605*, de 12 de fevereiro de 1998. Dispõe sobre as sanções penais e administrativas derivadas de condutas e atividades lesivas ao meio ambiente, e dá outras providências. Disponível em: <http://www.planalto.gov.br/ccivil_03/LEIS/L9605.htm>. Acesso em: 01.12.2018.

BRASIL. *Lei n. 9.613*, de 3 de mar. 1998. Dispõe sobre os crimes de "lavagem" ou ocultação de bens, direitos e valores; a prevenção da utilização do sistema financeiro para os ilícitos previstos nesta Lei; cria o Conselho de Controle de Atividades Financeiras – COAF, e dá outras providências. Disponível em: <http://www.planalto.gov.br/ccivil_03/ LEIS/L9613.htm>. Acesso em: 01.12.2018.

BRASIL. *Decreto n. 3.678*, de 30 nov. 2000. Promulga a Convenção sobre o Combate da Corrupção de Funcionários Públicos Estrangeiros em Transações Comerciais Internacionais, concluída em Paris, 17 dez. 1997. Disponível em: <http://www.planalto.gov.br/ccivil_03/ decreto/D3678.htm>. Acesso em: 11.11.2018.

BRASIL. *Decreto n. 3.810*, de 2 maio 2001. Promulga o Acordo de Assistência Judiciária em Matéria Penal entre o Governo da República Federativa do

Brasil e o Governo dos Estados Unidos da América, celebrado em Brasília, em 14 de outubro de 1997. Brasília, DF: 2 maio 2001.

BRASIL. *Lei n. 10.406,* de 10 jan. 2002. Institui o Código Civil. Brasília, DF: 10 jan. 2002.

BRASIL. Câmara dos Deputados. *Decreto Legislativo n. 152,* 25 jun. 2002. Disponível em: <http://www2.camara.leg.br/legin/fed/decleg/2002/decretolegislativo-152-25-junho-2002-459890-convencao-1-pl.html>. Acesso em: 14.11.2018.

RASIL. *Decreto n. 4.410,* de 7 out. 2002. Promulga a Convenção Interamericana contra a Corrupção, de 29 de março de 1996. Disponível em: <http://www.planalto.gov.br/ccivil_03/decreto/2002/D4410.htm>. Acesso em: 14.11.2018.

BRASIL. *Decreto n. 2.681,* de 7 dez. 2012. Disponível em: <http://www.planalto.gov.br/ccivil_03/decreto/D2681_1912.htm>. Acesso em: 20.09.2018.

BRASIL. Câmara dos Deputados. *Projeto de Lei n. 6.826,* de 18 de fevereiro de 2010. Disponível em: <http://www.camara.gov.br/proposicoesWeb/fichadetramitacao?idProposicao=466400>. Acesso em: 21.11.2018.

BRASIL. Câmara dos Deputados. Substitutivo ao Projeto de Lei n. 6.826, de 2010 (do Poder Executivo). *Emenda Modificativa n. 11,* de 27 mar. 2011. Deputado Federal Laercio Oliveira. Disponível em:

<http://www.camara.gov.br/proposicoesWeb/prop_ mostrarintegra?codteor=976445&filename= ESB+11+PL682610+%3D%3E+SBT+1+PL682610+%3D%3E+PL+6826/2010>. Acesso em: 06.01.2019.

BRASIL. *Lei n. 12.846,* de 1º ago. 2013. Dispõe sobre a responsabilização administrativa e civil de pessoas jurídicas pela prática de atos contra a Administração Pública, nacional ou estrangeira, e dá outras providências. Disponível em: <http://www2.camara.leg.br/legin/fed/lei/2013/lei-12846-1-agosto-2013-776664-publicacaooriginal-140647-pl.html>. Acesso em: 02.10.2018.

BRASIL. Senado Federal. *Projeto de Lei da Câmara n. 39,* de 20 jun. 2013. Lei Anticorrupção. Disponível em: <https://www25.senado.leg.br/web/atividade/materias/-/materia/113244>. Acesso em: 02.01.2018.

BRASIL. *Decreto n. 8.420,* de 18 mar. 2015. Regulamenta a Lei n. 12.846, de 1º de agosto de 2013, que dispõe sobre a responsabilização administrativa de pessoas jurídicas pela prática de atos contra a Administração Pública, nacional ou estrangeira, e dá outras providências. Disponível em: <http://www.planalto.gov.br/ccivil_03/_Ato2015-2018/2015/Decreto/D8420.htm>. Acesso em: 08.12.2018.

BRASIL, Câmara dos Deputados, *Projeto de Lei n. 3636,* de 16 nov. 2015. Disponível em: <http://www.camara.gov.br/proposicoesWeb/fichadetramitacao?idProposicao=2055350&ord=1>. Acesso em: 05.01.2019.

CANADÁ. *Corruption of Foreign Public Officials Act.* Disponível em: <https://laws-lois.justice.gc.ca/eng/acts/c-45.2/>. Acesso em: 08.10.2018.

CHILE. *Código Penal*, de 12 nov. 1874. Disponível em: <https://www.leychile.cl/Navegar?idNorma=1984#2510>. Acesso em: 01.12.2018.

CHILE. *Código Orgânico de Tribunais*, de 09 jul. 1943. Disponível em: <https://www.leychile.cl/Navegar?idNorma=25563>. Acesso em: 01.12.2018.

CHILE. *Lei n. 20.393*, de 02 dez. 2009. Disponível em: <https://www.leychile.cl/Navegar?idNorma=1008668>. Acesso em: 01.12.2018.

CHILE. *Lei n. 20.880,* de 5 jan. 2016. Disponível em: <https://www.leychile.cl/Navegar?idNorma=1086062>. Acesso em: 01.12.2018.

CHILE. *Decreto Supremo n. 2*, de 2 jun. 2016. Disponível em: <https://www.leychile.cl/Navegar?idNorma=1091123>. Acesso em: 11.12.2018..

COLÔMBIA. *Lei n. 1.474*, de 12 jul. 2011. Disponível em: <http://wp.presidencia.gov.co/sitios/normativa/leyes/Documents/Juridica/Ley%201474%20de%2012%20de%20Julio%20de%202011.pdf >. Acesso em: 01.12.2018.

COLÔMBIA. *Decreto n. 0019*, de 10 jan. 2012. Disponível em: <https://www.mintic.gov.co/portal/604/articles-3567_documento.pdf>. Acesso em: 01.12.2018.

COLÔMBIA. *Lei n. 1712*, de 06 mar. 2014. Disponível em: <https://www.mintic.gov.co/portal/604/articles-7147_documento.pdf>. Acesso em: 01.12.2018.

COLÔMBIA. *Lei n. 1762*, de 06 jul. 2015. Disponível em: <http://wp.presidencia.gov.co/sitios/normativa/leyes/Documents/LEY%201762%20DEL%2006%20DE%20JULIO%20DE%202015.pdf>. Acesso em: 01.12.2018.

COLÔMBIA. *Decreto n. 1674*, de 21 out. 2016. Disponível em: <http://es.presidencia.gov.co/normativa/normativa/>. Acesso em: 01.12.2018.

COLÔMBIA. *Lei n. 1778*, de 21 out. 2016. Disponível em: <http://es.presidencia.gov.co/normativa/normativa/DECRETO%201674%20DEL%2021%20DE%20OCTUBRE%20DE%202016.pdf>. Acesso em: 01.12.2018.

COLÔMBIA. *Documento Conpes n. 167*. Consejo Nacional de Política Económica y Social. Departamento Nacional de Planeación. República de Colombia. Disponível em: <http://www.anticorrupcion.gov.co/SiteAssets/Paginas/Publicaciones/Conpes_167.pdf>. Acesso em: 01.12.2018.

COLÔMBIA. *Resolução n. 100-002657,* de 25 jul. 2016. Disponível em: <https://forvm.com.co/wp-content/uploads/2016/08/Resoluci%C3%B3n-N%C3%BAmero-100-002657-de-25-07-2016.-Superintendencia-de-Sociedades..pdf>. Acesso em: 01.12.2018.

COLÔMBIA. *Circular Externa n. 100-000003,* de 19 jul. 2018. Disponível em: <https://www.supersociedades.gov.co/nuestra_entidad/normatividad/normatividad_circulares/Forms/DispForm.aspx?ID=205 >. Acesso em: 01.12.2018.

EUA. *House Report n. 95-640*, de 27 set. 1977. Disponível em: <https://www.justice.gov/sites/default/files/criminal-fraud/legacy/2010/04/11/houseprt-95-640.pdf>. Acesso em: 26.12.2018.

EUA. *Foreign Corrupt Practices Act* (FCPA). Disponível no site do DOJ <https://www.justice.gov/sites/default/files/criminal-fraud/legacy/2012/11/14/fcpa-portuguese.pdf>. Acesso em: 26.12.2018..

EUA. *Protecting the Ability of the United States to Trade Abroad: Hearings before the Subcommittee on International Trade of the Committee on Finance*, 94º Congresso, 1975.

FRANÇA. *Código Civil*, de 21 de março de 1804.

MÉXICO. *Constituição Política dos Estados Unidos Mexicanos*, de 05 fev. 1917. Disponível em: < http://www.sct.gob.mx/JURE/doc/cpeum.pdf>. Acesso em: 01.12.2018.

MÉXICO. *Ley Federal de Transparencia e Acceso a la Información Pública Nueva Ley,* publicada no Diário Oficial de la Federación em 9.5.2016. Disponível em: <http://www.diputados.gob.mx/ LeyesBiblio/pdf/LFTAIP_270117.pdf>. Acesso em: 01.12.2018.

MÉXICO. *Código Penal Federal.* Disponível em: <https://www.juridicas.unam.mx/legislacion/ordenamiento/codigo-penal-federal>. Acesso em: 08.12.2018.

MÉXICO. *Ley Federal de Responsabilidades Administrativas de los Servidores Públicos.* Disponível em: <http://www.diputados.gob.mx/LeyesBiblio/abro/lfrasp.htm>. Acesso em: 08.12.2018.

MÉXICO. *Ley General de Responsabilidades Administrativas.* Acesso em: http://www.diputados.gob.mx/ LeyesBiblio/pdf/LGRA.pdf>. Acesso em: 08.12.2018.

MÉXICO. *Ley Orgánica de la Administración Pública Federal.* Disponível em: <http://www.ordenjuridico.gob. mx/Documentos/Federal/pdf/wo13235.pdf>. Acesso em: 08.12.2018.

MÉXICO. *Ley Orgánica del Tribunal Federal de Justicia Administrativa.* Acesso em: <http://www.diputados.gob. mx/LeyesBiblio/pdf/LOTFJA.pdf>. Acesso em: 08.12.2018.

MÉXICO. *Manual sobre el Sistema Nacional Anticorrupción para Servidoras y Servidores Públicos Federales.* Disponível em: <https://www.gob.mx/cms/uploads/attachment/file/194144/Manual_SNA.pdf>. Acesso em: 08.12.2018.

MÉXICO. *Suprema Corte de Justicia de la Nación.* Disponível em: <https://www.scjn.gob.mx/>. Acesso em: 08.12.2018.

NAFTA. *Objectives for the NAFTA Renegotiation.* Disponível em: <https://ustr.gov/sites/default/files/files/ Press/Releases/NAFTAObjectives.pdf>. Acesso em: 08.12.2018.

PERU. *Decreto Legislativo n. 635*, de 8 abr. 1991, institui o Código Penal do Peru. Disponível em: <http://spij.minjus.gob.pe/content/publicaciones_oficiales/img/CODIGOPENAL.pdf>. Acesso em: 08.12.2018.

PERU. *Decreto Legislativo n. 1.106,* de 19 abr. 2012. Disponível em: <https://busquedas.elperuano.pe/normaslegales/decreto-legislativo-de-lucha-eficaz-contra-el-lavado-activos-decreto-legislativo-n-1106-778570-3/>. Acesso em: 08.12.2018.

PERU. *Lei n. 30.424/16.* Disponível em: <https://busquedas.elperuano.pe/>. Acesso em: 08.12.2018.

PERU. *Decreto de Urgência n. 003-2017*. Disponível em: <https://busquedas.elperuano.pe/>. Acesso em: 08.12.2018.

PERU. *Decreto Supremo n. 092/2017-PCM*. Disponível em: <https://www.gob.pe/institucion/pcm/normas-legales/212009-092-2017-pcm>. Acesso em: 08.12.2018.

PORTUGAL. *Código Civil*. Disponível em: <http://www.pgdlisboa.pt/leis/lei_mostra_ articulado.php?nid=775&tabela=leis>. Acesso em: 20.09.2018.

SÃO PAULO. (Estado). *Decreto n. 60.106,* de 29 jan. 2014. Disciplina a aplicação, no âmbito da Administração Pública estadual, de dispositivos da Lei federal n. 12.846, de 1º de agosto de 2013. Disponível em: <https://www.al.sp.gov.br/repositorio/legislacao/decreto/2014/decreto-60106-29.01.2014.html>. Acesso em: 15.12.2018.

SÃO PAULO. (Município). *Decreto Municipal n. 55.107, de* 13 maio 2014. Regulamenta a aplicação da Lei Anticorrupção no âmbito da capital paulista. Disponível em: <http://www3.prefeitura.sp.gov.br/cadlem/secretarias/negócios _juridicos/>. Acesso em: 15.12.2018.

A Editora Contracorrente se preocupa com todos os detalhes de suas obras!
Aos curiosos, informamos que este livro foi impresso no mês de julho de 2020,
em papel Pólen Soft 80g, pela Gráfica Copiart.